环境经济核算与资产负债表编制

张 颖 主 编
方 兰 副主编

中国林业出版社

内 容 简 介

本教材主要是在环境经济核算、资产负债表编制国内外研究发展的基础上，根据环境经济核算的最新发展动态，通过对环境经济核算、资产负债表编制的概念、主体框架、原理、理论、方法和账户等详细论述，并从实物量、价值量两方面开展环境资源的存量、流量核算，进而论述如何编制环境资源资产负债表，并进行资源资产的管理。教材具体内容包括联合国等《SEEA2012》中心框架讲解，包括环境经济核算的理论、方法、框架等；主要环境资源的实物量、价值量核算，包括土地资源、森林资源、水资源和生物多样性等；主要环境资源资产负债表编制，论述了主要环境资源资产负债表编制和存量、流量分析的方法及环境资源管理的方法与措施等，为环境经济核算及其领导干部资源资产离任审计等提供依据。教材主要适用于大专院校的本科生、研究生的教学、科研等，也适用于相关人员的职业培训和政府管理部门及企事业单位管理人员的学习参考等。

图书在版编目(CIP)数据

环境经济核算与资产负债表编制／张颖主编. —北京：中国林业出版社，2020.11
ISBN 978-7-5219-0891-6

Ⅰ.①环… Ⅱ.①张… Ⅲ.①环境经济–经济核算–研究 ②环境经济–资金平衡表–编制–研究 Ⅳ.①X196

中国版本图书馆 CIP 数据核字(2020)第 213629 号

中国林业出版社教育分社

策划、责任编辑：丰 帆

电话：(010)83143558　　　　　传真：(010)83143516

出版发行	中国林业出版社(100009　北京市西城区德内大街刘海胡同7号) E-mail: jiaocaipublic@163.com 电话：(010)83143500 http://www.forestry.gov.cn/lycb.html
经　销	新华书店
印　刷	北京中科印刷有限公司
版　次	2020年11月第1版
印　次	2020年11月第1次印刷
开　本	850mm×1168mm　1/16
印　张	13.25
字　数	308千字
定　价	39.00元

未经许可，不得以任何方式复制或抄袭本书之部分或全部内容。

版权所有　侵权必究

前 言

　　生态文明建设从战略高度把绿色发展提升到构建高质量现代化经济体系的国家层次。绿色发展是以效率、和谐、可持续性为目标的经济增长和社会发展方式。绿色发展已成为重要的发展趋势。绿色发展为后人"乘凉"而"种树",不给后人留下遗憾而留下更多的生态资产。资产是企业、自然人、国家拥有或控制的能以货币来计量收支的经济资源,包括各种收入、债权和其他。自然资源也是一种资产,是环境的重要组成部分。环境是人类社会可持续发展的重要物质文化基础,它不仅满足人类生活和健康的基本需求,还提供更多的价值和深刻的文化内涵,形成整个生命的支持系统,并使得人们能够适应各种变化,这正是它的价值所在。经济发展越来越离不开环境的支撑,并与环境融为一体,你中有我,我中有你。目前,我国面临严重的环境污染和生态系统的破坏,许多珍稀物种濒危甚至灭绝,但还没有引起人们的广泛重视,尤其仍缺乏生态环境安全的意识。长此下去,相关环境很难支撑社会经济和人们生活长期健康的发展。而且随着世界经济全球化发展趋势的加深,现代生物技术的应用与发展所带来的一系列问题,如伦理道德、对人类健康和环境的影响等也日益增加。因此,加强公众的环境宣传教育,提高人类生存的生态环境安全意识,开展环境保护等,具有重要的战略意义。

　　在对环境经济的关系和对其价值的认识中,联合国等部门在《综合环境经济核算体系》(System of Integrated Environmental and Economic Accounting,简称SEEA)中明确要求对其价值进行核算。十八大以来,我国也明确提出,在生态文明建设的目标下,各机构单位对所拥有或管理的资源环境有培育、保护、利用与经营等权利与义务。这种责任与义务的实现需要政策的引领与督导,更需要充分发挥各机构单位的能动创造性,其前提是做好资源环境的统计调查和价值评估与记录,逐步建立健全资源环境资产负债表编制制度。十八届三中全会提出要"探索编制自然资源资产负债表,对领导干部实行自然资源资产离任审计"。《环境经济核算与资产负债表编制》教材正是在这种背景下编写的。主要目的是及时响应国家政策号召,弥补相关教材的不足,反映环境经济核算的最新进展,为开展有关人才培训,帮助人们认识环境经济核算、编制资产负债表,并为推进生态文明建设、有效保护和永续利用资源环境提供信息基础、监测预警和决策支持,进而指导人们利用科学的方法对不同时期环境经济的变动情况及趋势进行评价、分析,建立健全环境经济核算和资产负债表编制制度。

　　本教材的主要内容是在对环境经济核算、资产负债表编制国内外研究详细综述的基础上,通过对环境经济核算、资产负债表编制的概念、主体框架、原理、理论、方法和账户等进行论述,并从实物量、价值量两方面分别进行资源环境的存量、流量核算,进而探索如何编制资产负债表。具体的内容是在联合国等部门《2012年环境经济核算体系中心框架》(System of Environmental-Economic Accounting 2012-Central Framework,简称SEEA2012)的基础上，详细论述环境经济核算的理论、方法、框架等，并分章节对土地资源、林木资源、水资源、生物多样性等进行环境经济核算，编制相关资源的实物量、价值量账户和资产负债表，并论述有关资源资产存量、流量分析的方法和环境管理的方法与措施，为环境经济核算及其领导干部资源资产离任审计等提供参考和依据。

教材系统论述了环境经济核算与资产负债表编制的理论、方法，并针对主要的资源环境资产进行核算，编制资产负债表，为环境经济管理、相关政策制定和生态文明建设服务。教材弥补了传统国民经济核算教材注重经济活动核算、忽略资源环境核算和缺少资产负债表编制内容的不足，反映了国民经济核算的最新前沿。

另外，我国许多大学已开设了资源环境科学，资源环境工程，资源环境经济，人口、资源与环境经济学和统计学专业，也开设了《国民经济核算》等课程。《环境经济核算与资产负债表编制》教材主要适用于这些大专院校的本科生、研究生的教学、科研，也适用于相关人员的职业培训和政府管理部门及企事业单位的管理人员的参考书目。

在教材编写中，北京林业大学张颖教授、陕西师范大学方兰教授审阅了教材所有内容，山东农业大学王美副教授负责绪论和第3章编写；北京林业大学张颖教授、孙剑锋负责第2章编写；河北地质大学单永娟副教授负责第4~5章编写；北京林业大学李晓格博士负责第6~7章编写；第8~10章由青岛大学周雪教授负责编写。张颖、孙剑锋对整本教材进行了统稿，方兰教授也提出了有益的修改意见。由于不同作者对一些内容的理解不同，水平有限，教材中的错误在所难免，在此恳请广大同仁不吝批评指正！另外，书中引用了大量的参考文献，在此也一同表示衷心感谢！最后，也衷心希望广大同仁能够加强合作交流，探索经验，深入开展有关研究，促进我国环境经济核算和资产负债表编制研究的不断发展，并能与国际接轨，贡献我国的智慧和力量。

编　者

2019.10.1

目 录

前言

第1章 绪 论 ·· 1
  1.1 环境经济核算、资产负债表编制背景及意义 ·· 1
    1.1.1 环境经济核算、资产负债表编制背景 ·· 1
    1.1.2 环境经济核算、资产负债表编制意义 ·· 2
  1.2 环境经济核算、资产负债表编制发展概况 ·· 3
    1.2.1 环境经济核算、资产负债表编制的国外研究 ···································· 3
    1.2.2 环境经济核算、资产负债表编制发展的国内研究 ································ 6
    1.2.3 环境经济核算、资产负债表编制研究的发展趋势 ······························· 10
  思考题 ··· 11
  拓展阅读 ··· 11

第2章 环境经济核算、资产负债表编制的界定 ·· 12
  2.1 相关概念 ··· 12
    2.1.1 经济资产 ··· 12
    2.1.2 环境资产 ··· 13
    2.1.3 环境经济核算 ··· 13
  2.2 核算主体 ··· 14
    2.2.1 机构部门 ··· 14
    2.2.2 经济单位 ··· 14
    2.2.3 统计单位 ··· 16
  2.3 核算方法 ··· 16
    2.3.1 记录规则和原则 ··· 16
    2.3.2 核算账户设置 ··· 17
    2.3.3 实物量与价值量 ··· 22
  2.4 与环境有关的活动 ··· 23
    2.4.1 环境活动 ··· 23
    2.4.2 与环境有关的经济活动 ··· 23
  思考题 ··· 24
  拓展阅读 ··· 25

第3章 环境经济核算框架和体系 ·· 26
  3.1 SEEA中心框架体系 ·· 26
    3.1.1 中心框架体系概念 ··· 26

3.1.2　中心框架内容 ………………………………………………………… 27
　　3.1.3　主要账户和表格 ……………………………………………………… 27
3.2　资产账户 …………………………………………………………………………… 29
　　3.2.1　国民账户体系中资产概念 …………………………………………… 29
　　3.2.2　环境资产 ……………………………………………………………… 30
　　3.2.3　生态资产 ……………………………………………………………… 30
　　3.2.4　环境资产账户 ………………………………………………………… 31
　　3.2.5　负债项 ………………………………………………………………… 31
3.3　流量和存量核算 …………………………………………………………………… 31
　　3.3.1　生态系统存量和生态资本存量 ……………………………………… 31
　　3.3.2　流量和流量核算 ……………………………………………………… 32
思考题 …………………………………………………………………………………… 34
拓展阅读 ………………………………………………………………………………… 35

第4章　实物量核算 …………………………………………………………………… 36
4.1　实物账户编制 ……………………………………………………………………… 36
　　4.1.1　核算范围 ……………………………………………………………… 37
　　4.1.2　核算表式 ……………………………………………………………… 38
4.2　实物账户核算原则 ………………………………………………………………… 41
　　4.2.1　自然投入的处理 ……………………………………………………… 41
　　4.2.2　经济产品的处理 ……………………………………………………… 44
　　4.2.3　残余物的处理 ………………………………………………………… 45
4.3　实物量账户类型 …………………………………………………………………… 49
　　4.3.1　产品流量核算 ………………………………………………………… 49
　　4.3.2　空气排放物核算 ……………………………………………………… 50
　　4.3.3　水体排放物核算 ……………………………………………………… 53
　　4.3.4　固体废物核算 ………………………………………………………… 55
　　4.3.5　经济系统物质流核算 ………………………………………………… 59
思考题 …………………………………………………………………………………… 60
拓展阅读 ………………………………………………………………………………… 60

第5章　价值量核算 …………………………………………………………………… 61
5.1　环境资产分类及价值 ……………………………………………………………… 61
　　5.1.1　矿产和资源 …………………………………………………………… 63
　　5.1.2　土地资产账户 ………………………………………………………… 67
　　5.1.3　土壤资源核算 ………………………………………………………… 69
　　5.1.4　林木资源的资产账户 ………………………………………………… 70
　　5.1.5　水生资源资产账户 …………………………………………………… 71
　　5.1.6　水资源的资产账户 …………………………………………………… 73

5.2 环境资产定价 ... 74
5.2.1 经济资产 ... 74
5.2.2 资产估价原则 ... 77
5.2.3 定价的方法 ... 78
5.3 环境资产账户设置 ... 84
5.3.1 实物型资产账户 ... 84
5.3.2 价值型资产账户 ... 98
5.4 环境经济信息整合 ... 107
5.4.1 实物型与价值型账户整合 ... 108
5.4.2 资产账户和供给使用表的整合 ... 108
5.4.3 合并实物型和价值型数据 ... 111
思考题 ... 112
拓展阅读 ... 112

第6章 土地资源核算 ... 113
6.1 土地的定义与分类 ... 113
6.1.1 土地的定义 ... 113
6.1.2 土地的分类 ... 115
6.2 实物型土地资产账户 ... 117
6.2.1 核算范围 ... 117
6.2.2 核算方法 ... 117
6.2.3 账户表达 ... 118
6.3 价值型土地资产账户 ... 122
6.3.1 估价原则 ... 122
6.3.2 估价方法 ... 123
6.3.3 账户表达 ... 127
6.4 整合的土地资产负债表 ... 128
6.4.1 实物价值型土地资产负债表 ... 128
6.4.2 资产负债表的指标分析 ... 129
思考题 ... 130
拓展阅读 ... 130

第7章 林木资源核算 ... 131
7.1 林木资源的定义与分类 ... 131
7.1.1 定义 ... 131
7.1.2 分类 ... 132
7.2 实物型林木资产账户 ... 133
7.2.1 核算范围 ... 133
7.2.2 核算方法 ... 134
7.2.3 账户表达 ... 135

7.3 价值型林木资产账户 137
    7.3.1 估价原则 137
    7.3.2 估价方法 137
    7.3.3 账户表达 154

7.4 整合的林木资产负债表 156
    7.4.1 林木资产负债表 156
    7.4.2 资产负债表的指标分析 157

思考题 159
拓展阅读 159

第8章 水资源核算 160

8.1 水资源的定义与分类 160
    8.1.1 定 义 160
    8.1.2 分 类 160

8.2 实物型水资产账户 161
    8.2.1 核算范围 161
    8.2.2 核算方法 161
    8.2.3 账户表达 161

8.3 价值型水资产账户 163
    8.3.1 估价原则 163
    8.3.2 估价方法 163
    8.3.3 账户表达 166

8.4 整合的水资产负债表 168
    8.4.1 实物价值型水资产负债表 168
    8.4.2 资产负债表的指标分析 168

思考题 169
拓展阅读 169

第9章 生物多样性资源核算 170

9.1 生物多样性资源的定义与分类 170
    9.1.1 定 义 170
    9.1.2 分 类 170

9.2 实物型资产账户 171
    9.2.1 核算范围 171
    9.2.2 核算方法 171
    9.2.3 账户表达 172

9.3 价值型资产账户 172
    9.3.1 估价原则 172
    9.3.2 估价方法 173
    9.3.3 账户表达 173

  9.4　整合的生物多样性资产负债表 ……………………………………………… 176
    9.4.1　实物价值型资产负债表 ……………………………………………… 176
    9.4.2　资产负债表的指标分析 ……………………………………………… 177
  思考题 ………………………………………………………………………………… 177
  拓展阅读 ……………………………………………………………………………… 177

第10章　环境资产管理 …………………………………………………………… 178
  10.1　土地资产管理 ……………………………………………………………… 178
    10.1.1　资产管理现状 ………………………………………………………… 178
    10.1.2　资产管理内容及措施 ………………………………………………… 180
  10.2　林木资产管理 ……………………………………………………………… 181
    10.2.1　资产管理现状 ………………………………………………………… 181
    10.2.2　资产管理内容及措施 ………………………………………………… 184
  10.3　水资产管理 ………………………………………………………………… 185
    10.3.1　资产管理现状 ………………………………………………………… 185
    10.3.2　资产管理内容及措施 ………………………………………………… 187
  10.4　生物多样性资产管理 ……………………………………………………… 189
    10.4.1　资产管理现状 ………………………………………………………… 189
    10.4.2　生物多样性资产的性质 ……………………………………………… 189
    10.4.3　生物多样性资产评价管理 …………………………………………… 190
  思考题 ………………………………………………………………………………… 193
  拓展阅读 ……………………………………………………………………………… 193

参考文献 ……………………………………………………………………………… 194

第1章 绪 论

自然资源是国家重要的战略资源,是人类社会物质可持续发展及精神文明不断延续的重要保证。为了更好践行党的十九大报告提出的"绿水青山就是金山银山"理念,更好平衡经济发展与资源环境的关系,使其达到协调共赢的目标,应积极探讨环境经济核算和自然资源资产负债表的编制工作,确保健全生态环境损害赔偿制度、自然资源有偿使用和生态补偿制度及将自然资源资产纳入干部政绩考核和离任审计制度等,健全生态文明制度体系。

1.1 环境经济核算、资产负债表编制背景及意义

1.1.1 环境经济核算、资产负债表编制背景

环境经济核算体系是指在全面、协调和可持续的发展观指导下,通过建立经济—环境的投入产出关系,把经济活动过程中的资源环境因素反映在国民经济核算体系中,将资源耗减成本、环境退化成本、生态破坏成本以及污染治理成本(或环境保护成本)从 GDP 中扣除的一种新的国民经济核算体系。环境经济核算体系也叫绿色国民经济核算体系(王金南等,2005),它可以提供一整套反映经济与环境关系的数据,为环境经济决策分析、科学地进行政府绩效考核等提供依据。

建立环境经济核算体系框架,主要是为环境核算、自然资源核算以及综合的经济与资源环境核算提供结构导引,为各部门和各地区核算提供方法依据,实现环境核算、自然资源核算与国民经济核算之间的有机衔接和一体化。中国综合环境经济核算(以下简称环境经济核算)是国民经济核算体系框架的关键组成部分,主要核算国民经济活动对资源、环境的影响,包括环境污染和资源、生态环境破坏两大要素,通过核算经环境因素调整的部门和地区的国内生产总值,得到绿色 GDP 等指标,引导建立正确的政绩观和领导考核制度,实现环境外部成本内部化,最终建立国家绿色国民经济核算体系。

资源环境是社会经济发展的物质基础。20 世纪 70 年代以来,伴随着经济活动对资源环境利用强度的增加,资源环境与经济发展之间的矛盾日益突出。面对资源约束趋紧、环境污染严重、生态系统退化的严峻形势,树立尊重自然、顺应自然、保护自然的理念,走可持续发展道路的要求十分迫切。早在 20 世纪 50 年代,国外就有人开展资源环境核算的研究,70 年代后得到快速发展。我国在平衡经济发展与环境保护之间关系的新形势下,努力摸清自然资源资产的"家底"及其动态变化状况,揭示经济活动对自然资源的影响,并将自然资源资产纳入各地政府领导干部离任审计,对我国环境与经济可持续发展具有至关

重要作用。在资源浪费、环境污染加剧的紧迫形势下，自然资源资产负债表的编制俨然成为我国当前经济发展与环境保护的重要选择之一，也是促进生态文明建设，将生态优势转化为经济优势，实现可持续发展的重要途径。

党中央、国务院高度重视生态文明建设，先后出台了一系列重大决策部署，推动生态文明建设的发展。党的十七大报告将"生态文明"列入全面建设小康社会奋斗目标，并将"生态环境保护"列入"促进国民经济又好又快发展"的宏观调控体系。十八大报告中将生态文明建设纳入中国特色社会主义事业"五位一体"总体布局，要求把生态文明建设放在突出地位，融入经济建设、政治建设、文化建设、社会建设各个方面及全过程，努力建设美丽中国，实现中华民族永续发展。十八届三中全会通过的《中共中央关于全面深化改革若干重大问题的决定》提出，健全自然资源资产产权制度和用途管制制度；实行资源有偿使用制度和生态补偿制度；加快建立国家统一的经济核算制度，编制全国和地方资产负债表；探索编制自然资源资产负债表，对领导干部实行自然资源资产离任审计；建立生态环境损害责任终身追究制等要求，自然资源资产核算和负债表的编制成为国家层面的战略要求。之后又陆续出台了《关于加快推进生态文明建设的意见》《生态文明体制改革总体方案》，为各级各部门实现从资源管理向资产管理转变指明了方向。

2015年11月8日，国务院办公厅印发《编制自然资源资产负债表试点方案的通知》，提出在内蒙古自治区呼伦贝尔市等5地开展编制自然资源资产负债表试点工作，并于2018年年底前编制出自然资源资产负债表，同时研究探索主要自然资源资产负债表价值量核算技术。2015年12月，国家统计局等8部门联合发布了《自然资源资产负债表试编制度》（以下简称《编制指南》），标志着自然资源资产负债表编制的试点研究工作正式启动。自然资源资产负债表的探索编制及其实际应用，是国家加快建立生态文明制度，健全资源节约利用、生态环境保护体制，建设美丽中国的根本战略需要。

1.1.2 环境经济核算、资产负债表编制意义

近年来，随着人们对生态环境保护认识的提高，公众逐渐认识到，为了真正改善生态环境，实现人类可持续发展，应在自然资源和市场经济发展中建立起有效衔接的桥梁，开展生态环境的经济价值核算和自然资源资产评估等研究，为客观反映我国自然资源存量、流量，为国家摸清自然资源"家底"提供理论依据和有效数据支撑，及时、准确和动态地掌握全球、区域、国家和地区自然资源的变化情况，对社会经济发展、生态环境建设与保护、各级政府进行宏观决策等都具有重要的科学意义。

(1) 为政府决策提供依据

通过对自然资源资产清查核算，特别是对其提供的生态系统服务进行定量分析，在查明生态空间分布特征基础上，明确优先保护的生态系统和优先保护区，为政府的重要生态功能区划、生态保护红线的划分及建设提供决策参考。环境经济核算与资产负债表编制可以客观地呈现我国自然资源存量，衡量我国自然资源资产的变化，为国家和各级政府摸清自然资源"家底"等提供方法支持。同时，通过环境经济核算和资源资产负债表编制，也为地区大型基础设施建设、矿产资源开发等的生态环境和经济权衡提供数据支撑，对破坏自然资源的开发建设项目进行评估，促进资源环境与社会经济健康持续发展。

(2)有助于完善国民经济核算内容

现行国民经济核算主要是对国民经济的全面核算,主要采用国民生产总值或国内生产总值等指标,全面核算社会再生产的活动和过程及成果。自然资源作为非生产性资产不在核算指标范围内,使得有些地区只考虑经济发展而忽略资源环境消耗带来的不利影响。通过环境经济核算体系的实施,能在一定程度上反映经济与资源环境的相互作用关系,进一步通过自然资源资产负债表反映经济发展的资源环境代价。自然资源资产核算有助于促进环境核算及将其纳入国民经济核算体系,有助于制定人类福利和可持续发展的指标体系,最终促进资源—生态环境—经济一体化核算体系的建立。编制自然资源资产负债表有助于弥补过度重视经济产值及其增长速度的传统国民经济核算体系的不足,促进、完善现有的国民经济核算体系。

(3)是保护和可持续利用资源环境的有效手段

资源环境经济核算主要以货币的形式,能更直接展示资源环境、生态系统为人类提供的服务价值,所以通过环境经济价值核算,有效帮助人们认识和了解资源环境的价值,提高公众的环保意识。这种核算的价值,通过各种媒体方式进行传播,使得资源环境保护成为全民行为。如果忽略资源环境价值或不合理的利用、破坏,就会导致资源环境过度消耗,并产生生态失衡的现象。对资源环境资产进行核算,并通过创建市场、税收、补贴、收费等形式,完善相关市场价值定价机制,为促进合理发挥政策手段等作用提供科学依据,是保护和可持续利用资源环境的有效手段。

1.2 环境经济核算、资产负债表编制发展概况

1.2.1 环境经济核算、资产负债表编制的国外研究

(1)环境经济核算政策制定

1992年,联合国在巴西里约热内卢召开地球峰会,主要的议题是环境和发展,其中作为核心内容的可持续发展(sustainable development)直接推动了综合环境经济核算(System of Integrated Environmental and Economic Accounting*,简称 SEEA)的全面开展。1993年,联合国发布了综合环境经济核算临时草案。2000年,联合国又公布了 SEEA 操作手册。2003年,联合国统计委员会正式发布了《国民核算手册:2003年综合环境和经济核算》,即SEEA2003,共有4类账户:①实物流量;②环境保护支出;③环境资产的实物和货币账户;④环境调整的宏观经济指标。Simon 和 Eric(2007)以 SEEA2003 为基础,从 SEEA 与可持续发展的角度进行了研究,认为 SEEA 可以测定可持续发展的强弱,其中包括有大量可以测量弱可持续性和强可持续性的环境和经济数据。2012年联合国统计委员会在其第四十三届会议上通过了"环境经济核算体系(SEEA)中心框架",简称环经核算体系中心框架,即"System of Environmental-Economic Accounting 2012-Central Framework",简称

---

* 有些联合国的官方文件也称 System of Environmental-Economic Accounting 为 SEEA。下同。2000年之前,也就是开始时,SEEA 被称为综合环境和(与)经济核算,后来人们逐渐把 SEEA 称为环境经济核算。因此,在联合国的一些文件中 SEEA 也有两种英文写法。同前。

SEEA2012，成为国际上第一个关于环境经济核算的统一标准，该标准旨在以一种标准一致的综合方法将各国的核算进行统一，并纳入相应的账户和表格之中，更好为决策提供依据。2014 年，联合国对全球 SEEA2012 实施情况进行了评估，2017 年再次对全球的环境经济核算体系中心框架实施情况进行了评估。评估报告已送交 193 个成员国和 22 个地区的国家统计局，以评估 SEEA 中心框架实施的进展情况。根据评估，69 个国家有环境经济核算方案。与 2014 年的全球评估结果相比，拥有环境经济核算方案的国家数量增加了 28%。实施 SEEA 的发展中国家的百分比增幅比较高，2014—2017 年的评估期间几乎增长了 39%。除了 69 个有方案的国家外，22 个国家表示他们目前正在规划一个环境经济核算方案，几乎所有的国家都计划在 2020 年之前开始他们的 SEEA 编制项目。

(2) 国家核算研究

目前，许多国家都在积极推动环境经济核算相关研究，开展环境经济核算账户的开发，并将其与国民账户整合或开展经环境调整的宏观经济指标的核算，包括绿色 GDP、绿色财富核算等内容。

欧洲地区，欧盟设定 2020 年开展该业务，同时政府部门已考虑自然资本和生态系统服务核算(Eurostat，2015)。英国制定了环境资源账户，并与联合国等 SEEA 框架保持一致，账户划分为自然资源核算、实物流量和货币账户 3 个维度，核算大部分数据是以实物单位进行计量的，货币单位计量的核算主要是在有相关数据可用的情况下进行。2012 年 12 月英国国家统计局公布了核算的"路线图"，列出了工作计划(Office for National Statistics，2016)。法国生态与可持续发展部每年都会发布(The System Of National Accounts，SNA)附属的环境经济账户，并计划将这个账户全面扩大并与《综合环境经济核算体系——核心框架(2012)》相匹配，在法国的资产负债表中，设有"有形非生产性资产"部分内容，法国国家经济统计局还统计土地、土壤资源资产、生物资源和水资源等。德国的环境经济账户(GEEA)是遵循 SEEA 框架编制的，在国家可持续发展战略(2002)中指出，环境经济账户里的数据以及德国社会经济账户，主要用于计算德国经济、环境整体的存量及其变化值。

亚洲地区，印度的绿色账户(GAISP)是由一个非政府组织机构——绿色印度国家信托基金(GIST)开发的，使用来自印度国家数据库中的数据衡量可持续发展程度，并遵循 SEEA2003 准则编制了印度绿色账户。此后，GIST 又计算了印度的绿色 GDP 总量，它相对于传统的 GDP 指标，主要考虑了资源、环境等所有的主要外部效应。日本环境省制定的官方经济环境账户 E10，基于 10 个政府部门共同标准的数据，描述在自然资源实物方面的环境负担。E10 由 3 张表构成，主要是资源环境基本交易表、资源环境负债表和附表，日本统计局目前在日本的资产负债表中的"有形非生产性资产"账目中，估算了土地的价值。

美洲地区，美国商务部经济分析局积极致力于环境核算方法的开发。1994 年，美国第一个综合环境与经济辅助账户发布后，1999 年又发布了《自然的数量：包括环境因素扩展的国家经济核算体系》。加拿大统计局开发出环境与资源账户(CSERA)，CSERA 包括自然资源存量账户、材料与能源流量账户、环保支出账户，账户用实物和货币单位反映自然资源存量，包括自然资源财富的估计也被列入国家资产负债表账户科目中。墨西哥国家地理和统计研究所,已开始使用本国的 SEEA 账户来获得关于环境可持续发展的关键信息,并在整个国家范围内每年出版相关报告,指出每年的环境成本约等于国内生产总值的 8.5%。

大洋洲地区,澳大利亚统计局(ABS)基于 SEEA 框架,为大堡礁制定了澳大利亚的水资源账户和试点土地账户。同时以联合国统计委员会发布的 SEEA2012 作为本国的统计标准,也公布了一份报告名为《环境经济核算》的研究,并开发了一些基于 SEEA 核算的统计表,以探讨这些核算如何影响相关决策(Australian Bureau of Statistics,2011)。

(3)环境、经济核算理论及实践研究

环境经济核算体系(SEEA)是国民经济核算体系(System of National Accounts,SNA)的卫星账户体系,是经济可持续发展思路下的产物,主要用于在考虑环境因素的影响条件下开展国民经济核算。早在 1987 年布伦特兰委员会发布的《我们共同的未来》报告中,阐明了经济和社会发展与环境承载力之间的关系,支持自然资本核算。1992 年,里约峰会通过并签署了《21 世纪议程》,建议各国尽早开展并实施环境经济核算。

在理论研究方面,国外学者 20 世纪 70 年代认识到 GDP 指标在国民经济核算体系中存在的缺陷,开始探索用"质量"测度方法替代经济发展中的"数量"测度方法(Bartelmus,1991)。

Serafy(1998)认为,传统国民经济核算对经济发展的过度关注会对宏观视角下的分析和决策结果产生影响,应将国民经济核算体系"绿色化",以保证收入的可持续性,进而保证生态环境的可持续性。Boyd(2007)认为虽然绿色 GDP 核算意味着自然资源的价值与市场经济处于同等地位,但绿色 GDP 核算方法在计算方法上还存在许多问题。Eigenraam(2011)对 SEEA 中的货币估计原则进行了探讨,Edens 和 Graveland(2014)研究了与国民账户体系相一致的水资源价值核算方法。

环境经济核算也与会计学的发展密切相关。会计学和环境会计是伴随人类社会的生产实践与经济管理的客观需要产生和发展的,为环境经济核算,尤其为编制自然资源资产负债表提供基本方法论基础(石薇,2018)。会计学为自然资源资产负债表的编制提供了基本框架,反映自然资源资产的"家底",显示其"存量"状况,反映自然资源变化显示其"流量"状况。会计学为自然资源资产负债表的编制提供了基本方法,也提供了基本的价值量核算方法。会计学也为自然资源资产负债表的编制提供了基本核算关系,明确了核算对象在资产、负债、所有者权益三要素在资源资产负债表中的关系。环境会计属于会计学范畴,能够很好地反映和监督与环境相关的经济活动。环境会计的相关研究者认为,环境会计可以衡量并披露报告有关企业等一些组织的经营行为对区域内环境的影响,通过对环境资产、环境负债、环境成本等核算要素的确认和计量,将环境业绩同企业财务业绩联系起来。

在联合国等的 SEEA 界定中,资源属于环境的范畴。因此,综合环境经济核算包含资源核算,在我国比较混乱,往往把资源环境并列起来,研究中有时候把二者分开来,有时候把二者并列起来(UN et al.,2014)。资源环境价值核算的经济理论支撑还包括可持续发展理论、外部性理论和稀缺理论等。资源环境价值核算是在可持续发展的背景下提出的,是可持续发展测度方法所延伸的实践应用。因此,资源环境价值的确定要以可持续发展为依据,包括自然资源资产负债表的编制也应以可持续发展为理论基础。外部性问题是经济学领域的一个重点研究问题,在经济学的应用中,外部性主要表现为厂商的私人边际成本与社会边际成本不一致,或厂商的私人边际收益与社会边际收益不一致,而外部性的存在,则是造成资源不合理配置、公共物品过度消耗、自然资源过度开采和环境过度破坏等问题存在的根源,所以可以通过核实资源环境损失价值来确定外部性影响的程度。自然资源具有稀缺性和有用性,这正符合经济学基本特征,随着经济的快速发展,当前自然资源的稀缺性体现越发明显。从自然资源的数量看,自然资源终究是有限的,所以其数量上的有限性决定了稀缺性。如何在有限数量的资源中充分体现其价值是环境经济核算的重要研究内容。

环境经济核算的实践研究主要包括环境、自然资源资产相关的全球倡议等,具体内容为:①生态足迹账户,其目的是尝试建立新的可持续发展指标并进行相关统计实践,2007年创建了全球足迹网络,建立了9个可进行生态足迹核算操作的边界。②包容性财富指数,又称包容性指数,主要为了描述经济的可持续发展状况,对国家财富,如人力资本、实物和生产资本、自然资本3个来源进行量化汇总,充分体现一个国家自然资本价值在国家财富中的地位。③财富核算与生态系统服务价值评估,该评估由世界银行支持,旨在认识并反映资源资产在国民经济核算中的重要性,推动将自然资源纳入发展规划和国民经济核算体系,促进全球的可持续发展。④《自然资本宣言》,2012年在联合国可持续发展大会上正式发布,其目的是将自然资本的一些考量融入金融贷款、股权、固定收益和保险产品中,并在金融会计、信息披露和会计报告框架中得到体现,为帮助自然资本融入商业活动,为自然资本纳入市场活动提供了可行的途径,有力地推动自然资本的可持续利用。

1.2.2 环境经济核算、资产负债表编制发展的国内研究

2002年,国家统计局对国民经济核算体系进行了部分修改,在原有核算账户基础上增加了自然资源的实物核算账户,包括水资源、土地资源、矿产资源和林木资源的实物量核算表。2004年3月,国家统计局与国家环保总局共同召开了绿色GDP核算工作研讨会,并正式启动"综合环境与经济核算(绿色GDP)研究"项目,提出《中国经济环境核算体系框架》《中国资源环境经济核算体系框架》,为中国资源环境经济核算提供了方法和方向。

(1)环境经济核算研究

纳入核算范围的自然资源是具备稀缺性、有用性和所有权明确的自然资源。丁玲丽(2005)认为,自然资源核算范围包括石油、煤、天然气等矿物以及森林、鱼类、水、土地等,核算采用实物量单位。江泽慧(2015)提出,广义的自然资源不仅包括森林、草原、湿地、海洋、野生动物等生物资源,也包括空气、生态系统等生态环境资源,还包括土地资源、水资源以及煤炭、石油等矿产资源。

随着国家对自然资源资产核算研究的重视程度的加深,关于自然资源资产核算研究的内容越来越丰富。国内学者对环境经济核算的研究主要分为两个阶段:

①对环境经济核算的内涵、框架、SEEA解读等的基础研究　朱力崎(2000)对自然资源核算的损耗法和使用者成本法两种方法进行了研究,提出损耗法的局限性主要表现在新资源对资源价值量产生的影响过大,而使用者成本法的缺陷表现在资源的估价过于依赖现有存量的估计,不能保证其准确程度;每年的存量与利用量的变动比较大,造成使用者成

本存在很大的波动性。周清华(2003)在探讨国内外资源环境经济核算体系基础上，对国民核算账户和国民核算总量指标进行调整研究，认为我国环境经济核算体系规划应建立一套科学、完整、可行的环境统计指标体系。高敏雪(2006)研究了 SEEA 后认为，SEEA 是对 SNA 的继承和发展，具体分析了 SEEA 有限制地扩展了 SNA 的核算范围问题，引入资源环境核算前和核算后 SNA 核算体系的逻辑框架的变动问题等。分析也认为，如何解决资源环境存流量估价问题仍然是目前 SEEA 核算最难的问题。裴辉儒(2007)对资源环境的价值进行综合评价，并构建了资源价值评估与核算框架，认为资源环境价值评估是一个动静结合、具体核算和评价技术与制度结合的综合体系。

②现有国际发展经验对我国资源环境经济核算实践的启示　李金华(2009,2016)通过对 SEEA 解读，结合 SNA 在我国的实践，设计一套比较完整的中国环境经济核算体系。该体系功能在于以环境资源为中心，全面描述一定时期、一定地域自然环境、资源的存量、流量及变动，计量环境与人类经济活动、社会活动的互动关系和作用情况。同时，研究论述了联合国国民经济核算体系的产生、发展及理论原理和价值。管鹤卿等(2016)分析了综合环境经济核算的国际经验，综述了我国综合环境经济核算的最新研究和实践进展，建议我国要加快完善核算技术方法体系，继续深入开展试点研究，加快建设完善的核算制度，建立与国际接轨的综合环境经济核算制度。杨华(2017)介绍了环境经济核算体系，研究了环境经济核算体系实施办法，详细列举了环境经济核算中心框架的主要账户编制方法，并以水资源、矿产和能源为例详细介绍账户表格的编制方法。邱琼等(2018)进行了自然资源与生态系统核算若干概念的讨论，分析了绿色 GDP 在中国提出的背景、研究进展、理论缺陷及在实践中面临的挑战。严立冬等(2018)基于对自然资源经济学文献的思考，研究了自然资源资本化价值所在，结合我国自然资源管理制度与实际，从产权界定、生态技术支撑、市场建设与政策支持 4 个维度提出自然资源资本化价值实现的条件，期望从价值认识转变资源开发模式，最终从核算方面实现自然资源保值增值。

(2) 绿色 GDP 研究

绿色 GDP 是指一个国家或地区在考虑了自然资源(土地、森林、矿产、水及海洋等资源)与环境因素(生态环境、人文环境、自然环境)影响后经济活动的最终成果，即将经济活动中所引起的资源减少成本和环境降级成本从 GDP 中予以扣除。绿色 GDP 的思想是由希克斯在 1946 年发表的著作中提出，他认为只有当全部的资本存量随时间变化保持不变或增长时，这种发展途径才是可持续的。可持续收入定义为不会减少总资本水平所必须保证的收入水平，其数量上等于传统意义的 GNP 减去人造成本、自然资本、人力资本和社会资本等各种资本的折旧。绿色 GDP 能够反映经济增长水平，体现经济增长与自然环境和谐统一的程度，实际上代表了国民经济增长的净正效应。绿色 GDP 占 GDP 的比重越高，表明国民经济增长的正面效应越高，负面效应越低，经济增长与自然环境和谐度越高。同时，绿色 GDP 核算有利于真实衡量和评价经济增长活动的现实效果，克服片面追求经济增长速度的倾向、促进经济增长方式的转变，从根本上改变 GDP 唯上的政绩观，增强公众的资源环境保护意识。

国内对绿色 GDP 的研究一直遵循现有理论，并与我国的实际相结合，探索出具有中国特色的绿色 GDP 发展模式。陈杏根(2006)认为核算我国的绿色 GDP 不仅要服务于我国的可持续发展战略，也要符合国际核算标准和准则，要与国际前沿成果接轨，我国绿色 GDP 核算在账户编制上要考虑目前的污染治理、治理能力及现有的资源存量情况，遵循 SEEA 框架，借鉴其他国家研究成果。丁丁等（2007）对现有的 GDP 核算体系是否完全忽略了自然资产和环境因素的经济价值存在质疑，如果目前的 GDP 核算已经间接地反映了部分自然资产的 GDP，那么进行绿色 GDP 核算时，不剔除已经计算过的部分，直接再增加或扣除资源环境的影响明显是存在较大误差的。李菊梅（2010）对自然资源核算的指标分为物质指标和价值指标进行研究。康文星等（2010）对怀化市的绿色 GDP 进行核算，认为研究的难点是统一的量纲计量单位以及对自然资源消耗的定价的困难等。李扬（2012）根据 SEEA 框架体系，建立了青岛市绿色 GDP 核算体系并进行实证分析。黄虹等（2017）采用绿色 GDP 作为衡量经济健康发展的指标，运用结构向量自回归模型，分析上海市 2000—2014 年人口流动、产业结构变动与绿色 GDP 的关系，又通过向量误差修正模型研究上海市绿色经济增长对江苏、浙江两省经济增长的辐射效应。郑丽琳等（2018）以安徽省为例，基于能值理论测算并分析 2011—2016 年 16 个地级市绿色 GDP 和生态环境压力的时空变化状况，通过空间德宾模型测度两者间的空间效应。赵泽林（2019）采用数据包络分析法对绿色 GDP 绩效评估算法进行了探索，比较分析相关优化路径，力争客观反映评价对象自身的信息和特点，增强绿色 GDP 绩效评估结果的可信度、公平性。

（3）自然资源资产负债表编制研究

提出编制自然资源资产负债表是我国建立资源与环境核算体系的重要举措，已得到社会和政府的高度关注。2014 年 4 月国家统计局制定了自然资源资产负债表编制的改革实施规划；2014 年 5 月贵州省成为首个将编制自然资源资产负债表列入地方性法规的省份，并选取赤水市和荔波县为试点开展相关工作；2015 年 1 月内蒙古林业厅探索编制自然资源资产负债表取得一定的进展，编制出了试点区的自然资源资产负债表；深圳市大鹏新区自然资源资产负债表编制进入实操阶段；2015 年 4 月，中国社会科学院工业经济研究所主办"自然资源资产负债表编制理论与实践"研讨会，探讨自然资源资产负债表编制的相关问题。随着 SEEA2012 的发布和党的十八届三中全会的召开，我国自然资源资产核算和资产负债表研究从学术性研究变成国家战略研究，相关研究的关注度也越来越高。

封志明等（2014）对国内外自然资源核算研究历程和方法进展进行了梳理，指出有关核算过程的难点，讨论了自然资源资产负债表编制的框架设想与路径。马永欢等（2014）对比分析国内外自然资源资产管理现状，剖析了国内自然资源管理中存在的问题，认为应当加强研究典型国家自然资源资产管理经验，加快编制我国自然资源资产负债表。胡文龙对自然资源资产负债表编制的基本理论进行了探讨，从自然资源资产负债表的概念、特征与 SEEA 之间的关系、编制自然资源资产负债表人员以及如何通过自然资源资产负债表反映环境和资源生态变化等问题进行阐述。陈玥等（2015）对目前国际上普遍采用的资源核算和环境核算进行了对比分析，从理论与实践方面详细梳理了国际上自然资源核算的相关研究进展，以及中国国内自然资源核算从资源核算、环境污染损失核算到资源环境综合核算的逐步深入过程，阐明自然资源资产负债表的编制主体、核算范围及编制路径。黄溶冰和赵谦（2015）通过梳理和分析自然资源核算的历史演进及典型国家开展自然资源核算的实践经验，对自然资源核算账户、环境经济综合核算及自然资源资产负债表的关系进行了辨析，认为自然资源资产负债表的编制需要一套理论框架、一系列定义清楚的概念和一套数据处理的科学方法，目前我国在这方面尚未有成熟的经验可供借鉴。李金华（2016）对中国自然资源资产负债表的理论基础、核心概念、一般表式和应注意解决的重要问题等进行探讨。张颖（2018）基于SEEA的视角，对生态资产核算和负债表编制研究的最新进展、基本概念界定、基本理论与估价方法、核算账户和负债项确定等规范性进行了探讨，并对核算中存在的一些问题进行讨论。总之，从目前国内的相关研究进展来看，资源资产负债表编制核算主要是在我国政府的推动下不断发展的。事实上，资源资产负债表编制是属于国民经济核算中社会核算的一部分，我国缺少相应的高水平的研究。

(4) 单一自然资源资产核算和资产负债表编制研究

目前，我国的自然资源资产核算研究主要集中在林木资源资产、土地资源资产、水资源资产和矿产资源资产方面，这种单一自然资源资产核算和资产负债表编制研究较多。

林木资源资产核算研究是最多的单一资产核算研究。国家林业局*、国家统计局在2004年联合开展了"绿色国民经济框架下的中国森林核算研究"项目，该研究团队在充分研究、确立林木资源核算的理论和方法的基础上，建立了较为系统的林木资源核算体系，该体系建立了从林木资源存量到林木资源流量、从林木资源开发利用到维护与恢复、从经济价值到生态价值的系统核算体系。这一体系的建立，为充实完善并推动我国林木资源价值核算奠定了一定的基础。王海洋（2013）以黑龙江省伊春市为例，对林木资源资产核算及如何纳入国民经济核算体系进行研究，并对林木资源资产相关概念界定进行说明，测算了伊春市林木资源资产的实物量、价值量。我国林业经济专家侯元兆在有关研究报告中指出，林木资源经济价值与林木资源社会、生态价值之和的比值约为1:3。张颖（2015）在林木资源生态效益的评估和资产负债表编制上做了大量研究，以吉林森工集团、内蒙古扎兰屯市的林木资源为例，详细说明了林木资源资产实物量、价值量核算及负债表编制，对其他资源的研究有着重要的借鉴和参考价值。张志涛等（2018）在回顾国内外林木资源核算研究和自然资源资产负债表编制文献基础上，借鉴联合国环境经济核算中心框架等，从林木资源实体、具有经营权的林木资源和具有使用权的林木资源层面，结合我国林木资源管理的实际情况，提出林木资源资产、林木资源负债概念的内涵，对林木资源资产负债表的表式、核算框架进行探讨分析，设计提出了林木资源存量及变动表等内容。张卫民等（2019）在分析林木资源核算研究进展的基础上，将林木资源资产负债表定位于服务各级政府林木资源资产管理的信息系统，借鉴会计理论与方法，结合中国林木资源管理的特点，构建了林木资源资产负债表核算系统。

在土地资源核算方面，薛智超（2015）认为土地资产负债表编制方法上的难点是如何将土地资源资产价值化，土地数量和质量变化会通过改变土地的功能改变土地资源的价值，目前的土地资源资产价值化方法，还不能够客观体现土地资源因其区位和质量差异所引起的功能差异，借鉴土地多功能性理论，建立土地功能价值定量化评估方法应是开展土地资源资产负债表编制值得尝试的思路。耿建新等（2014，2015）借鉴联合国、欧盟等相关组织的研究及澳大利亚的具体实践，认为国际上通用的关于自然资源资产负债表的编制与运用

---

* 现国家林业和草原局。

的方法适合我国的具体情况，应当调整现有做法，首先尝试编制土地资源账户，并对土地账户的样式、数据计量方式、考核指标等提出初步看法与意见。

在水资源核算方面，李青青等（2014）以新疆为例，对新疆的水资源实物量和耗减价值进行分析，并从水资源耗减的基本概念和相应水资源耗减量核算出发，计算出新疆各地区水资源的耗减量。焦若静等（2015）通过分析西方国家水资源平衡表的内容及其与国家资产负债表关系，提出编制合适我国情况的水资源平衡表方法，认为应该从核算对象和计量方式的选择，如何纳入自然资源资产负债表，国家资产负债表 3 个方面考虑。

在矿产资源核算方面，李慧霞等（2015）根据 SEEA 中矿产资源的分类和计量，对我国矿产资源资产负债表的编制进行研究，系统介绍了 SEEA2012 框架中环境资产分类框架及矿产和能源资产储量分类标准，分析了矿产资源实物量和价值量计量方法，提出目前适用于我国的矿产资源分类标准，并尝试编制我国矿产资源资产负债表。

除了以上 4 个方面的国内研究热点外，近年来，自然资源资产的干部离任审计是新兴的研究领域，是环境审计与经济责任审计深度融合的产物，是一项具有中国特色的自然资源资产监管制度。杨斌（2014）从自然资源资产干部离任审计存在的问题及加强干部离任审计的措施和政策方面进行研究。张宏亮等（2014）根据自然资源资产干部离任审计专题研讨会的会议内容，就自然资源资产干部离任审计的审计目标、审计主体与审计范围、审计内容、审计方式方法和编制方法等问题进行了总结分析。总之，我国的综合环境经济核算，往往把资源与环境分开，资源往往对单一资源的核算研究较多，环境也往往是对狭义污染，如水污染、大气污染、土壤污染等核算的研究较多，一般由政府主导，研究单位和高校及个人参与等方式开展研究，这也是我国环境经济核算的一个特色。

1.2.3 环境经济核算、资产负债表编制研究的发展趋势

随着我国生态文明建设的不断推进，生态环境资产的价值、环境经济核算逐渐成为全社会关注的焦点，在借鉴国际规范 SEEA 的同时，结合我国当前的经济发展情况，更好完善环境经济核算体系及资产负债表编制工作。

①生态环境资产核算纳入国民经济核算体系已成为必然趋势　作为国家制定经济社会政策的基础，分析社会经济问题重要工具的国民经济核算体系，其完整性及科学性尤为重要，生态环境资产作为重要的国家财富，相关核算应纳入国民经济核算体系中。在全面反映经济运行过程中，不仅要考虑资源环境投入产出、进出口等经济流量核算，而且要关注已形成的有形资产、财富、资产负债等经济存量核算内容，这样才能构成完整的国民经济核算体系。加入生态环境资产核算后，更能体现国家对生态环保的重视，对制定环境与经济社会协调发展规划，全面了解当前经济情况，科学做出宏观政策调整等具有重要现实意义。

②建立规范、标准的生态环境资产核算体系及资产负债表编制是实践发展的必然趋势　随着生态环境资产核算和资产负债表编制研究工作的成果不断推出，从梳理相关概念、理论研究、方法探究到基本账户设置及负债项的编制，国内外都在对其相关研究进行探索实践。我们倡导更多交叉学科研究者共同开展相关研究的同时，更注重对生态环境资产核算基础理论的探索，基于基本经济学理论及研究范式的拓展，随着对所关注内容的不

断了解，这一发展趋势将不断加速和扩大。目前，由对资源环境的核算已扩展到对生态资产的核算，并开始研究建立有关规范、标准等。

③自然资源种类繁多，满足不同种类、不同层次的资源环境核算及负债表编制需要大量统计数据的支撑，迫切需要一定的统计规范 不管是纳入资产存量核算的资源环境要素，还是资源消耗的流量核算要素，在构成完整的核算体系中同等重要。当前经济活动产生的影响对资源环境的消耗是引起自然资产存量减少的主要因素，如何统计、计量消耗量并核算成价值是当前亟待解决的问题。

▲ 思考题

1. 环境经济核算的对象是什么？其目的是什么？
2. 环境经济核算（SEEA）与环境经济核算体系-实验生态系统核算（System of Environmental-Economic Accounting-Experimental Ecosystem Accounting，SEEA-EEA）、资产负债表编制的关系是什么？
3. 环境经济核算的发展趋势是什么？

拓展阅读

1. System of Environmental-Economic Accounting 2012 – Central Framework. United Nations. https：//seea.un.org/sites/seea.un.org/files/seea_cf_final_en.pdf，2014.
2. 2012年环境经济核算体系中心框架. 联合国经济和社会事务部统计司. https：//seea.un.org/sites/seea.un.org/files/seea_cf_final_ch.pdf，2014.
3. Glossary terms（English，French and Spanish）. United Nations. https：//seea.un.org/sites/seea.un.org/files/documents/seea_glossary_terms_languages_v2.pdf，2014.

第2章 环境经济核算、资产负债表编制的界定

对经济与环境之间的交互作用以及环境状况的变化情况进行全面宏观核算，就是所谓环境经济核算。在环境经济核算的研究方面，联合国等国际组织发挥着重要作用。20世纪70年代，国际上就有了与可持续发展相关的核算内容的研究。1993年，联合国统计委员会颁布了《1993年国民核算手册：综合环境和经济核算》，编制了环境经济核算的初步总体框架。2003年，修订颁布了《2003年国民核算手册：综合环境和经济核算》，在总结执行1993版的实践经验基础上，给出了方法上的指导。之后，联合国统计委员会不断建立并完善SEEA的各项子账户和标准，通过并颁布了《2012年环境经济核算体系中心框架》（简称中心框架）。该中心框架是首个环境经济核算的国际统计核算标准，力求提供一个统一的核算原则和方法体系供各国建立有关核算账户、表式等，以便使核算结果具有可比性，并能够产生可比性数据。本章在SEEA2012的基础上，对环境经济核算和资产负债表的相关概念、核算主体和方法等进行阐述。

2.1 相关概念

2.1.1 经济资产

根据《2008年国民账户体系》，资产是一种价值储备，反映经济所有者在一段时间内通过持有或使用该实体所产生的某种或系列利益。它是价值从一个核算期向另一个核算期结转的载体。SNA中的所有资产都是经济资产。

所谓经济资产是指机构单位对其拥有所有权，并且其所有者通过对它的使用能够获得经济利益的各种实体。经济资产的特征是它必须作为一种价值贮藏手段行使职能，并由其所有者因为持有或使用它而获得的经济利益数额确定其价值。

经济资产包括各种非金融资产和金融资产。

(1) 非金融资产

非金融资产按照产生的方式不同，又分为生产资产和非生产资产两类。

生产资产是作为生产过程的产出而产生的资产，包括固定资产、存货和珍贵物品。

非生产资产是自然发生的或者是以生产范围以外的方式由人发明的资产，包括土地、地下资产和非培育资产等有形非生产资产，以及专利权、版权、商标权、商誉和可转让的合同等无形非生产资产。

(2) 金融资产

金融资产与实物资产相对称，一般指单位或个人所拥有的以价值形态存在的资产。金融资产(以及对应的负债)主要是按金融手段的流动性和法律特征进一步分为不同的类型。这些类型是：①货币黄金和特别提款权；②通货和存款；③股票以外的证券；④贷款；⑤股票和其他权益；⑥保险专门准备金；⑦其他应收账款/应付账款。

2.1.2 环境资产

环境资产是指由过去的、与环境相关的交易或事项形成的，并且由企业拥有或控制的资源，该资源能够为企业带来经济利益或社会利益。应当强调的是，环境资产为企业带来的利益是不确定的，可能是经济利益，也可能仅仅表现为社会利益。其带来的经济利益可能是直接的，但更多情况下是间接的，即通过改善其他资产状况获得。

环境资产的内涵和外延应当与一般资产相同，但又具有特殊性。首先，环境资产也应当是由过去交易或事项形成的，是企业现实存在的、与环境有关的资源，包括人工资源和自然资源；其次，环境资产是企业拥有或控制的，即企业有自主使用资源、享受资源所带来的经济利益的权利；最后，对于一般企业而言，环境资产主要是指用于环境治理或防止环境污染的投资，这些投资可能为企业带来直接或间接的经济利益，也可能仅仅表现为社会效益。

另外，环境资产也可定义为，特定个体从已经发生的事项取得或加以控制，能以货币计量、预期可能带来未来经济利益的环境资源。

2.1.3 环境经济核算

环境经济核算是将环境统计与经济过程联系起来，遵循 SNA 核算原则、理论方法体系等的核算。环境经济核算的目的是尽可能定量把握环境和自然资源的状况，包括他们的利用状况和利用的可能性。环境经济核算的主要内容是：①经济体内部和经济与环境之间的物质和能源实物流量；②环境资产存量和这些存量的变化；③与环境有关的经济活动和交易。经过环境调整后的总量指标，主要为经环境调整的国内生产总值(EDP)、国内生产净值(ENDP)，即绿色 GDP。目前，一部分人在环境调整中也加入生态的因素，对 GDP、NDP 等进行调整。也有一部分人针对生态系统直接计算生态产出或生态产值，即 GEDP，并试图代替 EDP。但二者的概念是不一样的，GEDP 为增加值的概念，EDP 仅仅为产值的概念。

环境经济核算体系是一种多用途制度，在若干方面对于政策制定、评估和决策有意义。首先，以总量和指标形式提供概要信息，可以应用于决策者重点关注的环境问题和领域，并为相关决策提供信息。其次，涉及环境变化某些关键动因的详细信息，可用于增进人们对政策问题的理解。最后，环境经济核算体系中所载的数据可用在模型和设想中，以评估国家内部、国家之间和全球一级不同政策设想对国家和国际经济和环境的影响。

环境经济核算体系数据对政策制定和决策过程的惠益，从一些具体领域的应用可以看出，如能源和水资源管理；消费和生产模式及其对环境的影响；以及所谓的绿色经济和与推行环保政策有关的经济活动。与可持续发展有关的政策带来了最广泛的惠益；可持续发展政策是最紧迫的政策问题之一。

2.2 核算主体

2.2.1 机构部门

一个机构单位是一个经济实体，本身能够拥有资产、发生负债并参与其他实体的经济交易和相关经济活动。机构单位可以是住户，或者是被认为独立于拥有或者控制他们的人的法律或社会实体（如公司）。机构单位分类的宗旨、目标和行为与机构部门的定义相似。

国民账户体系承认五种类型的机构部门：住户、非金融公司、金融公司、广义政府和为住户服务的非营利机构。虽然非金融公司和金融公司的区分在国民账户体系中很重要，但在中心框架中无足轻重。因此，一般来说，它们在列报时构成一个部门即公司。

在考虑环境资产的所有权和建立完整经济账户序列时，机构部门受到特别关注。完整经济账户序列记录经济单位之间的一系列交易，例如环境资产租金支付，账户序列从机构部门角度而不是按照行业或活动对这些问题进行分析。

对交易和流量进行全面核算，需要考虑出入世界其他地区的流量，包括出入国际组织的流量。理论上讲，像国民经济体系一样，世界其他地区由上文所列各类机构部门组成。但是，一般而言，核算框架将世界其他地区定义为一个单独的机构部门，以便于核算账户的编制和列报。

2.2.2 经济单位

2.2.2.1 内 涵

除了各种存量和流量的定义，核算经济与环境之间互动的关键组成部分是相关经济单位的定义。对中心框架来说，相关经济单位是那些互动并且能够就货物和服务生产、消费和积累作出决策的单位。按照 SNA 正在实施的分析类型，以不同方式对其进行分类。经济单位是资源环境经济核算和资产负债表编制的主要研究对象。

2.2.2.2 企业、基层单位和行业

企业是被视为货物和服务生产者的机构单位。企业可以包含一个或者多个基层单位，因此可能位于一个经济体内的多个地点。基层单位是一个企业或者企业的一部分，位于一个地点，仅从事一种生产活动，或者其主要生产活动产生大部分增加值。

界定和观察基层单位和企业以及确定它们所生产的货物和服务类型的能力，是供给和使用的核算工作的核心。一般将从事相似类型的生产活动的单位分为一组，将表现出相近特点的货物和服务分为一组，并在总量一级核算中进行相关分析。

从事相似类型生产活动的一组基层单位被称为行业。大体而言，行业包括农业、采矿业、制造业、建筑业和服务业。从理论上讲，一个行业由从事同一种活动而且只从事该种活动的基层单位组成，即该组别是同质的。实际上，很多基层单位都从事多种活动，但必

须有一种主业，可以依据这种主业将它们划分到具体的行业类别中。

各基层单位内从事的活动可分为实物型和价值型。实物型和价值型活动一般意义上都被称为"自给性"活动。在国民账户体系中，自给性活动涵盖经济单位为最终消费或为投资从事的活动（自给性最终使用）。自给性实物型和价值型活动的一种特殊情况与住户有关。住户的活动，在使用自然资源，例如，收集薪柴和取水供最终消费时、在从事环境保护和资源管理活动，例如，在房顶安装太阳能电池板时，在中心框架中都受到一定的关注。在国民账户体系中生产活动很重要，和在该体系中一样，中心框架也将住户的自给性活动与从事相同活动的其他单位的自给性活动记录在一起。

国民账户体系一般将某些自给性活动、企业内部活动单独记录，称之为辅助性活动，但是，这仅限于一部分特定活动。对于环境经济核算的某些用途，一般有用的做法是确认一个企业的次要活动，还有企业内部从事的其产出不向其他单位出售的活动。比如能源实物流量的核算，一般感兴趣的是计量能源产品的所有转化形式，并根据这些不同能源产品的用途进行核算，但这些能源产品的所有转化形式的活动均为该能源的辅助性活动。

还有，在编制功能账户时，一般有用的做法是，确认一个企业的次要活动，以及企业为环保目的正在从事的其他活动，以便对相关活动作出完整描述。这类活动的一个例证，是焚烧固体废物或者沼气，用于发电，供企业使用。为了编制环境活动及环境货物和服务的功能账户，中心框架旨在单独列出这些类型的活动。中心框架使用相关投入成本的信息，例如货物和服务中间消耗和雇员报酬，并以货币形式估算它们的价值。

因此，在某些情况下，允许适用比国民账户体系更大的覆盖范围，以记录企业内部活动。但是，关于住户从事的为自己账户最终用途而进行的自给性活动，应与国民账户体系保持相同的覆盖范围。

2.2.2.3 经济单位的地理边界

界定一个经济体范围的地理边界，依据的是经济领土概念，即单一政府有效控制下的地区。它包括一国领土地区，包括岛屿、领空、领水和在世界其他地区的领土飞地。经济领土不包括其他国家和国际组织位于参照国的领土飞地。

国民经济由一个经济领土内的所有常住机构单位组成，即单位的主要经济利益的核心在某个特定经济领土内。一般来说，常住单位与位于一国地理边界之内的单位有很大的重叠之处。有3种主要例外的情况：

①计划在一国运营不到一年的单位，如专业建筑公司或者援助和救济机构。这些单位被认为是其母国的居民。

②可以在本国领土以外运营的常住生产单位，例如船舶和航空器，以及在国际和他国水域开展的捕鱼作业。在这些情况下，它们仍被认为是本国经济体的居民，无论其业务地点在哪里。

③可能暂时在其他国家工作或休闲的一国领土的居民，这些居民在其他国家的消费被视为居民的境外消费，记为人员居住国的进口和受访国的出口。

经济体的地理范围概念与国民账户体系中界定的经济体范围一致，因此，以实物量核算的流量与以价值计量的流量有可能非常一致。但是，这种地理边界不同于某些重要的环境统计常用的地理边界，例如废气排放和能源统计。如果这些统计是编制账户所用的信息来源，则可能需要调整统计数据，以说明地理覆盖范围的差异。

亚国家层面的实物型和价值型核算，可能适合特定的环境和经济核算问题，例如，使用河流流域一级的信息实施水资源管理。但是，应当注意，对于这类地理区域，虽然可能有可用的实物数据，但可能无法随时获得相应的经济数据。

2.2.3 统计单位

本小节对经济单位的讨论，侧重于那些有能力作为积极参与者在经济体内开展业务的单位。在统计方面，这些单位常常也是测算的重点，在此情况下，被称为统计单位。取决于一国的信息结构，可用的经济数据很可能是不同类型经济单位的数据，尤其是企业数据，在某些情况下可能是基层单位的数据。因此，经济单位和统计单位的范围一致。但是，企业的所有权结构可能大相径庭，而且某些企业有可能生产各种不同的产品，因此可能无法使可用的信息与经济单位的理想概念模型直接匹配，为了测算，需要对统计单位进行界定。

在实物型供给使用表中，环境作为附加列被添加上去，与以行业表示的企业、住户和世界其他地区并列。但是，在环境经济核算中心框架中，环境不被视为与经济单位类似的又一种单位。相反，经济单位在作出决策时，将环境视为被动地供给对经济的自然投入并接收经济活动留下的残余物。

同时，收集关于环境的信息，特别是关于环境资产的信息，需要有关统计单位对环境给予考虑，反映出环境为收集和列报统计数据所起的作用。例证包括内陆水体，如湖泊、河流等、特定矿产资源储量、森林和鱼类资源。虽然在某些情况下，有可能使环境统计单位与相关经济单位保持一致，但不应期望总能如此。

2.3 核算方法

2.3.1 记录规则和原则

记录核算项目，需要采用连贯一致的核算规则和原则。没有这些规则和原则，记录相关交易和流量所依据的基础、记录时间和使用的数值可能会各不相同。因此，难以进行核算和协调，从而大大降低信息的有用性。

（1）复式和四式核算

核算的关键特征，是不同经济单位的交易记录方式保持一致。对单个经济单位适用垂直复式核算原则。这要求每笔交易分两项记录，有一个产出、消费、投资、财产收入或者转移项，还有一个显示金融资产或负债增减的对应项。例如住户买鱼，既表现为消费增加，也表现为现金减少（假定购买时以现金支付）。因为重点不在于对个别单位进行核算，而是对经济体内所有单位进行核算，必须扩展复式核算原则，确保交易双方的每一笔交易记录都一致。这被称为四式核算。因此，住户买鱼，必然导致住户的消费增加和现金减少，同时，渔业企业的存货减少和现金增加。必须将这4项全部记录，确保核算既完整又平衡。以价值核算时，需要将这4项全部记录，而以实物核算时，不记录相关金融资产（此例中的现金）交易。

(2) 记账时间

复式和四式核算原则的一个要求是，在所涉双方单位的不同账户中，必须将交易和其他流量记录在同一个时间点发生的账项。在价值型账户中，一般原则是，交易的记录时间为所有权发生变更及相应权利和义务产生、改变或被取消时。一个单位的内部交易记录时间，是经济价值产生、变化或者消失时。记录时间的这种方法叫做权责发生制。关于记录时间，一个必须监测的关键因素是根据权责发生制记录的交易时间，可能与交易发生相关的现金流的时间不一致。例如，购买货物时，如果给购买者开具的发票规定30日之内付账，按照权责发生制，记录时间是购买时间，而不是付账时间。理论上讲，实物流量的记录时间，应当与按照权责发生制记录价值流量的时间一致。但是，在实际中环境进程的运作周期和时限，可能与价值核算使用的标准日历年和财政年度不同。例如，就水资源而言，水文年与日历年不相符，应当按照要求，根据实物型和价值型记录的不同基础周期，对账户作出调整。

(3) 计量单位

对于以价值核算的账户，账户中所有项目都必须以价值计量，因此，构成项目的各个部分也必须以价值计量。在大多数情况下，项目记录的是实际交易的货币价值。在其他情况下，对记录项目进行估算时，参考其他同等消费的货币价值（自给性消费），或者按生产成本进行估价（非市场产出）。

对于以实物核算的账户，计量单位各不相同，取决于所涉资产类型。因此，能源流量一般以含能量计量，如以焦耳计量；水资源存量和流量一般以体积计量，如以立方米计量；而其他物质的存量和流量一般都以质量单位计量，如以吨计量。关于计量单位选择方面的详情，见特定账户的相关描述。

一项通则是，以实物核算的单一账户，应当仅使用一种计量单位，这样才有可能对所有核算项目进行合计和调整。但是，应当指出，在合并列报实物型和价值型数据时，有可能使用不同的计量单位。

2.3.2 核算账户设置

2.3.2.1 资产账户

资产账户是为了记录一个核算期期初和期末环境资产存量和不同类型的存量变化。核算环境资产的一个目的，是评估当期经济活动模式是否在耗减可用环境资产并使之退化。使用资产账户提供的信息，可以为环境资产管理提供帮助；对自然资源和土地进行估价，可以与生产和金融资产估价相结合，以提供关于国民财富的较粗略估计。

资产账户的结构见表2-1所列。它从环境资产的期初存量开始，到环境资产的期末存量结束。以实物量核算从核算期期初到期末的变化，或者记为存量增加，或者记为存量减少，只要有可能，还记录增减的性质。以价值计量，所记录的条目相同，但是还要增设一个项目，目的是记录对环境资产存量的重新估价。这个条目说明资产价值在一个核算期内因资产价格起伏而发生的变化。

表 2-1 资产账户的基本格式

环境资产期初存量
存量增加量
存量增长
发现新存量
上调估值
重新分类
存量增加量共计
存量减少量
开采
存量正常损失
灾害性损失
下调估值
重新分类
存量减少量共计
存量重新估价 [a]
环境资产期末存量

注：a 仅适用于以价值计量的资产账户。

  环境资产存量在一个核算期内的数量和价值变化，原因很多且各不相同。很多变化是由于某些情况下经济与环境之间的相互作用，如矿物开采或者林木资源种植。环境资产的其他变化是由自然现象引起的，例如，因蒸发造成水库中的水量损失或者由于森林火灾造成林木资源的灾难性损失。

  期初和期末之间的某些存量变化，本质上与核算关系更密切，包括那些由于核算方法改进（重新估价）造成的变化和那些涉及资产分类（重新分类）的变化。矿产资源规模和质量重新评估，是重新估价的一个例证，而记录土地使用方式在农业和聚集区之间的变化所需条目则是重新分类的结果。

  一般来讲，资产账户是为各类环境资产编制的。以价值计量时，可能有人有意计算核算期期初和期末所有环境资产价值的总量。可以将这些总量列入资产负债表，通过将它们与其他资产（如生产资产和金融资产）的价值和负债合并，可以得出一个经济体净财富的总体测算值。资产账户的主要内容在有关章节中详细阐述。

2.3.2.2 流量账户

  流量账户是利用实物型和价值型供给使用表来记录自然投入、产品和残余物流量的账户。资产账户相当于存量账户。大体而言，从环境进入经济体的流量，是作为自然投入记录的,例如矿物、木材、鱼类和水的流量等。经济体内的流量,是作为产品流量记录的,包括固定资产存量的增加量,从经济体进入环境的流量,作为残余物记录,例如固体废物、废气排放和水回归流量。自然投入指来自环境中作为经济生产过程一部分或直接用于生产中的所有实物投入。自然投入分为自然资源投入、再生能源投入和其他自然投入。根据国民账户体系,产品是经济体生产流程产生的货物和服务。残余物是指基层单位和住户在生产、消费或积累过程中丢弃、排泄或排放的固态、液态和气态物质流量。

实物型供给使用表用于评估一个经济体的能源、水和物资供给及使用情况。总体上讲,表中每行的总供给量必须等于总使用量,这种相等关系叫做供给使用恒等式。表 2-2 是详细的实物型供给使用表基本形式。

表 2-2 实物型供给使用表的基本形式

	行业	住户	政府	积累	世界其他地区	来自(进入)环境的流量	共计
供给表							
自然投入						来自环境的流量(包括自然资源残余物)	自然投入供给量共计
产品	产出				进口		产品供给量共计
残余物	行业产生的残余物	住户最终消费产生的残余物	报废和拆除生产资产产生的残余物		从世界其他地方流入的残余物	从环境中恢复的残余物	残余物供给量共计
使用表							
自然投入	自然投入开采						自然投入使用量共计
产品	中间消耗	住户最终消费支出	政府最终消费支出	资本形成总额	出口		产品使用量共计
残余物	收集和处理废物及其他残余物			受控填满埋地点的废物积累	流入世界其他地方的残余物	直接进入环境的残余物流量	残余物使用量共计

注:按照定义,深灰色单元格为空格。

与实物型供给使用表对应的是价值型供给使用表，记录经济体内不同经济单位之间以价值计量的所有产品流量。因此，没有实物型供给使用表中的自然投入和残余物两项。"供给"来自于两方面，一是由国民经济中的行业生产的(被称为产出的流量)；二是从世界其他地区购买的(被称为进口的流量)。"使用"方式则有很多种，包括：被其他行业用于制造不同产品(被称为中间消耗的流量)、被住户消费、被政府消费、被销往世界其他地区(被称为出口的流量)、被当作存货供以后使用、作为长期资产使用(例如机器)、生产其他产品。实物型供给表与价值型供给使用表的数据相结合，可以研究自然投入使用的生产率和密集度以及残余物的排放情况(杨华，2017)。表 2-3 是价值型供给使用表的基本形式。

表 2-3　价值型供给使用表的基本形式

	行业	住户	政府	积累	世界其他地区	共计
供给表						
产品	产出				进口	供给量共计
使用表						
产品	中间消耗 增加值	住户最终 消费支出	政府最终 消费支出	资本形成 总额(包括 存货变化)	出口	使用量共计

注：按照定义，深灰色单元格为空格。

2.3.2.3　经济账户序列

以价值核算的供给使用表和资产账户，主要记录很多关于经济与环境之间互动情况和评估的信息。但是，有一系列其他互动和流量信息也对有关决策有参考意义。例如为开采自然资源支付租金、环境税缴纳以及政府单位为支助环境保护活动向其他经济单位提供的补贴和赠款等。

这些流量记入经济账户序列，经济账户序列仅以货币为计量单位，因为这些账户包含没有直接构成实物基础的交易，如付息。环境经济核算体系中的经济账户序列采用国民账户体系中的账户序列的大体结构。

账户序列的一个特点是列报平衡项。一般情况下，相关流入和流出不平衡。因此，要编制列平衡项。这些是经济运行情况的计量结果，而且将账户序列连接在一起。关键的平衡项包括增加值、营业盈余、储蓄和净贷款/借入。全部经济总量，例如国内生产总值和国民总收入也可以从平衡项中得出。

特别重要的是，在经济账户序列中最后得出计入耗减后作出调整的平衡项和经济总量。计入耗减后作出调整的测算值，不仅仅是国民账户体系中以"净值"计量的平衡项和总量(即减去固定资本消耗之后)，还进一步减去自然资源的使用成本(即耗减)。经济账户序列中的主要平衡项和总量大致见表 2-4 所列。

表 2-4　环境经济核算体系基本经济账户序列

	生产账户（在供给使用表中编制）
主要账项	产出、中间消耗、固定资本消耗、耗减
平衡项/总量	总增加值、国内生产总值、计入耗减后作出调整的净增加值、计入耗减后作出调整的国内生产净值
	收入分配和使用账户
主要账项	雇员报酬、税收、补贴、利息、租金、最终消费支出、固定资本消耗、耗减
平衡项/总量	计入耗减后作出调整的净经营盈余、计入耗减后作出调整的净国民收入、计入耗减后作出调整的净储蓄
	资本账户
主要账项	生产资产和非生产资产的取得和处置
平衡项/总量	净贷款/借入
	金融账户
主要账项	金融资产和负债交易
平衡项/总量	净贷款/借入

经济账户序列从生产账户开始，生产账户的编列，使用了价值型供给使用表中的产出和中间消耗条目。在生产账户中，平衡项是增加值（产出减去中间消耗）。在全部经济体一级，主要是来自生产账户的主要相关总量，如国内生产总值。从增加值总额中减去固定资本消耗和耗减，构成记入耗减后作出调整的净增加值和记入耗减后作出调整的国内生产净值。

该序列接下来是收入分配与使用账户。这些账户所含信息涉及增加值（即直接从生产获得的收入），作为雇员报酬或者总营业盈余以何种方式分配给经济单位，还涉及其他收入流量和相关支付额，如税款、补贴、利息和使用土地以及其他环境资产的租金流量。可支配收入总额（收到的全部收入减去支出的全部收入）可用于最终消费支出。收入账户的平衡项是营业盈余（增加值减去雇员报酬和税收减去补贴）和储蓄（可支配收入减去最终消费支出）。

在生产账户中，可以从净营业盈余和净储蓄平衡项中减去耗减。这些总额账户中的关键总额，是国民总收入和国民储蓄总额，两者均可以针对耗减和固定资本消耗作出调整，并得出记入耗减后作出调整的测算值。

要考虑的下一个账户是资本账户，它记录如何使用储蓄购置资产，包括生产资产和环境资产。因此，它包括购置和处置环境资产，尤其是土地和农场及牲畜等经培育的生物资源交易。如果资产支出少于储蓄额，则经济体拥有可以向世界其他地区出借的资源。如果资产支出多于储蓄金额，则经济体需要从世界其他地区借入。因此，资本账户的平衡项叫做净贷款/借入。

账户序列的最后一个是金融账户，它记录与贷款和借入有关的交易。金融账户列示所有金融资产和负债（例如存款、贷款、股份和股权）交易。这些交易的平衡项是贷款/借入，与资本账户的平衡项相同。

账户序列可以由资产负债表来补充，资产负债表记录核算期期初和期末的所有资产和负债。资产负债表的平衡项是资产净值，代表全部资产总值减去全部负债总值。

2.3.2.4 功能账户

虽然价值型供给使用表可用于编排和列报某些类型的与环境特别相关的交易，但在供给使用表内确认这些交易，通常要求增加明细项目，因为传统行业和产品分类不一定凸显出环境活动或产品。

采用这种方法的第一步，是界定拥有环境目的的活动、货物和服务。主要目的是减少或者消除环境承受的压力或者更加有效地使用自然资源。第二步，是重新编排价值型供给使用表和经济账户序列范围内的相关信息，使与环境活动及环境货物和服务相关的交易得到明确认定。

凸显环境活动和产品，有利于列报环境问题在经济对策方面的信息。有关的具体流量有：环境货物和服务产出、环境保护和资源管理支出以及环境税收和补贴。

2.3.3 实物量与价值量

环境经济核算体系中心框架(SEEA2012)中实物流量计量的核心，是自然投入、产出和残余物流量。用于区分这些流量的计量范围，由国民账户体系描述的生产范围来界定。因此，产品的定义与国民账户体系中的产品定义一致，指通过生产过程创造的并且有经济价值的货物和服务。

另外，从地理角度来看，实物型和价值型流量的计量边界与国民账户体系所界定的一国经济领土相符，经济活动的归属，依据经济单位的常住地，而非经济单位生产、消费或积累之时的所在地。

环境经济核算体系中心框架的产品流量记录方法在两个方面偏离国民账户体系。首先，由被编制的账户分析范围而定，所有企业内流量，即企业内部的自给性货物和服务生产及使用登记记录。在国民账户体系中，此类流量的簿记限于记录自己最终所用货物(如自给性资本形成)的生产和企业内与辅助活动有关的流量。

因此，建议记录用于自身中间消耗的能源生产，例如通过废物焚烧和基层单位取水。同样，在环境经济核算体系中心框架的功能账户中，建议基层单位记录为了环境保护和资源管理，用于自身中间消耗的所有环境货物和服务的生产(这取决于记录范围)。

环境经济核算体系中心框架还鼓励记录与取水和生产能源有关的住户自给性生产和最终消费等。就此类住户的自给性生产而言，所用的生产范围与国民账户体系划定的范围相同。环境经济核算体系中心框架中记录的所有自给性和基层单位内部生产，对其流量的估价与国民账户体系对自给性和辅助生产的估价方法一致。

其次，在货物被送往其他国家进行加工或修理，或者进行商贸的情况下，环境经济核算体系中心框架建议，即使其所有权没有发生变化，仍属于来源国的常住单位，也要按照这些货物的实际实物流量记录。不建议改变这些流量的价值记录方式。这种变更尤其适用于记录与原材料加工(如炼油)有关的实物流量，在这种情况下，实物流量记录方法与合同关系的性质基本无关，而合同性质却是《国民账户体系》和《国际收支手册》中价值流量记录的重要标志。

2.4 与环境有关的活动

2.4.1 环境活动

2.4.1.1 环境活动的范围和定义

环境活动的范围，主要涵盖以减少或消除环境所受压力或者更有效使用自然资源为主要目的的那些经济活动。这些活动的实例有恢复被污染的环境，养护和自然资源管理，以及投资开发旨在预防或减少污染的技术等。

这些种类繁多的活动分为两大类型的环境活动：环境保护和资源管理。环境保护活动指以预防、减少和消除污染及其他形式环境退化为主要目的的各种活动。这些活动包括但不限于预防、减少或处理废物和废水，预防、减少或消除空气排放物，处理和处置受污染的土壤和地下水，预防或降低噪声和震动水平，保护生物多样性和大地景观（包括它们的生态功能），监测自然环境（空气、水、土壤和地下水）的质量，环保研究和开发以及以环保为导向的一般管理、培训和教学活动。

资源管理活动指那些以保护和维护自然资源存量防止耗减为主要目的的活动。这些活动包括但不限于减少对自然资源的提取（包括通过自然资源回收、利用、再循环和替代）、恢复自然资源存量（增加或补充自然资源存量）、自然资源的一般管理（包括监测、控制、监视和数据收集）以及生产用于管理和养护自然资源的货物和服务。

资源管理活动可能导致相关次级环境惠益，例如，保护和恢复野生生物和自然生境。但是，为了生物多样性和景观保护（如管理受保护的森林）而专门开展的活动，以及为保持自然环境的特定功能或质量而开展的活动，应被视为环保活动。

2.4.1.2 确定主要目的

虽然某些经济活动可能只为某个单一目的而开展，但很多活动是为多种目的而开展的。根据一般分类原则，只有活动的主要目的符合环境保护和资源管理这两类环境活动的定义，这样的活动才被视为环境活动。在实践中，主要目的必须属于账户所记录的特定交易或交易类别。

在确定主要目的时，开展活动的各种不同动机可能具有相关性。活动可以是在完全自愿的基础上开展的，或者是为了遵守相关立法和条例而开展的，或者是在自愿协定的框架内开展的。

在某些情况下，有必要考虑各种不同货物和服务对于环境目的是否适合，具体做法是从技术角度予以考虑。这与评估特定货物是否比其他类似货物"更清洁"或更"无害环境"特别相关。

2.4.2 与环境有关的经济活动

很多经济活动可能被认为与环境有关。在这方面，除了上述界定的环境保护和资源管理经济活动以外，本节从历史角度对两大类型的经济活动进行讨论。它们是自然资源使用活动以及与最大限度地减轻自然灾害影响有关的活动。

(1) 自然资源使用活动

自然资源使用活动涉及自然资源的开采、收获和提取，包括相关勘探和开发活动。这些活动不被视为环境活动，但是由于所涉及生产流程对环境的特定和直接影响，它们对于评估环境影响和制定环境政策具有特殊意义。

在自然资源使用活动领域所关注的一个具体重点，是与水资源抽取和配送有关的活动。涵盖水资源使用和管理的功能账户已经建立。这些账户考虑对水资源抽取、储存和配送设施的投资以及水资源抽取、管理和配送的相关经济活动。

关于自然资源使用活动的信息，常常记录在经济统计和国民账户按照经济活动标准分类所作的标准列报中。但是，专门以自然资源使用活动为目标所要求的详细信息，可能由于所涉及基层单位从事的相关经济活动，如海上渔获加工等的整合程度不同而难以发现。

(2) 与最大限度地减轻自然灾害影响有关的活动

与环境有关的经济活动是最大限度减轻自然灾害对环境和社会影响的相关活动。这些活动可能包括研究、观察和计量的有关网络，监视和管理灾害预警系统，为抵御水灾、森林火灾和其他自然灾害所做的准备（包括装备），为人员疏散做的准备，建设防灾建筑（例如，森林防火屏障、雪崩防护屏障、水流减速坝、与河岸和其他大地景观的重新自然化有关的构造等）。在某些情况下，这些活动的主要目的可能是环境保护，应将它们记录为上文所界定的环保活动的部分内容中。

收集和编排最大限度减轻自然灾害影响的信息，对于理解经济对自然灾害的反应具有特殊意义，它可以提供关于大地景观和水系的变化信息，包括气候变化导致的环境变化的经济影响指标等。虽然与适应气候变化有关的经济活动本身不被视为环境活动，但是人们认识到关于这种活动的信息可能受到特别关注。

在现阶段，中心框架对功能分类或与最大限度减轻自然灾害影响的活动有关的账户编制得很少。因此，中心框架没有提供关于计量范围、分类或账户编制的有关建议。

除了意在保护环境和管理自然资源的经济活动外，还有一些活动旨在避免或处理已经遭受污染的环境带来的损害。包括与改变住所或工作地从而避免当地噪音或空气污染有关的支出、清洁或复原因空气污染而变脏或受损的建筑物的支出以及因环境质量低劣而受到不良影响人员的住院治疗支出。这些活动和支出的共同侧重点，是保护人员并管理环境变化对人的影响，而不是保护和管理环境本身。因此，这些活动不被视为环境活动，中心框架没有对其作进一步讨论。

有越来越多的在传统行业架构内开展业务的企业，以生产同样的产出为目的，但其方式可被视为对环境或生态更"友善"，包括生态旅游、资源效率高的制造业和有机农业等。在环境经济核算体系中，这些企业的活动只有在符合环保活动或资源管理活动定义的情况下，才被视为环境活动。

▲ 思考题

1. 会计核算和统计核算的区别与联系是什么？
2. 核算账户的基本结构和格式有哪些？
3. 阅读相关资料，谈谈环境核算、自然资源核算和生态系统服务价值核算等的异同。

拓展阅读

1. 综合环境经济核算-基本理论与中国应用. 高敏雪,许健,周景博. 北京:经济科学出版社,2007.

2. 综合环境经济核算与计量分析-从国际经验到中国实践. 高敏雪,张颖,许健,等. 北京:经济科学出版社,2012.

3. Integrated Environmental and Economic Accounting(2003). UN. http://unstats.un.org,2004.

第3章 环境经济核算框架和体系

环境经济核算体系(SEEA)是国民核算体系的一个重要延伸和补充。所谓 SEEA 主要是为反映可持续发展目标而建立的 SNA 的附属账户体系,目的是分享资源、利用自然。在核算过程中不仅考虑社会和经济活动,同时更加注重统计资源环境的投入以及人类的生产行为对资源环境和生态系统造成的影响。

长期以来,人类只重视经济社会发展,在追求 GDP 增长的同时,不顾资源的耗减、环境质量下降和生态环境的破坏。要实施可持续发展战略,就要搞清楚现有的自然资源存量、在经济生产过程中的资源耗费量以及可再生资源的自然增长速度能否满足人类开采量,必须有效地保护自然资源和生态环境。因此,需要将环境纳入国民经济核算体系,通过实施环境经济核算体系,研究环境、社会和经济三者之间的关系,进而为政府部门制定相关政策措施提供决策参考,使人类的经济发展必须建立在合理利用自然资源和有效保护生态环境的基础之上。

3.1 SEEA 中心框架体系

1992 年,联合国在巴西里约热内卢召开了主题为环境和发展的地球峰会,作为核心内容的可持续发展(sustainable development)直接推动了综合环境和经济核算的全面开展。为了解决经济运行过程中日益突出的环境问题,作为 1993 SNA 的一个附属账户体系,环境核算被纳入到国民经济核算当中。经济增长和发展的可持续性对环境的影响有着密切的关联,可持续性发展因此得到更多公众关注。可持续发展需要一个能够带来实际评估的新数据及核算系统,这就是综合环境和经济核算体系(SEEA)*(United Nations Statistic Division,1993)。

3.1.1 中心框架体系概念

2012 年 3 月,联合国统计委员会第四十三届会议通过了《2012 年环境经济核算体系:中心框架》(SEEA 中心框架)。2014 年,联合国等正式出版了该框架,标志着 SEEA 作为环境经济核算的初步的国家统计标准。这是一部用于理解环境与经济之间交互作用的多目标概念框架。它提供了国际公认的环境经济核算的概念和定义,因此,成为收集综合统计

---

* 2000 年之前,SEEA 被称为综合环境和(与)经济核算,后来人们逐渐把 SEEA 称为环境经济核算。因此,在联合国的一些文件中 SEEA 有两种英文写法,中文也有两种以上叫法。同前。

数据、开发一致且可比的统计指标、测度可持续发展进程的有力工具(联合国等，2014；邱琼，2018)。

按照联合国、欧盟委员会、联合国粮农组织在2014年《2012年环境经济核算体系：中心框架(SEEA中心框架)》给出的解释，SEEA中心框架体系可以视为一系列内在一致的综合账户，其设计方法使之既可以部分加以贯彻，也可以整体实施(邱琼，2014)。《SEEA中心框架》在范围上横跨多学科，旨在与其他国际标准、建议和分类保持一致并互为补充，例如，《2008年国民账户体系》《国际收支和国际投资头寸手册》《所有经济活动的国际标准产业分类》《产品总分类》《环境统计发展框架》等。

3.1.2 中心框架内容

《SEEA中心框架》是一种编排环境和经济信息的系统方法，这种方法尽可能完整地涵盖与分析环境和经济问题有关的存量和流量。其作为一项核算制度，以统一概念的综合方式将信息编入表格和账户中，创建统一指标，并生成用于一系列广泛目的的账户和总量公式。SEEA2012主要内容涉及核算结构、实物流量账户、环境活动账户和相关流量、资产账户，最后账户的整合与列报。其中心框架涵盖了3个主要领域的计量：①环境资产存量及其变化；②经济与环境之间、经济体内部的物质和能源实物流量；③与环境有关的经济活动、交易。

资产负债表编制研究主要以2012年联合国发布的环境经济核算体系中心框架(SEEA2012中心框架)，同时结合我国现有自然资源资产负债表编制经验进行编制。自然资源资产负债表是在价值量核算的基础上进行的，主要核算自然资源的资产、负债，以及扣除负债后的资产价值、资产负债率。主要从两个方面进行核算：①实物量，包括实物存量(各类型资源的实际存在量)和实物流量(核算期内资源的变化量)；②价值量，包括价值存量(根据实物存量以及价值核算方法计算出的价值存在量)和价值流量(核算期内价值的变化量)。

3.1.3 主要账户和表格

参考SEEA中心框架，自然资源资产负债表编制包含的账户分别是实物量核算账户和价值量核算账户。但无论是实物量账户还是价值量账户，均应包括存量、流量核算。

(1) 实物量核算账户

实物存量是在既定时刻的资产总量，计量方式侧重于记录各项环境资产的实物存量。各项环境资产包括矿产和能源资源、土地、土壤资源、林木资源、水资源、其他生物资源等。在SEEA中心框架中，自然资源的实物量核算对存量增减变化的成因进行了详细的分类。例如，存量增加包括发现新的存量、重新分类等；存量减少，包括存量的使用、自然损失、灾害损失、重新分类等。但由于许多自然资源在现有数据统计过程中并未对存量增减变化进行详细分类统计，因此在存量核算过程中，并没有根据其形成因素进行详细的划分。同时，也是由于统计数据的限制，存量变化是由自然因素引起还是人为因素引起的也未进行详细划分。实物计量是为了记录一个核算期期初和期末环境资产存量和不同类型的存量变化，具体形式见表3-1所列。

表 3-1　自然资源资产实物账户基本形式

编制单位：　　　　　核算期：　　　　　单位：

项目	期初存量	本期变化量	期末存量
资产：			
1）×××			
×××			
×××			
2）×××			
×××			
×××			

表中左侧记录资产账目，根据现有统计数据进行分类；以实物计量从核算期期初到期末的变化，或者记为存量增加、减少，只要有可能，还记录增减的性质；环境资产存量在一个核算期内的数量和价值变化，原因很多且各不相同，很多变化是由于某些情况下经济与环境之间的相互作用，但也有其他变化是由自然现象引起的。

（2）价值量核算账户

以货币方式计量存量侧重于各项环境资产的价值和这些资产价值在一段时间里发生的变化。在 SEEA 中心框架中，对这些资产估价侧重于环境资产的经济所有者所获得的收益。另外，以货币方式计量环境资产存量的办法，与国民账户体系中的经济资产计量方式一致。

货币账户中所列账项的定义，与前段所述从实物方面界定的相同账项的定义完全一致。因此，货币账户反映实物资产账户中记录的实物流量的估价，但是需要指出，针对某特殊环境资产来说，实物计量范围更宽，例如，用于木材供应的林木资源，被包括在实物计量范围内，但不在货币计量范围内。对大多数环境资源来说，计量时需要先估算实物流量，再估算货币流量。

对自然资源和土地进行估价，可以与生产和金融资产估价相结合，以提供关于国民财富的粗略估计，通过利用资产账户提供的信息，可以为环境资产管理提供帮助。货币账户的基本格式与实物账户相对应，见表3-2所列。

表 3-2　自然资源资产货币账户基本形式

编制单位：　　　　　核算期：　　　　　单位：

项目	期初存量	本期变化量	期末存量
资产：			
1）×××			
×××			
×××			
2）×××			
×××			
×××			

以货币计量，所记录的条目与实物账户相同；环境资产存量在一个核算期内的数量和价值变化，原因很多且各不相同。很多变化是由于某些情况下经济与环境之间的相互作用，但也有其他变化是由自然现象引起的。

期初和期末之间的某些存量变化，本质上与核算关系更密切，包括一些由于计量方式改进引起的变化。正如在实物资产账户中，可能无法直接估算列出的所有核算项。因此，有些账项可能更需要利用适当模型进行估算，或者根据其他核算项来测算。

3.2 资产账户

资产账户是中心框架中最重要的账户，记录一个核算期期初和期末环境资产存量和不同类型的存量变化情况。我们之所以如此关心环境资产，是因为当前经济活动模式导致可用环境资产的耗减和退化速度高于这些资产的再生速度，从而有必要考虑资源的可持续使用和环境资产继续为经济和社会提供投入的能力，制定一个环境资产管理的总目标。这个总目标是制订环境经济核算体系，特别是对资产进行计量和编制资产账户的关键动因。就环境资产而言，一段时间内的实物和价值数量变化包括环境资产存量增加（例如，由于自然增长和发现）与环境资产存量减少（例如，由于开采和自然损失）。

资产账户的目的是记录常驻机构单位通过交易获得或处置的非金融资产的价值，并显示由于储蓄和资本转移而引起的净值变化。交易可以涉及其他机构单位，包括常驻和非常驻单位，也可以是机构单位保留它们自己生产的资产供自己使用的内部交易。

3.2.1 国民账户体系中资产概念

根据《2008年国民账户体系》，资产是一种价值储备，反映经济所有者在一段时间内通过持有或使用该实体所产生的某种或系列利益。它是价值从一个核算期向另一个核算期结转的载体。SNA中的所有资产都是经济资产。国民账户体系不是将存量中的增加量和减少量截然分开，而是侧重交易引起的变化与资产的其他物量变化。作为巩固环境经济核算体系和国民账户体系之间联系的一种方式，可以将国民账户体系的相关账项附在价值型资产账户上；它们可以从价值型资产账户所列信息中直接测算出来。这些测算方式见表3-3所列。

表3-3 核算总量的测算方式

核算总量	培育生物资源		自然环境资产
	固定资产	存货	
固定资本形成总额	存量增长量/减少开采量	na	na
存货变化	na	存量增长量/减少开采量	na
由于经济活动引起增加	na	na	存量增长量加新存量发现量加向上的重估量
由于经济活动引起消失	na	na	开采量加灾难性损失加向下的重估量

注：na表示不适用。

3.2.2 环境资产

在联合国《SEEA 中心框架》的相关内容中*指出：环境资产是地球上自然发生的生物和非生物组成部分，共同构成生物物理环境，可为人类带来利益。其定义是环境经济核算体系的基础。根据中心框架所给环境资产定义，可从两个角度计量环境资产：①包括为所有经济活动提供物资和空间的组成部分，即单项环境资产，包括土地、土壤、水、森林、水生资源、矿物资源和能源；②生态资产。此项内容需依托第一种单项环境资产才能真正成为资产，或属于第一项环境资产的衍生资产类型。

中心框架以构成环境的各个组成部分为重点，由此确定环境资产的范围。这个范围包括可以提供经济活动所用资源的各类别组成部分。一般来说，资源可以收获、开采或以其他方式转移，以供直接用于经济生产、消费和积累。这一范围包括为从事经济活动提供空间的土地和内陆水域。

环境主要有 7 个独特组成部分，在中心框架中视为环境资产。分别是矿产和能源资源、土地资源、土壤资源、林木资源、水资源、水生资源及其他生物资源（不包括林木和水生资源）。这些独特组成部分是通过建立专门性资产或资源账户来计量环境资产的传统重点。中心框架中各个组成部分的覆盖范围，不涉及上文所列各种不同自然和生物资源中蕴含的各种要素。

一个国家环境资产的计量范围，限于该国所控制的经济领土内所含的那些环境资产。这包含所有土地，包括岛屿；近岸水域，包括该国专属经济区内的水域和海床；国际水域内该国对它们的权利主张得到承认的任何其他水域和海床。陆地环境资产之外的地理范围延伸部分，对于计量水生资源及矿产和能源资源存量，具有特殊相关性。如碳和氮在中心框架中不作为个别环境资产。

每一类别组成部分的实物量核算范围都很广阔，包括可能为人类提供好处的所有资源。但是价值计量范围，限于根据国民账户体系的估价原则具有经济价值的那些类别组成部分。例如，以实物量核算，一国的全部土地都在环境经济核算体系的核算范围之内，这样才能全面分析土地使用和土地覆被的变化。但是，以价值计量时，某些土地可能没有经济价值，因此被排除在外。实物量核算的适用范围较宽广，是为了更好地说明各个组成部分的环境特性。

3.2.3 生态资产

张颖（2018）认为，生态资产是由生物和非生物及其他环境因素组成的具有一定功能的空间区域。它主要是由植物、动物、土壤、水体等构成的具有一定功能的空间区域。出于实物和价值核算的目的，在 SNA 中，生态资产的统计一般要符合资产的界定要求。邱琼等（2018）结合中心框架所给出定义，阐述生态系统资产时认为，像所有核算体系一样，生态系统核算建立在存量和流量之间的关系上。每笔生态系统资产都有一系列特征，诸如土地覆被、生物多样性、土壤类型、海拔与坡度、气候来描述生态系统的运行状况与位置。

---

* 《SEEA 中心框架》第 2 章。

其中有些特征可以认为比较固定(如坡度与海拔),其他特征可能较多变(例如,降水量、土地覆被及生物多样性)。

3.2.4 环境资产账户

环境资产账户主要描述核算期内核算总体的环境资产存流量,包括环境资产存量账户、环境资产流量账户、环境资产重估价账户以及作为 CSNA 卫星账户的环境资产综合账户等。与经济账户不同的是,环境资产账户中的许多资源项目是由实物单位计量的,故而增加了由单个账户归并综合账户的难度(李金华,2009)。资本账户的"来源"方记录投资的资金来源,包括"储蓄"和"资本转移"两个项目。其中,资本转移包括"资本转移收入"和"资本转移支出"。显然,资本转移支出记录为"负值",作为抵销项目;该账户的"使用"方记录"资产"项目和"平衡项"。

3.2.5 负债项

我们在讨论资产定义及其项目的同时,在环境资产核算及自然资源资产负债表的编制的过程中,负债项都是必不可少的项目。袁寿庄等(1996)在《国民经济核算原理》中认为,资产负债核算主要是对经济资产来说,因此只有经济资产才能进行资产负债核算,才能编制负债项。资产负债核算要按"资产=负债+所有者权益"的格式进行负债表编制,尤其是负债项的编制,应把超过生态容量的人类开发利用活动记为"损失",并记为"—"值,作为"负债项"来处理,而不应该把生态容量范围内的人类开发利用活动作为负债项来处理。也就是说使生态系统为未来持续的提供生态服务的能力受到破坏或停止的活动应看作"负债"。因此,生态容量的价值评估或"生态红线"的价值评估是生态资产负债核算首先要做的基础性工作(张颖,2018)。

3.3 流量和存量核算

存量核算反映某个时点自然资源资产的统计状况,而流量核算是对存量核算的不断更新与完善。二者相互联系,可以相互转化。基于存量与流量核算的关系及其流量核算的复杂性,自然资源资产负债表编制可以先存量、再流量,优先编制自然资源资产存量表(封志明等,2014)。

3.3.1 生态系统存量和生态资本存量

生态系统的存量概念指的是由生态系统的要素、结构和过程的生物物理属性,反映的是生态系统的生物物理性状。生态系统存量主要包括生态系统的规模要素、结构要素、种群要素等。存量显示指标通常包含生态系统的规模(覆被面积)、数量(如森林郁闭度、种群密度等)、结构(生态多样性指数)等。例如,森林生态系统存量包括森林生态系统的覆被面积、活立木蓄积量、郁闭度等共同构成生物物理特性。生态系统的存量变化体现在这些生物物理特性的变化,如覆被面积减少、天然林退化等(刘君言,2017)。

生态资本的存量概念与生态系统的存量概念密切相关,但反映的是生态系统所产出的服务的价值量。生态系统的存量变化通过影响生态系统功能及生态系统服务产出，进而影响生态资本存量。然而如前所述，生态资本存量是生态系统的价值化体现，其存量价值受到所处的社会制度、体制及价值判断的影响，是生态系统服务对人类福利惠益的价值量（刘君言，2017）。从时间维度分析，自然资源资产存量变化主要来源于各经济主体对它的影响，这种影响正好将各经济主体对自然资源的占有、使用纳入到自然资源资产负债表中（向书坚等，2015）。

3.3.2 流量和流量核算

编制供给使用表、资产账户、经济账户序列和功能账户以及纳入人口和就业信息，要求理解以实物型和价值型计量的存量和流量概念。本节提供了以实物型和价值型核算方法对存量和流量进行记录的一般框架。

3.3.2.1 实物量

（1）实物流量

实物流量体现在物质、水和能源的流动和使用上。3种实物流量是指自然投入、产品和残余物。

自然投入是来自它们在环境中所处地点的、作为经济生产过程的一部分或者直接用于生产的所有实物投入。它们可能是：①自然资源投入，如矿产和能源资源或者林木资源；②再生能源投入，如经济单位收集的太阳能；③其他自然投入，如来自土壤的投入（如土壤营养素）和来自大气的投入（例如，在燃烧过程中吸收的氧气）。

在开采某些自然资源投入的过程中，不是所有开采物都留在经济体中，例如，在渔业作业中有一定量的捕获物被抛弃，在木材采伐中有一定量的采伐残余。经济体没有保留的开采物被认为直接回归到环境中，这些流量被称为残余自然资源。

产品是指从经济生产流程所得的货物和服务。其定义与国民账户体系中的产品定义连贯一致。一般来说，产品存在的证据是两个经济单位之间货币价值为正数的交易（例如，制造商生产小汽车并销售给买方）。出于核算的目的，一般来说，只有经济单位之间的产品流量被记录，而基层单位的内部业务流量被忽略。但是，取决于分析目的和领域，记录基层单位的这些内部流量可能很重要。例如，在分析能源流量时，记录基层单位通过焚烧本单位的固体废物生产能源可能很有意义。

残余物是指基层单位和住户在生产、消费或积累过程中向环境丢弃、释放或排放（例如，向大气排放）的固态、液态和气态物质流量，但它们也可能在经济体内流动，例如，作为废物收集计划的一部分所收集的固体废物就属于这种情况。

实物流量常常分为3类：能源、水和物质。对物质本身进行分析，常常按照物质类别或者具体的物质分组来进行，例如，固体废物流量或碳排放。3类实物流量构成3种截然不同却相关的核算子体系，其中每个子体系对于相关的实物流量都有不同的视角。例如，对煤和石油的分析，可能侧重于按以含能量或者物质质量和数量计算的实物流量。因此，这些子体系之间相互关联。

实物流量也被记入资产账户，它们在资产账户中表示不同时期的资产存量变化。这些流量包括已界定的自然投入、产品和残余物流量，但资产账户也记录其他实物流量。例如，从天然湖泊蒸发的流量和进入天然湖泊的降水，将改变湖泊中水资源存量，因此被记入资产账户。但是，这些自然过程被视为从环境到环境的流量，因此，不在供给使用表记录的范围内。

有一项与环境资产有关的实物流量是耗减。耗减是指经济单位通过开采、提取和收获，消耗实物自然资源，导致未来的资源供应能力以当前的开采速度下降。估算耗减流量，必须考虑到自然资源是不可再生(如矿产和能源资源)还是可再生(如林木和水生资源)。就不可再生资源而言，实物耗减流量直接关乎资源开采量。然而，就可再生资源而言，必须将自然资源在一段时间内的再生能力考虑在内。

(2) 实物存量

实物存量是指在既定时刻的资产总量。在中心框架中，核算方法侧重于记录各项环境资产的实物存量，如煤炭吨数、木材立方米数和土地公顷数。各项环境资产包括矿产和能源资源、土地资源、土壤资源、林木资源、水资源、水生资源及其他生物资源。界定这些资产依据的是其物质含量(如林木或土壤资源的数量)，而不具体提及其构成元素(如木材中的碳和土壤资源中的营养素)。

某些生物资源(如林木和水生资源)可能是在生产过程中培育出来的(人工林木材和水产养殖设施中的鱼就属于这种情况)。对经培育产生的环境资产和属于自然资源的环境资产应作区分。自然资源包括所有天然生物资源(包括林木和水生资源)、矿产和能源资源、土壤资源和水资源。所有培育的生物资源和土地被排除在外。

海水被认为不在水资源范围内，因为水存量太大，用于分析时毫无意义。讨论水资源实物量时将海洋排除在外，根本不妨碍计量与海洋有关的各项资产，如水生资源(包括一国拥有捕捞权的公海鱼群)以及海底矿产和能源资源。原则上，对每一种环境资产而言，计量范围都包括所有可能为人类提供惠益的存量；在实际当中，为每一种环境资产划定了具体的计量范围。以实物量核算环境资产的相关做法在 SEEA 中的有关章节有详细讨论。

3.3.2.2 价值量

(1) 价值流量

以价值计量的流量，其记录方式与国民账户体系定义的经济流量完全一致。国民账户体系界定了两大类经济流量：交易和其他流量。交易是一种经济流量，该流量是各经济单位之间依据共同协议进行的互动，如出售木材产品或者购买环保服务。其他流量涉及并非交易引起的资产和负债变化。例如，包括新发现资产或者由于自然灾害而丧失资产以及价格变动对资产和负债的影响。

很多交易涉及经济单位之间的产品交换。产品可以在市场上出售，供中间或者最终使用，它们可以由经济单位生产供自己最终使用(用于消耗目的或者投资目的)，它们也可以是政府提供的不在市场上销售的服务。不在市场上销售的产品叫做非市场产品。

以价值计量的产品流量被记入价值型供给使用表。以价值计量的产品流量还被记入资产账户和构成完整经济账户序列的其他账户，在记入时遵循某些估价方式的使用规则和其他核算规则。

(2) 价值存量

以价值方式计量存量侧重于各项环境资产的价值和这些资产价值在一段时间里发生

的变化。在中心框架中,对这些资产估价侧重于环境资产的经济所有人获得的收益。在这方面,以价值方式计量环境资产存量的方法,与国民账户体系中的经济资产核算方法一致。

中心框架没有用货币价值计量后代可能获得的所有收益,以便提供可能被视为环境资产的社会估价的东西。《环境经济核算体系试验性生态系统核算》中讨论了对环境带来的一系列广泛收益的货币价值的考虑的一些问题。因为以实物量核算,每个组成部分的概念范围都很广泛,并得以扩展,以包括可能为人类带来惠益的所有资源,所以,可能有一些以实物记录的存量经济价值为零。例如,一国境内的所有土地都在计量范围内,以便能够对土地使用和土地覆被进行全面分析,但是以价值计量,某些土地可能被认为价值为零。

根据国民账户体系,更受欢迎的资产估价方法是使用市场价值。但是,对很多环境资产而言,并不存在就其自然状态进行交易的市场。因此,很难确定一项资产的经济价值。如果资产不存在明显的市场价值,仍可能有一些方法可以用来估算市场价值。在这些情况下,最常见的情况是,建议使用净现值方法进行估价,净现值方法使用可归属于一项环境资产的预期经济收益估计数——例如,出售矿产资源的收益,然后对预期经济收益进行折现,为它们定一个当期价值。

流量核算有助于认识一国或一个地区随经济增长而发生的自然资源基础变化,也有助于分析资源流与经济流之间的动态关系。2003 年联合国、欧洲委员会、国际货币基金组织、经济合作与发展组织和世界银行五大国际组织共同推出了环境与经济综合核算体系的最新研究成果《环境经济综合核算体系(2003)》(简称 SEEA 2003),它是在总结各国实践经验的基础上,并结合以前的核算理论,通过改进而形成了环境与经济综合核算体系的4 类账户。实物流量账户是一套以实物形式反映自然资源使用的账户体系。它考虑了纯粹的、与物质能源流量有关的实物数据,并尽可能按照供给使用表或投入产出表进行排列,其目的是观察经济在多大程度上依赖于环境投入以及环境对特定经济活动的敏感性。

SEEA2003 除给出了记录实物流量的核算账户外,还给出了同时记录实物流量及价值流量的账户,即混合流量账户。它将环境资源使用方面相关的实物信息和经济生产过程中的实物与货币信息结合起来,使实物数据和货币数据可以进行比较,以考察经济对环境的依赖程度和环境对特定经济活动的敏感程度,反映关键性的可持续发展政策目标。尽管单位是混合的,但流量的核算却能够根据统一的分类和概念、定义进行,分析人员可以根据需要,灵活选择任一单位的数据进行分析。

思考题

1. 根据可持续发展内涵的"三支柱理论",可持续发展就是经济、环境、社会 3 个系统各自的可持续发展及其相互联系,综合环境经济核算(SEEA)可以为经济与环境之间的交互作用提供数据,为什么很少在核算体系中涉及社会系统?

2. 综合环境经济核算不是万能的,它主要反映环境与经济体系的关系,为什么难以从社会分配层面考察不同社会成员是否能够公平地分配到环境资源?试从 SEEA 框架层面分析该问题。

3. 资产负债表编制是否属于综合环境经济核算的内容?

📖 拓展阅读

1. 国民经济核算原理. 袁寿庄,赵彦云,高敏雪,等. 北京:中国人民大学出版社,1996.
2. 绿色 GDP 核算的理论与方法. 张颖. 北京:中国林业出版社,2004.
3. Office for National Statistics, UK. Environmental accounts. https://www.ons.gov.uk/economy/environmentalaccounts. [2016-04-05].

第4章 实物量核算

任何经济系统的运行都需要自然资源和来自环境的其他投入,同时还要接收经济生产的无用副产品。一般来说,计量进入经济体的自然投入的流量和经济体排放的残余物,是通过实物量核算单位实现的。当实物流量核算所用的框架与按价值评估经济流量所用的框架相同时,实物流量核算的用途得到大大增强。这样就能够对自然投入流量与经济活动之间的关系、经济活动与经济体排放物之间的关系,以及很重要的实物流量与价值流量之间的关系,进行连贯一致的分析。

编制实物流量数据,需要使用一系列数据源和分类。一方面,计量实物流量需要大量基本数据、一致的分类和计量单位,以及能够据以编排不同层次分类数据的商定框架;另一方面,在同一个框架内,可以编制更多实物流量合计测算值,或仅仅侧重特定类型的流量(例如,住户为运输所使用的能源或者农业取水)。可以说,编制完整的账户很费力,有时也没有必要,因为使用全套实物流量账户中的一些组成部分,就可以进行有益的分析。

4.1 实物账户编制

实物流量核算框架提供了一套核算原则和范围,在此范围内可以连贯一致地记录与经济活动有关的所有类型的实物流量。最常见的做法是,记录实物流量时,关注特定领域,如能源或水流量,其中一个原因是,实物流量可以用不同单位计量,这些计量单位不一定能够相互比较或者进行合计,还要考虑在单一账户内记录所有相关实物流量所涉及的广度和复杂性。

计量实物流量的框架是以用于计量经济活动的价值型供给使用表结构为基础。同样的结构可用于记录与不同经济单位之间交易发生的基本实物流量,而且通过增加价值型供给使用表中的相关行和列,可以使进出环境的流量在表中建立联系。这些增加的行和列形成一个实物型供给使用表来记录所有的实物流量,包括:从环境流出的、经济系统内部的和流回环境的。

由于计量单位不同,在笼统的供应使用框架内,可以建立3个不同的子体系:物质流量核算、水资源账户和能源账户。在这3个子体系中,实物流量核算的范围包括从环境进入经济系统的流量、经济系统内的流量和回归环境的流量。这样可以统一每个子体系的计量单位,即在物质流量核算中,流量以质量单位计量,如吨;在水资源账户中,计量单位是体积,如立方米;在能源账户中,计量单位是能量,如焦耳。所有这3个子体系可能仅记录实物总流量的一部分，但每个子体系都是一个完整且平衡的流量系统。

在每个实物流量核算子体系中，可以按照实物型供给使用表中的一般原则，来提高核算侧重点的精准性。尤其是物质流量账户，可以编制全经济体(即经济系统)的物质流量账户，也可以将重点放在与单个产品相关的明细账户上，或者侧重于特定类型残余物的流量，如气体排放或者固体废物，也可以仅侧重实物流量中的一种成分，例如，行业和住户的能源使用情况。无论是核算范围宽窄，适用同样的概念、定义和标准，以便为编排数据和建立覆盖范围更广的信息系统提供支持。

4.1.1 核算范围

实物流量体现在物质、水和能源的流动和使用上。采用供应使用法进行实物流量核算，首先需要定义3种关键的实物流量：自然投入、产出和残余物。

自然投入是来自它们在环境中所处地点的、作为经济生产过程的一部分或者直接用于生产的所有实物投入。它们可分为：①自然资源投入，如矿产和能源资源或者林木资源；②再生能源投入，如经济单位收集的太阳能；③其他自然投入，如来自土壤的投入(如土壤营养素)和来自大气的投入(例如，在燃烧过程中吸收的氧气)。

在开采某些自然资源投入的过程中，不是所有开采物都留在经济体中，例如，在渔业作业中有一定量的捕获物被抛弃，在木材采伐中有一定的采伐残余。经济体没有保留的开采物被视为直接回归到环境中。这些流量被称为残余自然资源。

产出，即产品，是来自经济生产流程的货物和服务。一般来说，产品存在的证据是两个经济单位之间货币价值为正数的交易(例如，制造商生产小汽车并销售给买方)。这些界定与前面的界定是相同的。

残余物是指基层单位和住户在生产、消费或积累过程中向环境丢弃、释放或排放(如，向大气排放)的固态、液态和气态物质流量，但它们也可能在经济体内流动，例如，作为废物收集计划的一部分所收集的固体废物就属于这种情况。

从环境进入经济的流量是自然投入，经济内部的流量由产品或者残余物构成，而从经济到环境的流量为残余物。这一系列流量如图4-1所示。某些自然投入在进入经济之后，

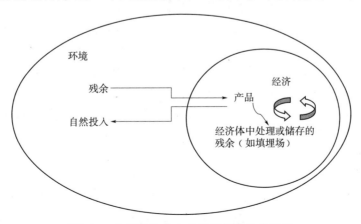

图4-1 与经济体生产范围相关的实物流量

被记录为立即回到环境中,因为经济体不再需要它们。没有在生产中得到使用的自然投入,如矿藏覆盖层、矿区疏干降水和丢弃的渔获,叫做自然资源残余物。也有一些残余物留在经济体中而不是直接返回环境,例如,在受控填埋地点收集和储存的固体废物。

记录实物流量的基本框架,遵循(国民账户体系所界定的并由《环境经济核算体系》予以概述的)产品价值型供给使用表。价值型供给使用表涵盖国民账户体系划定的生产范围内所有货物和服务流量。

进行实物流量核算的意图,是记录支撑价值型供给使用表中记录的交易的实物流量,主要是货物方面的流量,然后扩展价值型供给使用表,以记录从环境到经济的实物流量(如自然资源流量)和从经济到环境的实物流量(如进入空气和水的排放物)。核算流量的这一基本框架可适用于记录个别商品和各组商品。例如,可以追踪有害元素汞的流量,从环境中的开采点,通过在经济中的循环,再排放到环境中。或者仅分析流入或者流出经济体的实物流量,而不一定将两者联系起来。环境的流量,但不注重从环境到经济的流量。

4.1.2 核算表式

用实物型供给使用表的形式来代表全面列报实物流量的一般框架,见表 4-1 所列。所有流量的全面列报,通常与能源和水联系最密切,其中所有流量都可以用一种单位进行有意义的列示,例如,用焦耳或者立方米。

表 4-1 中各行列示了自然投入、产品和残余物类别。与国民账户体系相比,实物型供给使用表是价值型供给使用表的扩展部分。表的上半部分,即供给表,列出了与不同经济单位或环境生产、生成和供应自然投入、产品和残余物有关的流量。表的下半部分,即使用表,列出了与不同经济单位或环境消耗和使用自然投入、产品和残余物有关的流量。

实物型供给使用表中各列的结构,反映支撑流量的活动(例如,是与生产、消费有关,还是与积累有关)和所涉经济单位。第二列涵盖经济体中所有企业的自然投入使用情况,产品生产和中间消耗以及残余物的生成和接收,它根据国际标准行业分类并按行业分列。第三列涵盖住户的产品消费和此种消费产生的残余物。住户从环境中提取和采集自然投入用于自身消费的活动是一种生产活动。因此,将这种活动记录在第二列中相关行业分类项下。

与价值型供给使用表不同,没有列出与政府最终消费支出有关的实物账项。政府的最终消费支出,是政府获得和消费它们自己的产出,没有任何直接相关的实物流量。所有与政府的中间消耗有关的实物流量,例如,用纸和用电,记录在第一列的相关行业分类项下(通常是公共行政)。政府在生产它们的产出时生成的残余物也记录在第二列。

将住户和政府的非市场生产活动与特定行业内的市场活动分开,可能有利于进行分析(例如,住户用于最终消费的自给性取水)。在这些情况下,可以在实物型供给使用表中建立备选列报内容,关于相关生产活动的信息,作为较宽泛的行业类别中"其中"部分的信息,经过重新安排,列在与住户(如最终消费)和政府相关的其他流量旁边。

表 4-1　一般实物型供给使用表

供给表		生产：产生残余		最终消费	积累	来自世界其他地区的流量	来自环境的流量	共计
		生产：按行业分列的残余情况（包括住户自给性生产）采用国际标准行业分类方法	住户产生的残余	住户	按国际标准行业分类分列的各行业			
自然投入							A. 来自环境的残余（包括残余自然资源）	自然投入供应总量
产品	C. 产出（包括出售回收和再使用产品）					D. 产品进口		产品供应总量
残余	I₁. 各行业产生的残余（包括残余自然资源）			J. 住户最终消费产生的残余	K₁. 生产资产报废和拆除产生的残余	L. 从世界其他地区接收的残余	M. 从环境中恢复的残余	残余供应总量
	I₂. 处理之后产生的残余				K₂. 受控填埋地点的排放			
供应总量								

使用表		产品中间消耗；自然投入使用；残余收集	最终消费ᵃ	积累	流入世界其他地区的流量	进入环境的流量	共计
		按国际标准行业分类分列的各行业	住户	按国际标准行业分类分列的各行业			
自然投入	B₁. 用于生产的开采量						自然投入使用总量
	B₂. 残余自然资源						
产品	E. 中间消耗（包括购买回收和再使用产品）		F. 住户最终消费（包括购买回收和再使用产品）	G. 资本形成总额（包括固定资产和存货）	H. 产品出口		产品使用总量
残余	N. 残余的收集和处理（不包括受控填埋地点的积累）			O. 受控填埋地点的废物积累	P. 送往世界其他地区的残余	Q₀. 流入环境的残余	残余使用总量
						Q₁. 直接来自行业和住户（包括残余自然资源和填埋场）的排放	
						Q₂. 处理后残余	
使用总量							

ᵃ 没有按实物流量记录政府最终消费的账项，所有政府间接消费、生产和残余生成，都对照实物型供给使用表第一栏相关行业记录。

第四列题为"积累",涵盖经济中的物质和能源存量变化。从供应角度来看,这一列记录生产资产的实物存量减少情况,例如,通过拆除或者拆卸。它还显示之前核算期废弃的物资在受控填埋地点产生的排放情况。从使用角度来看,积累列记录生产资产实物存量的增加情况(资本形成总额),和受控填埋地点在一个核算期内的物资积累情况。被并入其他产品的水、能源和物资数量也记录在使用表的积累列中。

可以根据国际标准行业分类,按行业对积累流量分类,这样做,积累流量就能与第二列中的行业一级信息相结合,提供按行业的残余物流量总体评估。与此同时,继续对当期活动产生的残余物(在第二列)和往期活动产生的残余物(在第四列)加以区分,这对于进行某些分析可能有重要意义。或者,可以按照产品对积累流量进行分类,例如,按照报废生产资产类型分类。

第五列记录各国经济之间以产品进出口和残余物流量为形式的交换。从世界其他地区收到的残余物和送往世界其他地区的残余物,主要与固体废物在不同经济体之间的流动有关。被排除在这些流量之外的是所谓的跨国界流量,例如,污染水从上游流入邻国,或者废气排放转移到其他国家的大气中。跨国界流量被视为环境内部流量,因此不在实物型供给使用表框架的范围内。如果相关,可以将这些流量记录为补充项目。在更宽泛的环境状况评估中,例如,在评估一段时间内的水资源质量时,它们也可能具有相关性。

第六列是价值型供给使用表结构的重要增补内容。进出环境的流量,就记录在这一列。在实物型供给使用表中,环境是一个"被动"实体,它从事生产、消费或积累的方式与经济体内部各单位的方式不同。然而,将环境列入该表,才能实现对自然投入和残余物的流量进行全面核算,否则此种核算是不可能进行的。

实物型供给使用表含有一系列重要的核算和平衡等式。实物型供给使用表取得平衡的起点是供给使用等式。该等式表示,在经济体内,产品供给量必须在经济体内部得到使用,最有可能被一系列不同经济单位使用,或者出口。因此(参考表4-1):

产品总供给量(TSP) = 国内生产(C) + 进口(D)

等于

产品总使用量(TUP) = 中间消耗(E) + 住户最终消费(F) + 资本形成总额(G) + 出口(H)

产品的供给使用等式,也适用于价值型供给使用表。在实物型供给使用表中,供给使用等式也适用于自然投入和残余物流量,换言之,自然投入总供给量必定等于自然投入总使用量(TSNI = TUNI),残余物总供给量必定等于残余物总使用量(TSR = TUR)。

运用于所有这3种实物流量时,这些等式也与支撑实物型供给使用表的基本物理等式有关,即与物质守恒和能量守恒有关。这些物理等式表明系统内的每种物质都存在物质和能量平衡。

可以看到,在一个核算期内,进入经济体的物质流量必定等于流出经济体的物质流量加上经济体中的一切存量增加额,称为投入-产出等式。

存量净增加额包括一个核算期内如下增加额和减少额:投资货物和产品存货方面的资本形成总额、流入世界其他地区和从世界其他地区流出的残余物实物流量、从环境回收的残余物(例如,溢油之后收集的石油)、受控填埋地点积累的固体废物(不包括这些地点的排放物)。

因此,投入-产出等式描述经济和环境之间的实物流量(参考表4-1):

进入经济体的物质=自然投入(A)+进口(D)+从外国接收的残余物(L)+
从环境回收的残余物(M)

等于

从经济体流出的物质=流入环境的残余物(Q)+出口(H)+
送到世界其他地区的残余物(P)

加上

经济体存量净增加额=资本形成总额(G)+受控填埋地点的积累(O)-
从生产资产和受控填埋地点流出的残余物(K)

这一等式可以适用于整个经济体一级,也可以适用于各个行业或者住户一级。行业和住户一级的进口和出口概念与出入经济体其余单位和出入世界其他地区的流量有关。

残余物的流动需要经过若干阶段:第一阶段,残余物产生或者进入经济体,见表4-1中的单元格(I_1和J-M)所列。这些残余物被经济体中的其他单位接收(N),在受控填埋场积累(O),被送到其他国家(P)或者回归环境(Q_1)。其他单位接收的残余物(N)可能要经过处理,然后作为再生或者再用产品被出售(例如,回用水),或者回归环境。如果残余物作为再生或者再用产品被出售,则生产被记入(C),购买被记入(E)或者(F)。向环境提供残余物(可能经过处理),被记入(I_2),使用量被计入(Q_2)。

自然资源残余物显示为从环境进入经济体(A和B_2),然后回归环境(I_1和Q_1)。与用于生产的自然投入不同,实物型供给使用表的产品列中没有自然资源残余物流量。

在实际当中,除了针对能源和水,一般不编制完整的实物型供给使用表。尽管如此,即使所记录的只是个别商品或者一小部分类似商品,这些核算等式和一套通用核算原则也是适用的。

4.2 实物账户核算原则

4.2.1 自然投入的处理

自然投入指来自环境中所在地点、作为经济生产过程一部分或直接用于生产中的所有实物投入。

自然投入的三大类别是自然资源投入、再生能源投入和表4-2所列的其他自然投入。

表4-2 自然投入分类

项目	类型	项目	类型
1	自然资源投入	1.1.1.2	天然气资源
1.1	用于生产的开采	1.1.1.3	煤和泥炭资源
1.1.1	矿产和能源资源	1.1.1.4	非金属矿产资源(不包括煤和泥炭资源)
1.1.1.1	石油资源	1.1.1.5	金属矿产资源

(续)

项目	类型	项目	类型
1.1.2	土壤资源(挖掘的)	2.4	浪潮
1.1.3	天然林木资源	2.5	地热
1.1.4	天然水生资源	2.6	其他电和热
1.1.5	其他天然生物资源(不包括林木和水生资源)	3	其他自然投入
		3.1	土壤投入
1.1.6	水资源	3.1.1	土壤营养物
1.1.6.1	地表水	3.1.2	土壤碳
1.1.6.2	地下水	3.1.3	其他土壤投入
1.1.6.3	土壤水	3.2	空气投入
1.2	自然资源残余物	3.2.1	氮
2	再生能源投入	3.2.2	氧
2.1	太阳能	3.2.3	二氧化碳
2.2	水能	3.2.4	其他空气投入
2.3	风能	3.3	没有另外分类的其他自然投入

4.2.1.1 自然资源投入

自然资源投入由自然资源在经济领域的实物投入组成。因此，自然资源投入包括来自矿产和能源资源、土壤资源、天然林木资源、天然水生资源、其他天然生物资源及水资源的投入。自然资源投入不包括来自培育生物资源的流量。培育生物资源是经济体内部生产的，因此不是来自环境的流量。

就自然资源而言，它们被视为进入经济领域的临界点，在这一点上自然资源被合理描述为开采出来的资源，随后作为更长生产过程的一部分"进入经济领域"。一切自然资源投入都被记录为环境进入经济体。进入经济体的大部分自然资源投入(例如，开采出来的矿产、砍伐的木材、提取供分配的水)变成产品。但是，某些自然资源投入后不会变成产品，而是立即回归环境，这些流量被称为自然资源残余物。

自然资源残余物有3种：①开采损失，包括开采者宁愿保有的资源(例如，因燃烧和排气而损失的天然气)；②未使用开采，包括开采者目前不感兴趣的资源(例如，矿藏覆盖层、矿区疏干降水和丢弃的渔获)；③回注。这些流量包括开采出来但被立即送回矿床并且以后可能重新开采的自然资源(例如，重新注入含水层的水和重新注入含气层的天然气)。

表4-3列示不同自然资源投入的情况。它将开采资源数量分为计划且可用在经济体的数量(即用于生产的开采)和回归环境的数量(即自然资源残余物)。一般来说，进入经济的临界点，是资源可用于进一步加工所在的点，加工这一概念包括资源运输。

表 4-3 自然资源投入

自然资源	用于生产的开采	自然资源残余物
矿产和能源资源	矿石；原油；天然气总量	矿藏覆盖层；井口燃烧和排气；天然气回注
土壤资源	用于农业、建筑和土地复垦的挖掘土	清淤挖出的淤泥；未使用的挖掘土
天然林木资源	取走的木材	采伐后的残余物
天然鱼类资源	渔获总量减去丢弃渔获	丢弃渔获
其他天然生物资源	收获/捕获	收获/捕获后的残余物
水资源	取走的水	矿区疏干

在某些情况下，开采类自然资源与相关自然资源残余物之间的联系很明显。例如，木材采伐残余物和作为林木资源采伐的自然投入属于同一类别。但是，在另一些情况下，类别并不相同。例如，就开采矿物时转移的土壤和岩石而言，自然资源投入总量是所开采矿物和所转移土壤与岩石（矿藏覆盖层）之和。在自然资源残余物随后被出售的情况下，例如，木材采伐的残余物被出售，用作薪柴，这些流量被记录为用于生产的开采。

4.2.1.2 生物资源

核算生物资源，要求对环境与经济之间的边界给予特殊考虑。为确保与生产范围的一致，对那些被视为作为生产过程一部分被培育出来的资源（培育生物资源）和那些并非生产出来的资源（天然生物资源）做出区分。

做出区分所用的标准包括，在何种程度上对生物资源的生长和再生进行直接控制、担负责任和进行管理。应用这种区分方式很重要，因为核算处理方式各不相同，就天然生物资源而言，这些资源在开采时被视为经济投入，这遵循表 4-3 中列报方式的基本逻辑。但是，培育生物资源不被视为自然资源投入，而是被当作在经济体内部生长的资源。

处理方式不同，对其他实物流量记录方式有影响。天然生物资源所使用的氧和氮，所吸收的土壤养分和水，被视为环境内部流量，只有资源的实际收获，才被视为进入经济体的流量。对于培育生物资源来说，其实物流量的完整核算要求记录从环境中吸收的作为自然投入的养分和其他物质，因为生物资源本身已经"在经济体内"。因新陈代谢（例如，光合作用和呼吸）和蒸腾作用而产生的实物流量，不是变成产品，而是作为残余物回归自然。

4.2.1.3 再生能源投入

再生能源投入是指环境提供的非燃料能源。这些能源对很多国家的经济日益重要。将这些投入包括在内，为环境与经济之间以含能量（焦耳）计量的能源流量完全平衡奠定了基础。再生能源投入是按照来源分类，不同来源包括但不限于太阳、水、风、浪和地热。来自自然资源的能源投入，例如，天然林木资源，不包括在这一项下，来自人工培育的林木资源、其他人工培育的生物物质或者来自固体废物的能源投入，也不属于这一项。

再生能源投入的估计数应当反映借助技术可以使用的能源数量，这些技术是为收集能源而采用的，例如太阳能电池板和风轮机。估计数不应当以可以使用的潜在能源总量为基础，特别是在获取能源的设备没有安装到位的情况下。在实际当中，再生能源投入的估计数一般反映实际生产的能源数量，通常但不完全是以电的形式来反映。

水电核算时应予以特殊考虑，这取决于所涉及的实物流量核算，可以将相关自然投入记录为再生能源投入或自然资源投入。例如，在编制能源账户时，应当将来自环境的再生能源的投入，视为等同于水力发电厂的发电，以焦耳为计量单位；在水资源账户中，应当将来自环境的流量记录为水资源的自然资源投入，与流经水力发电厂的水量等同。

4.2.1.4 其他自然投入

（1）土壤投入

土壤投入包括经济体在生产过程中从土壤中吸收的营养素和其他元素。土壤投入包括所培育植物在生长过程中吸收的营养素（如氮、磷和钾）。根据惯常做法，被固定在土壤中的并因耕作而被排放到环境中的碳，被记录为土壤投入，以确保整个系统的平衡。只有实际吸收或者排放的数量，才被视为自然投入。注意：这些投入不同于列在自然资源投入项下的土壤资源的大宗开采和转移。进入经济体的土壤水投入被记为自然资源投入中的水资源。

（2）空气投入

空气投入包括经济体为生产和消费而从空气中纳入的物质。这种投入包括培育生物资源所使用的化合物和元素（包括氮、氧和二氧化碳）以及在燃烧过程和其他工业流程中吸收的物质。它们构成实物型供给使用表结构中的内容，因为它们能够使系统内记录的物质实现平衡。

4.2.2 经济产品的处理

产品可以是货物，也可以是服务。一般来说，实物流量账户的产品部分侧重于经济单位之间交易的货物。根据国民账户体系，产品是经济体生产流程产生的货物和服务。实物流量账户中所列的产品范围仅限于拥有正数货币价值的那些产品。

一个企业可能记录不同类型的产品。出售给其他经济单位的产品被视为企业初级生产的结果或者次级生产的结果，这取决于产品的相对意义。原则上，生产同一种初级产品的企业被归入同一个行业类别。在某些情况下，产品生产是自给性的，这发生在它们不出售给其他经济单位，而被直接用于生产者的最终消费（例如生产农民消费的农业产出）时，或者成为一种资本形成形式时（例如自给性建房）。在这两种情况下，应当记录实物流量，以确保与价值型供给使用表的产出和生产范围保持一致。

企业从事辅助性生产的，例如核算、就业、清洁和运输服务等一些由内部生产作为支持性服务，来实现初级和次级产品生产时，国民账户体系建议，在这种情况下，应当设立一个独立基层单位从事辅助性生产。但是，在大多数情况下，这些服务的生产没有被单独列为一组产出，而是将相关投入记为企业初级和次级产品生产的总体投入的一个组成部分。

也有一些产品被用于企业内部生产流程（企业内部流量），在国民账户体系中没有借助货币交易得到承认，例如，通过焚烧固体废物产生的供企业内部使用的电，没有在国民账户体系内以价值方式记录。不过，可以将这些企业内部流量记录，用于实物流量核算，因为确有实物流量发生。但是，记录范围应当符合手头的分析目的。

在很多情况下，住户从事的生产涉及开采和收集自然资源投入，然后将这一自给性生产用于消费。例证包括收集薪柴、取水和休闲型捕鱼。在这些情况下，这种生产被记录为实物型供给使用表行业一列中相关经济活动生产的一部分。同样，住户使用的自然投入也被记录在行业一列。取决于活动的意义，将这种生产与从事同样活动的其他单位的生产分开,可能是有用的做法。将自给性生产用于相应的住户最终消费,被列入实物型供给使用表的第三列。

实物型供给使用表框架中一个重要产品流量是肥料流量,包括自给性生产的肥料,例如,粪肥。在土壤上施肥产生两种流量。第一种是作物吸收的营养素,这种流量被视为一种产品流量,也就是说,它仍留在经济体内;第二种是没有被吸收的营养素,这些被记录为产品的耗散性使用所产生的残余物流量。

4.2.3 残余物的处理

残余物是指基层单位和住户在生产、消费或积累过程中丢弃、排泄或排放的固态、液态和气态物质流量。残余物可能会被直接丢弃、排泄或排放到环境中,或者被经济单位捕获、收集、处理、回收或再使用。

4.2.3.1 残余物的定义

(1)如果丢弃者有意丢弃一种产品,但又用被丢弃产品换得金钱或其他收益,这被视为一种产品交易而不是被视为残余物。在编制固体废物账户时,这些流量可能得到特殊关注。必须将残余物制造者向收集、处理或以其他方式转化残余物的基层单位支付的款项,与残余物流量本身区分开来。所付款项被视为购买服务的款项,或者产品交易,而残余物流量则单独记录。适用这种区分的具体案例与国家间的固体废物流量有关。因其他国家提供运输和处理废物服务而向其付款,被记录为服务进口和出口,而废物实物流量则作为残余物流量单独记录。

(2)记录残余物的时间应当是排放或丢弃发生的时间。排放或丢弃时间可能明显不同于获取时间,从价值型账户角度来看,获取的时间是记录流量的适当时间。具体例证涉及耐用消费品,例如,冰箱、洗衣机、汽车和住户长期使用的其他产品。在价值型账户中,耐用消费品被记作同一个核算期内购买和消费的耐用品。这与企业购买的固定资产的处理方式截然不同,后者被记作资产运行年限内的固定资本消耗。耐用消费品产生的排放和耐用消费品的丢弃应当在发生时记录,尽管在价值型账户中消费活动被记入上一个核算期。

(3)受控和受到管理的填埋地点、排放捕获和储存设施、处理厂和其他废物处置点,被认为在经济体之内。因此,进入这些设施的残余物流量,被视为经济体内部的流量而不是进入环境的流量。随后从这些设施出来的流量可以作为残余物直接进入环境,或者导致创造出其他产品或者残余物。

(4)住户或者行业废物可能被倾弃(有可能是非法)在野外或者路边。同样,海上的油轮有可能清洗货仓(也有可能是非法)或者因失事而造成货物丢失。应当将这些流量记录为从经济流入环境的残余物。

(5)可以尽力从环境中回收残余物,包括自然资源残余物,并将其送回经济体,进行处理或者在填埋地点进行处置。只有在这种情况下,才应当记录从环境进入经济体的残余物流量。用数字表示,数量可能很小,但是对于特定事故(例如,油轮在受保护海岸附近失事)或者特定地点,可能有利于明确确认这些流量。

(6)将残余物计入各个经济体,符合确定经济单位常住地的原则。残余物被计入排放或排泄残余物的住户或企业的常住国。

4.2.3.2 残余物分类

残余物有很多种不同类型,通常对不同类别的残余物进行分析,依据的是流量的实物性质,或者流量的隐含目的,或者仅仅是为了反映从经济体流出的实物流量平衡。

(1) 固体废物

固体废物包括业主或用户不再需要的弃物。固体废物包括固态和液态物质,但不包括废水和排放到大气中的细小颗粒物。固体废物包括被送往或被包括填埋设施在内的收集或处理系统收集的所有物质。固体废物还包括那些被直接丢弃到环境中的相同物质,无论丢弃行为合法还是不合法。此外,固体废物可以包括某些在经济单位之间交换的弃物,例如,废金属使丢弃者得到报酬。在这些情况下,固体废物被视为一种产品(因为固体废物有正价值)而不是一种残余物。

(2) 废水

废水是指业主或用户不再需要的弃水。排入排水沟或下水道的水、水处理厂接收的水,以及直接排入环境的水,都被视为废水。废水包括水回归流量,它们是直接进入环境的水流量,无论是否经过处理,无论水质如何,所有的水都包含在内,包括从水电发电机回归的水。

废水还包括回用水,是供应给用户做进一步使用的水,无论是否经过处理。同一个基层单位回收的废水没有在环境经济核算体系账户中记录。

4.2.3.3 残余物的处理分类

(1) 排放

排放指基层单位和住户在生产、消费和积累过程中向环境排放的物质。通常按照接收环境(即空气、水体和土壤)的类型和物质类型对排放进行分析。

对排放进行核算的侧重点,是对环境的直接排放。在某些情况下,基层单位和住户排放的物质,可以收集和存放在经济单位内(例如,填埋作业可以收集沼气用来发电),或者在经济单位之间转移,用于处理或者其他用途(例如,可以将废水中的物质送往污水处理设施去处理,然后使水回归内陆水系),这样就减轻了环境可能承受的压力。

基层单位和住户的物质排放总量被称为总排放。总排放包括对环境的排放以及留在经济单位内或转移到其他经济单位的各种物质。

空气排放物指基层单位和住户在生产、消费和积累过程中向大气中排放的气态和颗粒物质。根据惯常做法,空气排放物不包括通过蒸发排放的蒸汽或水。

水体排放物指基层单位和住户在生产、消费和积累过程中向水资源中排放的物质。任何个别基层单位或者住户的水体排放物,都是以该基层单位或住户向水中添加的追加物质来计量,而不是以该基层单位或住户排泄到水中的物质总量来计量。这样,基层单位或住户接收的水中早已存在的物质不计入该单位。水体排放物不包括正常水流不携带的那些物质,例如,大块固体废物。这些物质被纳入固体废物测算值。

因为基层单位和住户排入水中的物质排放总量,有一大部分是通过下水道系统发生的,对这些排放的核算,通常包括对环境的排放和对经济单位(大多为污水处理设施)的排放。

土中排放指基层单位和住户在生产、消费和积累过程中向土壤中排放的物质。某些被排放到土壤中的物质可能继续在环境中流动,并进入水系。原则上,已经被记录为个别基层单位土中排放的物质流量,不应当被记录为同一个基层单位的水体排放物。

(2) 产品的耗散性使用

产品的耗散性使用包括生产过程中有意排放到环境中的产品。例如,作为农业和林业做法的一部分,化肥和杀虫剂被故意洒在土壤和植物上。在这些情况下,所排放的产品总量中有一部分可能在生产过程中被使用或者被吸收,因此融入新产品。剩余部分将留在环境中,应当作为进入环境的残余物流量记录。

(3) 耗散损失

耗散损失指生产和消耗活动间接导致的残余物。例证包括路面的颗粒磨损,汽车制动器和轮胎的磨损残余物,以及来自雨水收集系统的锌。这些残余物应当被计为耗散损失,作为确保从经济体到环境的流量保持总体平衡的一部分。

(4) 自然资源残余物

自然资源残余物指那些在后来没有进入生产过程,而是立即回归环境中的自然资源投入。自然资源残余物被记录为自然资源开采业造成的残余物和直接进入环境的残余物流量。

自然资源残余物的例证包括天然气的燃烧和排气,捕鱼作业中的丢弃渔获和采伐天然林木资源时的采伐残余物。不包括在自然资源残余物中的与收获培育生物资源有关的残余物,例如,作物残余物、人工培育林木资源的采伐残余物以及饲养牲畜产生的粪肥。这些残余物被记录为固体废物。

(5) 损失

损失,残余物也被视为损失。在对能源和水的实物流量进行分析时,这一点会受到特别关注。按照它们在生产过程中发生时所处的阶段,有 4 种类型的损失得到确认。应当注意,某些类型的损失对于维持安全作业条件可能是必要的,天然气开采过程中的燃烧和排气就属于这种情况,而其他可能是不必要的损失,正如引流渠中的水分蒸发。

①开采损失 是自然资源开采过程中所开采资源未经过进一步加工、处理或运输时发生的损失。开采损失不包括回注到所开采矿藏中的自然资源。例如,回注到含气层中的天然气,或者从地下水抽取并回注到某个地下蓄水层的水,可能就属于这种情况。某些开采损失也可能被记录为自然资源残余物。

②配送损失 是发生在提炼、开采或供应点和使用点之间的损失。

③储存损失 是存货能源产品和物质损失,其中包括蒸发、燃料泄露(以质量或容积单位计量)、损耗和意外损失。存货范围不包括非生产资产,尽管它们可能被视为储存物。因此,以人工蓄水池中的水分蒸发为例,它不包括在储存损失之内。

④转换损失 指能源损失,例如在一种能源产品向另一种能源产品转换过程中以热能形式发生的能源损失。它实质上是一种能量平衡概念,反映投入和产出商品之间的热值差异。转换损失仅适用于能源流量。

如果经济单位更愿意保住回归环境的实物量,就应当记录这些损失。尤其是在资源正在被开采的情况下,一定量的实物资源可能会在开采过程中"损失"。但是,如果开采者不在乎这些物量,则不应当将它们视为损失。从产品供应者角度来看,从配送网络或者储存库中被非法转移的水、电、其他能源产品和其他物质,可以视为因偷盗而产生的损失。然而，若以实物量核算，这些丢失的水、能源和其他物质并没有进入经济体，因此在环境经济核算体系中不被视为损失。

表4-4列出了不同类型的物质，它们通常被列在不同的参与分类中，用来支持对残余物的分析，无论其重点是分析丢弃的目的(如处置固体废物)、物质的最终归宿(如空气排放物)，还是导致排放的过程(如耗散损失)。

表 4-4 各类残余物的典型成分

类 别	典型成分
固体废物(包括回收物质)[a]	化学和医疗废物、放射性废物、金属废物、其他可回收物、丢弃设备和车辆、动植物废物、居民和商业混合废物、矿物废物和土壤、燃烧产生的废物、其他废物
废水[a]	待处理和处置的水、回归流量、回用水
空气排放物	二氧化碳、甲烷、一氧化二氮、氧化亚氮、氢氯烃、过氟化碳、六氟化硫、一氧化碳、非甲烷挥发性有机化合物、二氧化硫、氨水、重金属、持久性有机污染物、颗粒物(例如，PM10尘埃)
水体排放物	氮化合物、磷化合物、重金属、其他物质和(有机)化合物
土壤排放	管道泄漏、化学品外溢
产品的耗散性使用产生的残余物	化肥中未吸收的营养素、撒在路上的盐
耗散损失	磨耗(轮胎/刹车)、建筑物(道路等)的侵蚀/腐蚀
自然资源残余物	矿藏覆盖层、采伐留下的残余物、丢弃渔获

[a] 此份各类残余物典型成分清单也可能适用于某些被界定为产品的流量。

对于残余物流量的积累可能造成的环境压力，涉及当期残余物流量和往期残余物流量。继续保持现有残余物流量，其影响可能迥然不同，这取决于期初的积累已经达到的水平。此外，残余物的环境浓度造成的损害，常常并非随着残余物产生的数量呈直线增长。应当注意的是，对环境的影响将因残余物类型和环境类型的不同而不同。

(6)记录报废或者被拆除的生产资产

表4-1所示的一般实物型供给使用表包含一个账项，记录报废和拆除生产资产产生的残余物(单元格K)。将这些残余物记录在积累列之下，可以凸显这一事实：报废资产是往期生产的，残余物是由当期生产活动产生的。这些残余物有很多将被废物处理和类似企业收集起来进行处理(并有可能被回收)。使用表将这些残余物列为被废物处理企业回收(单元格N)、在受控填埋地点积累(单元格O)、被送往世界其他地区(单元格P)或者直接流入环境(单元格Q)。

在记录这些残余物时，可能会出现一个矛盾，即将残余物计入报废和被拆除生产资产的用户，与将残余物计入使用该资产从事生产的用户可能是不一致的。在实际当中，将生产资产的报废和拆除计入以前的用户可能有些困难，因为资产，尤其是建筑物，有可能在临报废和拆除之前被售出。因此，在产生残余物的事件发生时，生产资产的业主和"用户"可能不是同一个行业。可能的话，应将残余物计入最近将生产资产用作对生产流程的资本投入的行业，具体方法有两种：①在积累列里按行业将流量分类，并将残余物流量妥善计入以前使用这些报废资产从事生产的行业。然后将这些流量列为被废物处理企业接收(单元格 N)或者直接被送往受控填埋场(单元格 O)。②如果不可能以这种方式在积累列中将这些流量分类,可以在第二列记录两个附加项。第一项在单元格 N 中,反映拆卸行业对报废资产的隐含使用情况,第二项在单元格 I 中,反映拆卸行业产生的随后被废物处理行业收集或者被送往受控填埋场的残余物。需要有两个账项才能保持报废生产资产的行业的流量平衡。

4.3 实物量账户类型

实物流量核算的第 3 个子体系涵盖物质流量。与能源和水资源不同,物质是一组更加广泛的自然投入、产品和残余物。虽然原则上可以依据每种物质的数量,对物质流量进行一次完整的核算,但是,在实际当中,物质核算往往侧重于特定物质,或者特定类型的流量。

4.3.1 产品流量核算

为了管理特定产品,可以通过跟踪个别物质从环境经过经济体再回到环境的实物流量,例如,可以跟踪元素流量,汞。同样的,也可以跟踪土壤中的营养素流量,来观测从作物吸收营养素和这些营养素在其他产品中的含量。将实物流量数据与标准供给使用表中的经济关系结合起来,可以分析这些物质流量。这样,就有可能估算生产最终产品所需的特定物质数量。此类信息对根据需求进行物质流量分析和计算生产过程的上游需求有重要意义,而这些分析和计算对于寿命周期分析和相关分析技术是必要的。

此类物质流量核算的一个特殊范例,是编制营养素平衡表。营养素平衡表跟踪土壤营养素[氮(N)、磷(P)和钾(K)]从土壤进入各种产品的流量。营养素平衡表,尤其是进行大规模计算时,必然要求使用多种系数,不但估算投入总量,而且估算产品(例如收获的作物和牲畜饲料)所含营养素的开采量。

3 种主要类型的实物流量用于编制大规模营养素平衡表:第一,肥料产品的产品流量,可以是有机肥,也可以是无机肥,以营养素吨数计量。第二,其他有机投入流量,包括农场使用粪便进行的自给性营养素生产和自然循环过程产生的营养素,例如,在核算期内产生的自然固定作用。其他有机投入流量有多种不同的估算方式,视流量类型而定。第三,当作物收割时,当其他植物和牧草用作牲畜饲料时,营养素从系统中转移出去。估算这些流量时,也可以对作物、牧草和饲料数据适用相关系数,同时考虑到耕作实践。投入量和转移量之间的差额是营养素差额,代表生产过程导致的营养素盈余或者赤字。

营养素平衡与农业和林业活动中对产品(主要是化肥)的耗散性使用有关。营养素正平衡(意即产品的耗散性使用产生残余物),对相关生产单位来说不一定是损失。取决于若干因素,某些残余物可能会作为营养素存货留在土壤中,有益于将来的作物生产。但是,给定营养素正平衡中有一部分通常也导致附近地表水和地下水退化,以及空气排放物,例如,排放氧化亚氮(一种温室气体)。营养素负平衡(例如,氮、磷和钾的转移量超过投入量)可以成为一项指标,表明生产缺少可持续性,因为土壤中每一种主要营养素都达不到适当平衡,作物生产最终难以为继,在这种情况下没有残余物流量。

4.3.2 空气排放物核算

空气排放物指基层单位和住户在生产、消费和积累过程中向大气中排放的气态和颗粒物质。在某些情况下，经济活动产生的气态和颗粒物质可以收集起来，供其他生产过程使用（例如，可以在填埋地点收集甲烷气体，用来生产能源）或者在经济单位之间转移，用于生产或者储存起来（如碳排放）。为了全面核算特定气态和颗粒物质流量，除了空气排放物外，也可以有意记录这些物质在经济单位内部和经济单位之间的流量。确定计量空气排放的适当范围，是以残余物的产生和排放为重点，因此，不要求建立完整的实物型供给使用表，这个范围与编制经济账户时所用的范围和边界一致。

表 4-5 列示了环境经济核算体系的空气排放物账户。环境经济核算体系的空气排放物账户按照排放物质类型记录常住经济单位产生的空气排放物。它的结构是表 4-1 所示一般实物型供给使用表的简化和调整版。左侧部分为供应表，按物质类型分列各行业和住户产生的排放物。对二氧化碳排放进行核算，应当将矿物燃料燃烧产生的二氧化碳排放与生物产生的二氧化碳排放区分开来。积累列列示了受控填埋地点排放的空气排放物，因为这些反映较早阶段的生产、消费和积累活动排放物的排放情况。这些排放将计入经营填埋地点的废物管理单位账户。

住户空气排放物按照用途（运输、取暖、其他）进行细分。根据分析方面的要求和可用信息，可以增列额外用途。表的右侧部分为使用表，涵盖向大气层的排放情况。

4.3.2.1 空气排放物的计量问题

（1）与空气排放有关的经济边界

某些空气排放物发生在经济单位在其他国家开展活动之时。因此，虽然常住经济单位的大部分空气排放物排放到本国环境中，但有一些空气排放物排放到世界其他地区的环境中。根据使用常住概念的经济边界一般定义，一国的空气排放物核算不包含非常住者（例如游客和外国运输业务）在该国领土范围内的排放，而包含常住经济单位在国外的排放。

空气排放物的性质意味着，在一个国家产生的空气排放物很可能经大气层进入另一国境内。虽然这些流量在了解一国环境中的大气状况和质量时，可能受到密切关注，但它们不在空气排放物账户的列报范围内，因为它们是在环境中发生的。空气排放物账户也不记录环境捕获或所含气体程度，例如森林和土壤所捕获的碳。

（2）其他范围和边界问题

在空气排放物账户中，列入空气排放物范围的，是经济生产过程直接产生的一系列其他排放，即人工饲养的牲畜因消化而产生的排放（主要是甲烷），和土壤因耕作和其他土壤扰动而产生的排放，例如建筑或者清理土地造成的扰动。偶然发生的森林或者草原火灾等自然过程和人类新陈代谢过程产生的排放，不是经济生产活动的直接后果，不包含在内。

（3）空气排放物方面的环境边界

各种经济活动产生的排放在空气中结合，产生新的物质，这时发生二次排放。这些新的化合物应被视为环境中发生的变化，未列入空气排放物账户。

表 4-5 空气排放物账户(t)

	空气排放物供应表										空气排放物使用表	
	排放物的产生								积累	排放供应量共计	进入环境的排放	排放使用量共计
	农业	采矿业	行业 制造业	运输业	其他	住户 运输业	住户 供热	其他	填埋场产生的排放		进入环境的流量	
	国际标准行业分类 A	国际标准行业分类 B	国际标准行业分类 C	国际标准行业分类 H								
物质类型												
二氧化碳	10 610.3	2602.2	41 434.4	27 957.0	82 402.4	18 920.5	17 542.2	1949.1	701.6	204 119.6	204 119.6	2 041 119.6
甲烷	492.0	34.1	15.8	0.8	21.9	2.4	15.5	1.7	222.0	806.3	806.3	806.3
一氧化二氮	23.7	6.0	3.5	0.8	2.6	1.0	0.2	0.1	0.1	32.0	32.0	32.0
氧化亚氮	69.4	6.0	37.9	259.5	89.0	38.0	12.1	1.3	0.3	513.6	513.6	513.6
氢氟化碳			0.3		0.4					0.7	0.7	0.7
六氟化硫												
一氧化碳	41.0	2.5	123.8	46.2	66.2	329.1	51.2	5.7	1.1	666.9	666.9	666.9
非甲烷挥发性有机化合物	5.2	6.5	40.0	16.4	27.2	34.5	29.4	3.2	0.9	163.3	163.3	163.3
二氧化硫	2.7	0.4	28.0	62.4	8.1	0.4	0.4	0.1	0.0	102.5	102.5	102.5
氨水	107.9		1.7	0.2	0.9	2.3	11.4	1.2	0.2	125.9	125.9	125.9
重金属												
长期性有机污染物												
颗粒(包括 PM10 和尘埃)	7.0	0.1	8.5	9.3	4.4	6.0	2.8	0.5	0.0	38.5	38.5	38.5

残余气态和颗粒物质燃烧和向空气排放,是天然气和原油开采过程的一部分,这些排放物列入空气排放物账户。收集并抛洒在农田上的粪肥产生的排放包含在空气排放物账户范围内。粪肥的使用被认为是产品的耗散性使用,粪肥产生的排放被视为从经济进入环境的流量,而不是环境内部流量。

各行业和住户产生的空气排放物应当在它们离开基层单位之时进行计量,换言之,应当在其通过基层单位内的相关过滤或减排技术或流程之后进行计量。例如,填埋地点可能产生空气排放物,但是也可能收集这些气体以生产其他产出,例如,用填埋地点收集的甲烷生产能源,从而直接向大气中排放其他空气排放物。但是,只有离开基层单位的那些排放才应当记录并计入废物管理行业(填埋地点产生的排放将包括固体废物积累产生的排放和该地点的作业设备产生的排放)。

(4)划定空气排放物的归属

空气排放物是指基层单位和住户在生产、消费和积累过程中向大气中排放气态和颗粒物质。为了使实物流量数据与价值型数据建立关联,应当使用国民账户体系中使用的相同分类方式,为排放实物流量分类。就住户消费而言,有必要兼顾消费目的和住户使用的实际产品。这要求考虑依照按目的划分的个人消费分类和按产品总分类进行分类的数据。

划定空气排放物的归属,对于计量小汽车等耐用品产生的排放尤为重要。空气排放物账户应当根据使用耐用品的活动性质,而不是按照耐用品的特征,划定空气排放物的归属。因此,私人住户用于交通运输的小汽车产生的排放应当划归住户,而零售商用来运送货物的小汽车产生的排放应当划归零售业。

除了耐用品在运转时排放的空气排放物,可能还有商品在使用期限内和被丢弃后在大气中泄露的排放。这些泄露应在发生时记录,并将其记入泄露发生时的货物所有人账户中。被丢弃货物的"所有权"可能是填埋地点,在此情况下,应将泄露记为填埋地点全部空气排放物的一部分,记为经营该场地的废物管理行业的排放。

按照广义政府单位活动的一般核算处理方式,政府产生的空气排放物记为相关行业活动(例如,公共管理)。应当注意,废物管理单位的业务常常作为广义政府活动的一部分。

4.3.2.2 空气排放物账户与其他核算框架之间的关系

空气排放物具有重要的政策意义,尤其是二氧化碳和其他温室气体排放。出于不同原因,其他核算框架对于环境经济核算体系空气排放物账户特别重要。

首先是根据《联合国气候变化框架公约》(1994年,联合国)对排放清单进行核算。很多国家定期编制排放清单的相关统计数据,与环境经济核算体系所述空气排放物核算齐头并进。为制订环境经济核算体系空气排放物账户和《联合国气候变化框架公约》所需数据之间的过渡表,需要作出重大调整,这涉及在外国的常住者和境内非常住者的排放。这些调整的重点,是陆运、水运和空运以及在国外作业的本国渔船。

其次,重要框架是能源账户。因为二氧化碳和温室气体排放的一个重要来源是矿物燃料燃烧。空气排放物的核算方法和能源账户的核算方法之间有重要联系。实际上,根据能源账户所载的数据编制空气排放物账户的相关部分是司空见惯的做法。

4.3.3 水体排放物核算

水体排放物是指基层单位和住户在生产、消费和积累过程中向水资源中排放的物质。向水资源中排放可能构成一个重要环境问题，并导致水资源质量恶化。被排放到水资源中的某些物质有巨毒，因此对水资源的质量造成不利影响。同样，氮和磷等其他物质在水中，也可能导致富营养状态，有机物可能影响氧平衡，因此影响水资源的生态状况。

在环境经济核算体系框架内，有意义的做法是对基层单位和住户向水资源中排放物质和向污水处理系统中排放相同物质都进行核算。这些排放物被污水处理系统接收并处理，然后才会向水资源中排放。因此，核算范围是基层单位和住户向水资源和污水处理系统的物质排放总量。相关流量如图4-2所示。

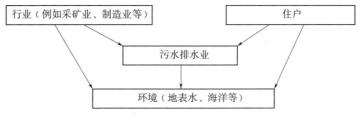

图 4-2 水体排放物账户流量

水体排放物总量账户通常被称为水体排放物账户，列报与产生排放和排放的活动有关的信息、物质类型和数量以及排放物的最终归宿(如水资源或海洋)。水体排放物账户是一个有用的工具，可用于制订经济文书，包括旨在减少向内陆水系或海洋排放的新条例。当与减少排放总量和处理污水的技术联系起来对水体排放物账户中的数据进行分析时，关于当前技术在减少水体排放物物质方面的效率和关于新技术潜力的影响研究可以使用这些数据。

水体排放物账户记录基层单位和住户在一个核算期内向水中添加的物质数量。这些数量以质量单位表示(千克或吨，取决于所关注的物质)。水体排放物账户涵盖：向废水中添加的和在污水处理系统中收集的物质；向直接排放到水体中的废水添加的物质；来自非点排放源的物质，例如，城市径流产生的排放和农业产生的排放。因此，水体排放物账户从经济活动产生的物质方面阐述了有关水资源实物型供给使用表所述废水流量。直接将废物倾弃到水体中，不在水体排放物账户的涵盖范围内，而是被记入固体废物账户。

(1) 水体排放账户的记录范围

水体排放物和释放的来源分为点排放源和非点排放源。点排放源的水体排放物是排放废水的地点得到明确认定的排放。它们包括来自污水处理设施、发电厂和其他行业基层单位等的水体排放物。水体排放物的非点(或者弥漫性)排放源，是没有单一源头或者一个进入容纳水资源的特定排放口的排放源。来自非点排放源的水体排放物，包括城市径流从陆地上带走的物质和众多个体和小规模活动产生的排放物，由于实际原因，无法将这些活动作为点排放源对待。按照惯例，与流经污水处理设施的城市径流有关的排放计入污水处理行业。

阐述与灌溉用水的回归和雨浇农业有关的排放，从农业用地的水回归流量中增加的物质入手，主要是土壤中的残余肥料和杀虫剂，它们渗入地下水或者流入地表水。严格地讲，应将从土壤进入水资源的物质流量视为环境内部流量，因此不在实物型供给使用表记录的实物流量系统范围内。但是，鉴于这些流量对政策具有重要意义，它们通常被记入水体排放物账户。

(2) 水体排放账户

环境经济核算体系水体排放物账户的结构见表4-6所列。其结构是一般实物型供给使用表的简化版。表的上半部分为供应表，按物质类型列示各行业和住户产生的水体排放物和释放，以及污水处理行业的排放处理。表的下半部分是使用表，列示收集起来供污水处理行业处理的废水排放量和进入环境的排放量。

表 4-6 水体排放物账户 (t)

	水体排放物物质总量实物型供应表						
	水体排放物总量的生成			积累	来自世界其他地区的流量	来自环境的量	供应量总计
	污水处理行业	其他行业	住户	固定资产产生的排放			
按物质类型分列的排放							
生化需氧量/化学需氧量[a]	5594	11 998	2712				20 304
固体悬浮物							
重金属							
磷	836	1587	533				2956
氮	10 033	47 528	1908				59 199
其他经济单位的排放							
生物需氧量/化学需氧量		7927	8950				16 877
固体悬浮物							
重金属							
磷		814	6786				7600
氮		15 139	30 463				45 602
	水体排放物物质总量实物型使用表						
	水体排放物总量的生成			积累	进入世界其他地区的流量	进入环境的量	供应量总计
	污水处理行业	其他行业	住户	固定资产产生的排放			
环境接收的排放量							
生化需氧量/化学需氧量[a]						20 304	20 304
固体悬浮物							
重金属							

（续）

	水体排放物质总量实物型使用表						
	水体排放物总量的生成			积累	进入世界其他地区的流量	进入环境的量	供应量总计
	污水处理行业	其他行业	住户	固定资产产生的排放			
磷						2 956	2 956
氮						59 199	59 199
其他经济单位的排放							
生物需氧量/化学需氧量							16 877
固体悬浮物	16 877						
重金属							
磷	7 600						7 600
氮	45 602						45 602

注：根据定义，深灰色单元格为空格。

a 生物需氧量和化学需氧量用来计量对氧平衡产生不良影响的物质。更具体地说，生物需氧量是水中的有机物和/或无机物的生物氧化过程在特定条件下消耗的溶解氧的质量浓度；化学需氧量是水中的有机物和/或无机物与重铬酸盐的化学氧化过程消耗的氧的质量浓度。

表中行业记录的详细程度取决于可用数据和分析意义。如果侧重于特定类型的物质，可以使表中各行的结构反映所产生的排放和释放的最终流向。因此，对特定行业和住户而言，列出直接流入环境的排放量和流入污水处理设施的排放量是可能的。另外，也可以对环境栏加以细分，以显示进入内陆水资源或者海洋的排放量。

为了进行分析，可能有用的做法是，重新将污水处理行业排放的物质，划归产生原始排放的经济单位。在这方面，进行计算往往比较困难，因为污水处理行业通常从总量上处理下水道系统不同用户排放的废水流量。因此，一般来讲，分配方式是通过将污水处理设施的处理或者消除率应用到设施所收集的所有排放得出的，具体详见《水资源环境和经济核算体系》（联合国，2012b）。

与世界其他地区交换相关物质（进出口），涵盖与从一个经济体向另一个经济体的污水处理设施排放废水有关的物质交换。水体排放物账户不包含通过水资源自然流动产生的物质"进口"和"出口"。因此，跨国境和/或流向公海的河流中的相关物质数量不记入水体排放物账户。

4.3.4　固体废物核算

固体废物账户有益于编写关于固体废物产生和进入回收设施、受控填埋场或者直接进入环境的固体废物流量管理的信息。废物总量测算值或者特定废料数量测算值，可以成为环境压力的重要指标。建立固体废物账户可以将这些指标放在一个拥有以实物型和价值型计量的经济数据的更宽泛环境中。

固体废物包括业主或用户不再需要的弃物。如果弃物单位不因弃物得到偿付，这一流量被视为固体废物残余物流量。如果弃物单位因弃物得到偿付，但是弃物的实际折余价值很小，例如，卖给回收企业的废金属，这一流量被视为固体废物产品流量。

作为二手产品出售的丢弃物，例如，二手小汽车或者家具，应被视为产品流量，而不是固体废物流量。在决定一种物资是不是二手产品时，应当考虑到接收单位在何种程度上可以将该产品重新用于与其本来用途相同的用途。

在实际当中，很多国家的固体废物统计数据，依据的是法律和行政规定清单，清单上的物资已被认定为固体废物。固体废物账户的结构见表 4-7 所列。它符合一般实物型供给使用表的逻辑。没有一种标准的国际废物分类法，但是，为了予以说明，表中包含一个基于《用于统计用途的欧洲废物编目》的各种固体废物指示性清单。

表 4-7　固体废物账户(t)

固体废物实物型供应表									
	固体废物的产生						世界其他地区	来自环境的流量	
	废物收集、处理和处置行业				其他行业	住户	固体废物进口量	残余回收量	供应量共计
	填埋场	焚烧		回收和回用	其他处理方式				
		共计	其中：焚烧以生产能源						
固体废物残余的产生									
化学和医疗废物					160	1830	20	140	2150
放射性废物						5			5
废金属		40	10			320	70	10	440
非金属可回收物	30					2720	2100	130	4980
丢弃的设备和车辆						140	280	50	470
动植物废物						10 330	1700	80	12 110
居民和商业混合废物						4170	4660	100	10	8980
矿物废物和土壤						29 100	570	170		30 140
燃烧产生的废物						1550		240		5840
其他废物						460	40			500
固体废物产品的生成										
化学和医疗废物								160		160
放射性废物										
废金属						1600		100		1700
非金属可回收物						1030		2940		3970

(续)

固体废物实物型供应表

	固体废物的产生						世界其他地区	来自环境的流量	
	废物收集、处理和处置行业								
		焚烧							供应量共计
	填埋场	共计	其中:焚烧以生产能源	回收和回用	其他处理方式	其他行业	住户	固体废物进口量	残余回收量
丢弃的设备和车辆									
动植物废物						5310		8460	13 770
居民和商业混合废物									
矿物废物和土壤						350		80	430
燃烧产生的废物						220		50	648
其他废物									

固体废物实物型使用表

	中间消耗:残余收集					最终消费	世界其他地区	进入环境的流量	使用量共计
	废物收集、处理和处置行业								
		焚烧							
	填埋场	共计	其中:焚烧以生产能源	回收和回用	其他处理方式	其他行业	住户	废物出口量	
固体废物残余的收集和处置										
化学和医疗废物	290	570		910				380		2150
放射性废物					5					
废金属	10			200	20			30		440
非金属可回收物		550	500	2930		1340		160		4980
丢弃的设备和车辆	30	10		370				60		470
动植物废物	30	830	630	8310	150	2180		610		12 110
居民和商业混合废物	730	6450	2300	1070		10		630	90	8980
矿物废物和土壤	1010	720		22 630	5170			200		5840
燃烧产生的废物	50			400	5190			200		5840
其他废物	20	120		40				320		500

（续）

固体废物实物型使用表									
	中间消耗：残余收集					最终消费	世界其他地区		
	废物收集、处理和处置行业				其他行业	住户	废物出口量	进入环境的流量	使用量共计
	填埋场	焚烧		回收和回用	其他处理方式					
		共计	其中：焚烧以生产能源							
固体废物产品的使用									
化学和医疗废物				50				110	160
放射性废物									
废金属				30				1520	1700
非金属可回收物				50				1420	3970
丢弃的设备和车辆									
动植物废物				630				5130	13 770
居民和商业混合废物									
矿物废物和土壤				70				160	430
燃烧产生的废物								48	648
其他废物									

注：数据区域部分，深灰色单元格为空格。

表的上半部分是供给表，它的第一部分涵盖"固体废物残余物的产生"，列示各行业和住户产生的固体废物。它还列示来自世界其他地区的固体废物供给量（记录为进口），还有从环境回收的固体废物（例如，沿海发生溢油之后回收的石油，自然灾害之后收集的残留物，或者从曾使用危险化学品的地点挖掘土壤）。

表的下半部分是使用表，它的第一部分涵盖"固体废物残余物的收集和处置"，列示废物收集、处理和处置行业通过各种活动和其他行业通过相关活动收集、处理和处置的废物。它还列示作为出口品进入世界其他地区的固体废物流量和直接进入环境的固体废物流量。

表中各列突显了废物收集、处理和处置行业的各种不同活动。这些活动包括填埋场运营、固体废物焚烧（其中为生产能源而进行的固体废物焚烧单独列出）、回收和再使用活动以及其他固体废物处理方式。其他处理方式包括使用物理-化学方法、使用机械-生物方法以及储存放射性废物。

为了能够将关于废物收集、处理和处置行业的所有信息作为一个单独类别进行列报，填埋地点的废物积累，不像在一般实物型供给使用表中那样，在一个不同的积累列中列报。

在供给表第二部分，关于"固体废物产品的产生"，以及在使用表第二部分，关于"固体废物产品的使用"，记录被视为产品而非残余物的固体废物流量。此处记录的流量涉及下述情况：一种固体废物产品在丢弃单位进行处置之时，即已得到确认。流量记录在供应表第二部分，与记录在使用表第二部分的固体废物产品使用情况相对应。如废金属的销售以这种方式记录。

用固体废物制造的产品，或者直接从废物收集中获得的产品，其销售量不应当列入。例如，住户丢弃的纸张，由慈善组织收集起来，随后成批卖给纸品回收企业，记录在固体废物账户中，仅是从住户到慈善组织的固体废物初始流量。

4.3.5 经济系统物质流核算

建立全经济体物流账户的目的，是提供一个经济体以吨计量的物质投入和产出总量概览，包括来自环境的投入、进入环境的产出和进出口实物量。

全经济体物流账户与实物型供给使用表极为类似，但是它们并不关注实物流量细节，尤其是与经济体内的流量相关的细节。它们一般侧重从环境进入经济体的实物量，即自然资源和其他自然投入，以及流入环境的残余物实物量，此外还侧重进入和来自世界其他地区的货物流量。正是基于宏观经济核算的目的，已经就处理方式作出了某些切合实际的选择，以便能够直截了当地估算全经济体物流账户系统内的流量。《全经济体物流账户和衍生指标：方法指南》（欧盟委员会和欧盟统计局，2001），对全经济体物流账户核算和相关指标进行了全面阐述。在经济合作组织命名为《计量物流和资源生产率：经合组织指导手册》的出版物第二卷：《物流账户理论框架及其在国家一级的应用》（经合组织，2008）中，也可以找到有用的背景资料。

全经济体物流账户和实物型供给使用表在处理方式上存在一定的差异，具体为：

4.3.5.1 国际贸易

全经济体物流账户的进出口物流估算一般依据国际贸易数据。而实物型供给使用表采用的常住性这一记录依据，并对贸易数据作出全面调整。因此，在对实物型供给使用表和全经济体物流账户进行比较时，有必要考虑对待加工货物、待维修货物和待买卖货物的处理方式。

4.3.5.2 生物资源相关流量

全经济体物流账户对人工培育作物、林木和其他收获型植物的处理方式，不同于实物型供给使用表中的处理方式。全经济体物流账户认为，从环境进入经济体的流量发生在收获点而不是在生长时，通过记录收获量而不是记录来自土壤和大气的投入流量，在这里假定收获量包含所有不同的自然投入，而且总收获量更易于计量。按照以此种方式划定边界的做法，对土壤营养素和水以及与光合作用有关的投入的吸收，被视为环境内部流量（在土壤和大气以及植物本身之间），而实物型供给使用表认为植物已在经济体之内。因此，这些流量被视为从环境到经济体的投入，并被记录为自然投入。

4.3.5.3 人工培育的牲畜、水产和其他动物资源

在人工培育的牲畜、水产和其他动物资源方面，全经济体物流账户和实物型供给使用

表以同样的方式处理从环境进入经济体的流量。因此,人工培育的牲畜和鱼类的增长,是在发生时而不是在收获点或屠宰点的记录。

4.3.5.4 天然生物资源

对于天然生物资源,包括植物和动物,2种方法也采取了同样的处理方式:所有野生植物和动物都是在收获点被记录为进入经济体。但是,某些空气投入被要求记入,它们与牲畜的呼吸和燃烧过程中吸收的投入有关。这些投入在全经济体物流账户中被称为"投入平衡项"。

▲ 思考题

1. 实物量核算的关键是什么?
2. 国民经济核算首先要明确生产的概念及范围,实物量核算是综合环境经济核算的重要组成部分,是否也应明确环境生产的概念及范围?
3. 实物量统计的难点和困难有哪些?

拓展阅读

1. Integrated environmental and economic accounting: framework for an SNA satellite system. Bartelmus P, Stahmer C, Tongeren J. Review of Income and Wealth, 1991, 37(2): 111-148.

2. Pricing the invaluable: The value of the world's ecosystem services and natural capital. Serafy S E. Ecological Economics, 1998, 25(1): 25-27.

3. Experimental valuation of Dutch water resources according to SNA and SEEA. Edens B, Graveland C. Water Resources and Economics, 2014(7): 66-81.

第5章 价值量核算

资产被认为是对社会有价值之物。在经济学中，资产早已被定义为一种价值储存手段，在很多情况下，还提供对生产流程的投入。当考察环境各部分中固有的价值以及环境为整个社会，尤其是为经济提供的投入，"环境资产"一词用来指示这些投入的来源，而这些投入可以用实物也可以用价值来衡量。

考察环境资产的一个动机，是出于这样一种关切：当前经济活动模式导致可用环境资产的耗减和退化速度，高于这些资产的再生速度，因此，关注对它们的长期可用性是有意义的。可以将当代人视为替未来世代管理一系列环境资产的"管家"。有一个改进环境资产管理的总目标，考虑到了资源的可持续使用和环境资产继续为经济和社会提供投入的能力。这个总目标是制订环境经济核算体系，特别是对资产进行计量和编制资产账户的关键动因。在此背景下，环境经济核算体系中资产核算的目标是计量环境资产的数量和价值，并记录和解释这些资产随时间产生的变化。就环境资产而言，一段时间内的实物和价值数量变化包括环境资产存量增加（例如，由于自然增长和发现）与环境资产存量减少（例如，由于开采和自然损失）。

5.1 环境资产分类及价值

环境资产指地球上自然发生的生物和非生物部分，它们一起构成生物物理环境，可为人类带来惠益。

中心框架以构成环境的各个组成部分为重点，由此确定环境资产的范围，这个范围包括可以提供经济活动所用资源的各个类别组成部分。一般来说，资源可以收获、开采或以其他方式转移，以供直接用于经济生产、消费和积累。这一范围包括为从事经济活动提供空间的土地和内陆水域。

环境有7个独特组成部分，在中心框架中被视为环境资产。它们是矿产和能源资源、土地资源、土壤资源、林木资源、水生资源、其他生物资源（不包括林木资源和水生资源）和水资源。中心框架中各个组成部分的覆盖范围，不涉及上文所列各种不同自然和生物资源中蕴含的各种要素。例如，碳和氮在中心框架中不被视为个别环境资产。

每一种类别组成部分的实物量核算范围都很广阔，包括可能为人类提供好处的所有资源。但是价值计量范围，限于根据国民账户体系的估价原则具有经济价值的那些类别组成部分。例如，以实物量核算，一国的全部土地都在环境经济核算体系的核算范围之内，这样才能全面分析土地使用和土地覆被的变化。但是，以价值计量时，某些土地可能没有经济价值，因此被排除在外。实物量核算的适用范围较宽广，是为了更好地说明各个组成部分的环境特性。

中心框架中的环境资产分类见表5-1所列，以各个组成部分为重点，就这些环境资产中的每一种而言，必须划定实物型和价值型计量边界，以便进行资产核算。

表 5-1 环境经济核算体系中心框架中的环境资产分类

1　矿产和能源资源
　1.1　石油资源
　1.2　天然气资源
　1.3　煤和泥炭资源
　1.4　非金属矿产资源(不包含煤炭和泥炭资源)
　1.5　金属矿产资源
2　土地
3　土壤资源
4　林木资源
　4.1　培育林木资源
　4.2　天然林木资源
5　水生资源
　5.1　培育水生资源
　5.2　天然水生资源
6　天然生物资源(不包含林木资源和水生资源)
7　水资源
　7.1　地表水
　7.2　地下水
　7.3　土壤水

海水量被认为不在中心框架的核算范围之内，因为海水存量太大，没有分析意义。水资源实物量核算将海水排除在外，不会妨碍计量和海洋相关的个别组成部分的核算，例如，水生资源(包括一国拥有捕捞权的公海鱼类存量)及海床或海床之下的矿产和能源资源。大气中的空气数量，也不在中心框架的环境资产范围之内。尽管海洋和大气被排除在外，但是对于与它们交换和互动的计量工作受到关注。例如，海水取水量的测算值被纳入水资源的资产账户，从经济体进入大气和海洋的排放量测算值则被记入实物流量排放账户。

自然资源是环境资产的一个子集。自然资源包括所有天然生物资源(包括林木和水生资源)、矿产和能源资源、土壤资源和水资源。所有培育生物资源和土地都不在这一范畴之内。

(1)土地和其他领域

就中心框架中的大多数资产而言，向经济活动提供物资，例如，以鱼类、木材和矿产的形式，而土地是一个例外。土地的主要作用是提供空间，土地和它所代表的空间，界定了从事经济和其他活动的场所和资产所处的场所。这种作用虽然不是实物，但却是对经济活动的一种基本投入,可能具有巨大价值,比如相似的居所因处于具有不同地貌、服务便利性等特征的地段而得到不同估价。对土地的这一理论也适用于国家对其拥有获得承认的权利主张的海域,包括专属经济区。

环境经济核算体系中使用的"土地"一词,还包括河流和湖泊等内陆水域。土地和土壤得到明确区分。土壤的实物投入,表现为土壤物量和它的营养素、土壤水及有机物质等方面的构成。在对土地进行估价时,一个区域所处的地点和它的地理属性(如地形、海拔和气候)是要考虑的重要问题。

(2) 林木、水生和其他生物资源

生物资源包括林木资源和水生资源以及一系列其他动植物资源,例如,牲畜、果园、作物和野生动物。和大多数环境资产一样,它们为经济活动提供实物投入。但是,对生物资源所作的区分是资源是培育的还是天然的,区分的依据是在何种程度上对资源的生长进行积极管理。

实际上,培育生物资源和天然生物资源可能很难区分。很多培育生物资源可能在很短时间内成长和收获。如果培育活动发生在一个核算期之内,这些资产就没有期初和期末存量可以记录。但是,根据与核算期次数有关的生长季和收获季时间,培育生物资源有可能记录,在此情况下,应当将它们记录为环境资产的一部分。

(3) 森林

在环境经济核算体系中,森林被视为土地覆被的一种形式,林业被视为土地使用的一种类型。然而,森林常常主要被视为林木资源,即立木(木材)的实物量;不过森林被用于生产一系列广泛的产品,因此不应当将森林和林木资源视为等同。林木资源也不仅仅存在于森林中,其他类型的土地覆被,例如,其他林地,也拥有林木资源。考虑到森林和林木资源之间的区别,中心框架中的环境资产以资源为重点,表 5-1 中的环境资产分类将森林作为土地的一个小类包括在内,而将这块土地上的林木资源单列为一项环境资产。

5.1.1 矿产和资源

矿产和能源资源是一种独特的环境资产,可以开采并用于经济活动,但是在人类时间尺度内不能再生。因为它们不能再生,所以需要了解这些资产的开采和耗减速度,这些资产的总体可用性,以及对它们进行开发使用的行业的可持续性。

矿产和能源资源的资产账户对相关信息进行编排,包括资源存量的数量和价值以及这些数值在核算期内的变化。开采、耗减和发现量是资产账户的核心,这些反过来可以提供关于各种资源可使用性的宝贵信息。

对矿产和能源资源的存量和流量进行估价,就能够与开采企业增加值和营业盈余的价值估值建立重要的联系,例如,根据耗减调整增加值后的测算值,可以提供关于开采活动的概览,对一组更全面的生产成本予以确认。这些资产的价值估值,在决定政府税收和设定使用费方面,也可能具有重要意义,因为在很多国家,政府代表全社会充当这些资产的集体所有者。

5.1.1.1 矿产和能源资源的定义和分类

矿产和能源资源包括石油资源、天然气资源、煤炭和泥炭资源、非金属矿物和金属矿物矿藏。

界定已知矿床范围所用的框架是《2009年联合国化石能源和矿业储量资源框架分类》(联合国，欧洲经济委员会，2010年)所做的基本资源分类，对每一个等级予以界定：

(1) A级具有商业开采价值的资源。这一等级包括E1和F1类项目开发的矿床，对所涉地质学知识的信心较高(G1)、中等(G2)或较低(G3)。

(2) B级可能具有商业开采价值的资源。这一等级包括属于E2类(或最终属于E1类)同时属于F2.1或F2.2类的项目开发的矿床，对所涉地质学知识的信心较高(G1)、中等(G2)或较低(G3)。

(3) C级非商业性或其他已知矿床。这些是属于E3类的项目开发的资源，其可行性被划分到F2.2、F2.3或F4类，对所涉地质学知识的信心较高(G1)、中等(G2)或较低(G3)。

已知矿床不包括预计不会具有经济可行性且缺乏确定开采可行性或对地质学知识抱有信心所需的信息的潜在矿床。见表5-2所列，存在多种不同类型的矿产和能源资源，例如，石油、天然气、煤炭和泥炭资源、非金属矿物和金属矿物；但是不存在国际一致认同的适合统计目的的矿产和能源资源的详细分类。

表5-2 矿产和能源资源分类

环境经济核算体系分类	对应的《2009年联合国化石能源和矿业储量资源框架分类》项目分类		
	E	F	G
	经济和社会可行性	野外项目状况和可行性	地质知识
已知矿床 — A 具有商业开采价值的资源[a]	E1. 开采和销售已被确认具有经济可行性	F1. 通过确定开发项目或采矿作业进行开采的可行性已得到确认	可以用信心度高(G1)、中(G2)或低(G3)予以估算的与已知矿床有关的储量
已知矿床 — B 可能具有商业开采价值的资源[b]	E2. 开采和销售有望在可以预见的将来具有经济可行性[c]	F2.1 正在进行项目活动，以证明在可以预见的将来进行开发的合理性 或 F2.2 项目活动已经中止，和/或对商业开发合理性的论证可能会大大推迟	
已知矿床 — C 非商业性或其他已知矿床[d]	E3. 开采和销售预计在可以预见的将来不具有经济可行性，或者要为确定经济可行性而进行估价为时尚早	F2.2 项目活动已经中止，和/或对商业开发合理性的论证可能会大大推迟 F2.3 由于可能性有限，当前没有开发计划，或者没有获取更多数据的计划 F4. 没有已确认的开发项目或采矿作业	

(续)

环境经济核算体系分类	对应的《2009年联合国化石能源和矿业储量资源框架分类》项目分类		
	E 经济和社会可行性	F 野外项目状况和可行性	G 地质知识
潜在矿床（未包含在环经核算体系中）　　勘探项目既有增加量	E3. 开采和销售预计在可以预见的将来不具有经济可行性，或者要为确定经济可行性而进行估价为时尚早	F3. 由于技术数据有限，无法评估通过确定项目或者采矿作业进行开采的可行性 F4. 没有已确认的开发项目或采矿作业	主要依据间接证据估算的与潜在矿床有关的储量（G4）

注：a 包括非生产项目、获批准的开发项目和经论证的合理开发项目。
　　b 包括待决定的经济和边际开发项目以及被中止的开发项目。
　　c 可能的商业项目也可以满足 E1 的要求。
　　d 包括未明确的开发项目、不可行的开发项目，以及既有增加量。
资料来源：《2009 年联合国化石能源和矿业储量资源框架分类》，图 2 和图 3。

5.1.1.2　可再生能源处理方式

可再生能源在很多国家是一种重要能源来源，可产生于多种来源，包括但不限于风力、水电（包括河水流动）、太阳能和地热，完整清单见表 5-3 所列。

表 5-3　自然投入分类

项目	类型
1	自然资源投入
1.1	用于生产的开采
1.1.1	矿产和能源资源
1.1.1.1	石油资源
1.1.1.2	天然气资源
1.1.1.3	煤和泥炭资源
1.1.1.4	非金属矿产资源（不包括煤和泥炭资源）
1.1.1.5	金属矿产资源
1.1.2	土壤资源（挖掘的）
1.1.3	天然林木资源
1.1.4	天然水生资源
1.1.5	其他天然生物资源（不包括林木和水生资源）
1.1.6	水资源
1.1.6.1	地表水
1.1.6.2	地下水

(续)

项目	类型
1.1.6.3	土壤水
1.2	自然资源残余物
2	再生能源投入
2.1	太阳能
2.2	水能
2.3	风能
2.4	浪潮
2.5	地热
2.6	其他电和热
3	其他自然投入
3.1	土壤投入
3.1.1	土壤营养物
3.1.2	土壤碳
3.1.3	其他土壤投入
3.2	空气投入
3.2.1	氮
3.2.2	氧
3.2.3	二氧化碳
3.2.4	其他空气投入
3.3	没有另外分类的其他自然投入

可再生能源不会像化石能源一样枯竭，也不像生物资源，它们不是反复生长的。在核算意义上，可再生能源没有可以用尽或者出售的实物存量。因此，环境经济核算体系对这些能源的计量范围，涉及当前既定生产资产投资和相关技术所生产的能源量，不包含将来增加投资和技术可以生产的可再生能源的可能产量。

对可再生能源收集设施和设备的投资，影响与这些设施有关的土地价值。基于风能、太阳能和地热这类能源赚取租金的机会，预计应当会反映在土地价格上。如果相关土地产生的唯一收入，是来自可再生能源生产，这种情况下，土地的价值在理论上等于未来收入流的净现值。但是，从同一地区也可能获得其他收入，对地进行估价时，必须将这些其他活动产生的收入纳入考虑之中。

必须特别提及的是，对水电创造的未来收入流的估价，是从与水的存量而非土地面积的关系方面考虑收入流，应当对水资源的价值予以划分，以提供可归因于水电可再生能源生产所创造的收入的水资源价值。

一般而言，由于可再生能源本身并不在市场上销售，因此，有必要使用净现值方法进行估价。进行此类估价时，应减去所有成本，包括用于收集能源的固定资产成本。这些核算处理方式不适用于从林木和其他生物物质资源产生能源的情况。

与能源生产有关的各种不同资产价值可以合并，以提供与能源生产有关的环境资产总价值。这类总量可能包括矿产和能源资源价值（如，煤、石油和天然气），划归可再生能源的土地价值（如，风能、太阳能和地热），用作能源的林木资源价值，以及用于水力发电的水资源价值。

5.1.2 土地资产账户

土地是经济和环境核算的核心内容。虽然对一国之内不断变化的不同土地用途和土地覆被所占份额进行大致评估可以提供相关变化的有用指标，但是土地账户的作用越来越反映在对地图测绘技术的使用上，测绘技术可以准确标明面积变化。

土地连同实物特征（建筑物、土壤和树木）一起被买卖，混合价值将包括空间本身（地点）的价值以及实物特征的价值。

(1) 土地的定义

土地是一种独特的环境资产，在环境经济核算体系中，这个词也适用于被水覆盖的区域。环境经济核算体系土地账户包含河流和湖泊等内陆水资源覆盖的区域，在某些应用方式中，土地账户可能延伸至包括近岸水域和一国的专属经济区。陆地区域、内陆水域和近岸水域共同构成一国的面积。应当将国家总面积界定为所有内陆边界以及（如适用）靠海一边的正常基线（低潮线）和直线基线包围的区域。

从环境和经济核算的角度看，有若干其他因素受到关注，包括地形（如山地和平原）、海拔和土地分区（如居住区、工业区和养护区）。环境经济核算体系中追加的重点是土地使用和土地覆被。尤其是对于土地覆被统计而言，传统行政边界的相关性减弱，而环境的不同特征之间的关系以及这些特征与经济和社会之间的互动，变得更为重要。

在土地使用和土地覆被统计方面备受关注的是数据收集方式。大体而言，采用两种方法：现场调查和卫星图像。现场调查很重要，因为它们提供特定地区土地覆被，尤其是土地使用情况的具体说明。卫星图像也很重要，因为借助它们能够对一个国家的所有地区进行更广泛的评估，假以时日，借助分辨率更高的图像，可以采取新的分析形式。

(2) 土地使用情况分类

按照土地使用类型分类的面积估值，对于理解农业生产、森林管理和建成区的范围等问题具有重要意义。土地使用同时反映了所从事的活动以及给定地区基于经济生产、环境功能维护和恢复目的的制度安排。实际上，对一个地区的"使用"意味着存在某种人类干预或管理。因此，被使用的土地包括保护区之类的区域，它们受到一国机构单位的有效管理，目的是将经济和人类活动排除在该区域以外。

土地使用账户的记录范围包括陆地和内陆水域。表 5-4 列出了环境经济核算体系的土地用途分类。在最高一级，分类是按照地表的主要类型即陆地和内陆水域来划分的。

表 5-4 土地用途分类

1	土地
1.1	农业
1.2	林业
1.3	水产养殖用地
1.4	建筑用地和相关区域
1.5	维护和恢复环境功能用地
1.6	别处未予分类的其他用途土地
1.7	未使用的土地
2	内陆水域
2.1	用作水产养殖或者容留设施的内陆水域
2.2	用于维护和恢复环境功能的内陆水域
2.3	别处未予分类的其他用途内陆水域
2.4	未使用的内陆水域

就土地而言，分类包括土地使用的 7 种主要类别：农业、林业、水产用地、建设和相关区域用地、维护和恢复环境功能用地、别处未作分类的其他用途土地，以及未加使用的土地。内陆水域有 4 种主要类别：用作水产或容留设施的内陆水域；用于维护和恢复环境功能的内陆水域；别处未作分类的其他用途内陆水域；以及未加使用的内陆水域。

在每一种类型的区域内，分类包括各种不同的用途类别。类别不是依据经济活动界定的，而是根据对区域一般用途和使用者的作用来考虑。

在某些情况下，一个区域可能同时支持多种用途，一般来说，应当采用主要或主导用途的原则，以确保对全部区域进行分类。

了解一系列的多种用途，可能具有重要的分析意义，编制者在建立土地账户时，应当将这一意义纳入考虑。在这种情况下，或许有可能对用于特定用途的较小区域进行分类。例如，如果在一个农场的划定区域种植了树木，以减少水蚀或者改善水质（如，在河岸），那么不是将整个农场划归农业，而是可以将较小区域划分到用于维护和恢复环境功能的区域一类。

在某些区域，一个给定区域可能没有明确划分的用途，主要或主导用途将无法确定。例如，港口内的区域可能被用于提供休闲、客运和货运以及钓鱼的场所。为了将一个区域界定为使用中的区域，该区域的用途必须具有明显的连续性。一般来说，水域只有为特定用途而被明确分区或者划界，才被视为"已被使用"。

（3）土地覆被分类

土地覆被指地球表面可观察到的物理和生物覆被，包括自然植被和非生物（无生命）覆被。联合国粮食及农业组织制订了一种国际标准分类系统，即《土地覆被分类系统》（第三版）（联合国粮食及农业组织，2009）可用于系统地记录任何领土内所有地域的生物物理特征。

使用《土地覆被分类系统》，可以产生大量不同的土地覆被特征。为了实现各个统计数据集的标准化和协调一致，建立了一个由14个类别构成的分类见表5-5所列。

表 5-5 土地覆被分类

1	人工地表（包括城市和相关区域）
2	草本作物
3	木本作物
4	多种或分层作物
5	草地
6	树木覆被区
7	红树林
8	灌木覆被区
9	水生或定期淹没的灌木和/或草本植被
10	天然植被稀少的区域
11	陆地荒原
12	永久积雪和冰川
13	内陆水体
14	近岸水体和潮间带

5.1.3 土壤资源核算

土壤资源是环境中的一个基本组成部分，它们提供支持生物资源生产和循环所需的物质基础，为建筑物和基础设施提供地基，是农业和森林系统的营养素和水的来源，为多种多样的生物提供生境，在碳储存方面发挥至关重要的作用，对环境变化起到复杂的缓冲作用（从减弱昼夜和季节温差和水供应量变化，到储存和锁住各种化学和生物制剂）。

土壤资源核算有很多个方面。土壤资源核算可以提供信息，说明因水土流失而丧失的、因土地覆被变化（例如，土壤被建筑物或者道路覆盖）或其他原因（土壤结构因压实、酸化或盐化而发生的变化）而变得不可用的土壤资源面积和数量。更宽泛地说，关于土壤资源类型、营养物质含量、碳含量和其他特征的核算，对于更详细地考察土壤系统的健康状况，以及土壤资源与农业和林业生产之间的关系，具有相关性。

在环境经济核算体系中，土壤资源资产账户的重点是构成生物系统的土壤表层（表土层）。因此，对于为了建筑、土地改良、工程和类似目的而取走的土壤量未予考虑，除非这种取土量削减了一个生物系统运转可使用的土壤资源面积和数量。为了营造景观或类似目的而取走的土壤量，在土壤作为一个生物系统继续运转的情况下，被认为是在核算框架之内。

对土壤数量和质量的研究，在很多国家是一项长期开展的工作。将土壤的实物物量和特征的变化与使用环境经济核算体系等核算框架得出的经济活动测算值联系起来的研究结果很少。

对不同类型土壤的界定，参照它们的成分和属性。土壤成分反映土壤的生物地球化学构成：土壤中含有矿物质、液体、气体和有机物质。土壤属性反映土壤的物理、化学和生物特征，例如，孔隙度、质地、pH值和微生物生物量。可以使用土壤成分和属性不同组合的信息，界定各种土壤各类型。正是这些不同土壤类型（分组），能够奠定一般土壤资源核算的基础——这不是因为土壤类型发生变化，而是因为土壤有不同的基线和可能性。

计量土壤资源的方式是通过一系列盘点过程，统称为土壤调查。通常，土壤调查产生关于土壤类型、土壤对不同用途的适用性以及危害和退化可能性的地图，并在某些情况下，产生特定土壤属性地图。与土壤资源核算相关的其他重要和互补性活动包括，基于地点或地区的土壤流失或侵蚀过程测算值，以及模拟土壤类型与各种气候和土地使用情况之间的关联方式的模型。也可以使用一系列方法得出土壤质量或者土壤价值的测算值。在大多数情况下，土壤是否适合特定用途，是通过标准化的指数化程序来评估的。大多数国家和区域有相似的优化程序，以供实施它们的土壤地图绘制和土壤分类方法。土壤的等级通常从属性（如碳含量）、生产能力（如用于农业）和/或它们在一段时间内的退化趋势方面予以评定。模拟模型将当地条件纳入考虑范围，可用于从各种地貌中得到充分研究的地点外推，得出关于产量、径流和土壤侵蚀的量化计量结果。

在各国之间和各国内部，这套核算方法的可用性各有不同。总体上，虽然大部分土壤信息尚未被放在一个核算框架中，但是极有可能使用可用数据填充总量核算框架。

5.1.4 林木资源的资产账户

在很多国家，林木资源是重要的环境资产。它们为建筑和造纸、家具和其他产品生产提供投入，而且既是燃料来源，也是重要的碳汇集池。

编制出的林木资源资产账户，是一个重要的计量工具，可提供信息，用于评估和管理林木资源变化以及它们提供的服务。为了对林木资源进行彻底评估，建立林木资源相关土地存量方面的资产账户，主要是森林和其他林地资产账户，这些账户也与林木资源资产账户具有相关性。因造林和采伐引起的森林和其他林地存量变化，可能会受到特别关注。

5.1.4.1 林木资源的范围和定义

林木资源可能存在于各种不同地方，有的可以、有的不可以砍伐并用于木材供应，即生产木材产品或充当燃料。虽然不能用于木材供应的林木资源没有经济价值，但是这些林木资源仍然在环境经济核算体系以实物量核算的林木资源范围之内，它们不被记入林木资源的价值型资产账户。因此，应当明确确定这些林木资源的实物量大小，使实物型资产账户和价值型资产账户之间能够以适当方式达到一致。

通常，林木资源存在于森林和其他林地地区，这些地区常常可以为编制林木资源数据提供一个很好的起点。林木资源也存在于其他区域，例如，果园、橡胶园、公路和铁路沿线以及城市公园中。理论上，所有这些区域的林木资源，也都在环境经济核算体系的计量范围内。

在相关区域内，林木资源根据相关地区内的枯木或活立木总量来界定，包括所有树木，而不管其粗细、茎冠、是否为大树枝和是否属于仍然可以用作木材或燃料的枯倒木。在确定林木资源物量时应当考虑的一般原则，是商业上可使用的实物量。

林木资源的实物量，常常指立木实物量。这一定义包括倒在地上的树，它们或者是被砍伐但尚未被运走，或者是它们因自然原因（例如，疾病或者被闪电击中）倒地，但仍可用作木材产品或燃料。立木实物量还包括立在原地的枯立木。应当将立木实物量与活立木存量区分开，活立木存量与生长中的林木有关，构成计算一个时期内林木资源自然生长量的依据。

5.1.4.2 人工培育和天然林木资源之间的边界

确定林木资源是人工培育的还是天然的，对于适用适当核算处理方式很重要。人工培育林木资源的生长，被视为一个受到机构单位直接控制、负责和管理的过程。因此，生长被记录为在生产范畴内持续发生的、从事人工培育活动的那些企业的存货增加（人工培育林木资源的采伐，被记录为林木资源存货减少和与之相当的销售量）。另外，天然林木资源的生长，被认为不是在生产范畴内发生的，只有从森林或其他林地中采伐林木时，才被记录为进入生产范畴。

将林木资源视作人工培育的还是天然的，取决于林木资源所在区域的管理做法。对于被划分到人工培育类的林木资源，管理做法必须构成一种经济生产流程。这很可能包括如下活动：对再生的控制，如播种、苗木栽植、幼林间伐；定期和经常性林木监管，以清除杂草或寄生虫，或病害防治。这些类型活动的水平，与林木资源的价值有重大关联，应当直接将它们与林木资源的生长联系起来。

实际上，确定林木资源是人工培育的还是天然的，一个共同的初步依据是林木资源所在土地的类型。例如，就森林而言，原生林中的林木资源，通常被视为天然林木资源；而人工林场地的林木资源，通常被视为人工培育的林木资源。

但是，区分不同林区的规则，与环境经济核算体系的生产边界可能不太一致。例如，根据不同林地的定义：一旦原生林首次被砍伐，它就变成其他天然次生林，因此，该林地成为这样一类林地：它很可能是受到积极管理和控制的土地和受到人类相对很少干预的土地的混合体。根据环境经济核算体系的生产范畴，这些林木被视为天然林木资源，尽管"人工种植林"一词直接暗示一种相当程度上的经济活动。

5.1.5 水生资源资产账户

水生资源是一种重要的生物资源。它们包括鱼类、甲壳类、软体类、贝类和其他水生生物，如海绵和海藻，以及水生哺乳动物，如鲸。水生资源被捕捞，是出于商业原因以及为了维持生计或者从事休闲捕鱼活动。内陆和海洋水域中天然水生资源的丰富性和健康度，日益受到水污染和生境退化的影响。高强度捕捞和生境退化的双重影响，导致水生生态系统提供的货物和服务经济价值丧失或减少，生物多样性和基因资源丧失。

水生资源资产账户编制一国经济领土范围内的资源资产，包括一国专属经济区内或者公海上一国拥有所有权的水生资源种群数量和价值存量变化的信息。资产账户既涵盖培育水生资源也涵盖天然水生资源，因此，账户能够对两种资源的趋势进行比较分析。

本节阐述的资产账户，不涉及对养育各种资源并提供一系列广泛生态系统服务的一般水生生态系统的评估。在此，仅对一些定义和账户粗略进行一些界定，具体的水生生态系统的核算方法，在《环经核算体系试验性生态系统核算》中予以详细阐述。

5.1.5.1 水生资源的定义和分类

一个给定国家的水生资源，包括那些在整个生命周期中生活在一国专属经济区边界内的各种鱼类、甲壳类动物、软体动物、贝类、水生哺乳动物和其他水生生物，包括沿海和内陆渔业资源。洄游和跨界鱼类种群在其生活在一国专属经济区内的期间将被视为该国的资源。

针对洄游和跨界鱼类种群，以及生命周期最后阶段生活在国际水域（公海）的种群，捕捞量控制措施已经确立，一国的捕捞权由国际协议予以界定，对这些水生资源的这份商定捕捞权，被认为属于该国。

在某些情况下，国际协议明确说明应当分配给每个国家的总渔获份额。这种情况下，可以在相同基础上确定每个国家占共有水生资源种群的份额。如果没有关于共有水生资源份额的具体信息，可以用给定国家实现的渔获量作为反映该国份额的指标。

有关计量边界的界定方式具体参考《联合国海洋法公约》，尤其是《执行1982年12月10日联合国海洋法公约有关养护和管理跨界鱼类种群和高度洄游鱼类种群的规定的协定》（联合国，2004）和《负责渔业行为守则》（联合国粮食及农业组织，1995）。这些协定共同创造了国际渔业管理的法律框架。

水生资源高级分类见表5-6所列。联合国粮食及农业组织（粮农组织）及其他渔业和水产养殖业相关机构，收集了关于水生资源捕捞和水产业生产的数据，尽可能详细地列明了水产种类。数据包括为所有商业、工业、休闲和维持生计目的而捕捞的淡水、略咸水和海洋鱼类、甲壳类、软体类及其他水生动植物的捕捞量。

表5-6 水生资源分类

	水生资源
1	人工培育水生资源
1.1	供捕捞（存货）
1.2	供繁育（固定资产）
2	天然水生资源

水产科学和渔业信息系统（水产信息系统）的鱼种清单，包含超过11 500个鱼种，通常被用作渔业生产的标准参考清单。它与粮农组织的国际水生动物和植物标准分类（水生动植物分类）有关联，后者根据分类学、生态和经济特征，将商用鱼种分为50类。

水生资源可以进一步分为下述9类：淡水鱼类；海河洄游鱼类；海鱼类；甲壳类；软体类；鲸、海豹和其他水生哺乳动物；其他水生动物；其他水生动物产品；水生植物。

海河洄游鱼类是那些通常生活在海水中但在淡水中产卵的鱼类（如鲑鱼），或是那些通常生活在淡水中但在海里产卵的鱼类（如鳗鱼）。其他水生动物产品包括珍珠、珍珠蚌、贝壳、珊瑚和海绵。

5.1.5.2 水生资源的捕捞和生产范围

水生资源可以是人工培育生物资源，也可以是天然生物资源。处理方式取决于生物资源的生长和再生在何种程度上受机构单位的直接控制、负责和管理。

生产范围包括常住机构单位负责、控制和管理下的一切活动，机构单位中的劳动力和资产被用于将货物和服务投入转化为其他货物和服务产出。就水生资源而言，渔场中和其他水产设施中的鱼类生长，被视为生产过程。

联合国粮食及农业组织的水产养殖定义如下：水产养殖指水生生物，包括鱼类、软体动物、甲壳类动物和水生植物的养殖。养殖意味着对饲养过程进行某种干预以提高产量，例如，定期放养、投食、保护水生生物免遭捕食者捕食等。养殖还意味着个人或公司对培育种群拥有所有权。为了进行统计，在整个生长期内归个人或公司所有并被其收获的水生生物，归入水产养殖类；而公众无论有无适当执照均可将其作为公共产权资源进行捕捞的水生生物，属于渔业收获。

根据联合国粮食及农业组织的水产养殖定义，水产养殖设施内生产的所有水生资源，都被视为人工培育生物资源。在捕捞生产过程中收获的所有其他水生资源，被视为天然生物资源。在某些情况下，水生资源的生命周期，可能始于水产养殖设施内，之后转化为野生。另外一些情况下，鱼类从野生环境中被捕获，在水产养殖设施内进一步生长。根据标准分类方法，野生部分和水产养殖设施内生长的部分，应当分别记录并适当予以分类。

5.1.6 水资源的资产账户

不同于其他环境资产，例如，自然变化很缓慢的林木资源或矿产资源，水经过降水、蒸发、径流、渗透和流向大海的过程，在持续不断的运动之中。水的自然循环，即水文循环，涉及大气、海洋、地表和地下水之间的联系。

水资源资产账户侧重流入和流出地表和地下水的流入量和流出量，以及这些流量的归宿。结合河道内用水（例如，鱼类养殖和河床的水力发电）、水流量季节变化以及其他因素的信息，借助这样的侧重点可以评估水满足经济需求的可用情况，并评估这些需求是否符合水供给的长期可持续性。

资产账户本身列报的信息为核算期期初和期末的水存量信息，无论它是人工水库、湖泊或河流中的水，还是地下水或土壤水。账户还记录取水量、消费流量、通过降水增加的流量，以及通过流入或者流出其他国家和回归大海而变化的流量。

作为资产的水资源账项，出现在中心框架环境资产分类中的两处地方：作为"土地和其他领域"中的内容和"水资源"中的内容。作为土地的一个组成部分，所考虑的是水的原所在地或被动用途，例如，水被用作提供运输或者休闲空间。因此，往往关注的是水的所在区域。在探讨水资源核算时，重点在于环境中的水量、取水量，以及水在经济中的用途。因此，在此种情况下，受关注的是水的实物量和随时间推移而发生的变化情况。

水资源由内陆水体中的淡水和略咸水组成，包括地下水和土壤水。内陆水体的分类见表5-7所列。

表 5-7 内陆水体分类

内陆水体
1　地表水
1.1　人工水库
1.2　湖泊
1.3　河流
1.4　冰川、雪和冰
2　地下水
3　土壤水

淡水是自然产生的盐浓度低的水。略咸水的盐浓度介于淡水和海水之间。略咸水被纳入资产范围，理由是这种水经过或未经处理，常被用于某些工业用途，例如，充当冷却水，被用于脱盐或者灌溉某些作物。

水资源的定义将海洋和大气中的水排除在外。地表水由地表上流淌或储存的所有水组成，而不管其盐分如何。地表水包括人工水库(专门建造的水库，用来储存、管理和控制水资源)、湖泊(一般指占据地表洼地的大型水体)、河溪(在水道内持续或者周期性流淌的水体)、雪和冰(包括地表的永久性和季节性雪层和冰层)以及冰川(被界定为从大气层降落的积雪，一般在陆地上长期缓慢移动)中的水。地面漫流，即进入水道之前的地面水流量，也是地表水的一部分，但是这些流量在任意时间点的总量很小，因此没有单独记录。

人工水库不是地表的天然组成部分，但是它们一旦建成，水的存量和流量的处理方式即与自然储存的水体，尤其是天然湖泊中的存量和流量的处理方式相同。因此，降水、取水和蒸发流量对人工水库的影响和对天然湖泊的影响相同，所以人工水库构成水文系统的一部分。

地下水指蓄积于地下多孔岩层(又称含水层)的水。含水层是一个地质构造、一组地质构造或者一个地质构造的一部分，所含的饱和渗透性物质足以产生大量的水，流入水井和泉中。

土壤水由土壤最上层或近地面包气带中悬浮的水分组成。土壤水可以通过蒸发蒸腾作用进入大气层(在这一过程中，一定量的水从土壤中通过蒸发和植物蒸腾作用转移至大气层)，被植物吸收，流入地下水，或者流入河流(径流)。植物蒸腾和吸收的一部分水，被用于生产(如作物生长)。

5.2　环境资产定价

原则上，环境资产提供的所有惠益都可以用货币估价。

5.2.1　经济资产

在中心框架中，与国民账户体系一致，估价范围限于经济所有者获得的利益。经济所有者指有权通过其所承担的相关风险享有经济活动过程中资产使用带来的利益的机构单位。根据国民账户体系，资产是一种价值储备，反映经济所有者在一段时期内通过持有或使用该实体所生成的一次性或连续性经济利益。经济资产的实例包括房屋、办公楼、机器、电脑软件、金融资产以及很多环境资产。

作为经济资产定义基础的利益是经济利益。经济利益指经济生产、消费或积累带来的利得或正效用。就环境资产而言，经济利益被记入账户，表现为销售自然资源和培育生物资源的营业盈余，许可使用或开采自然资源而获得的租金，或者出售环境资产（如土地）时的净收入（即不包含交易费用）。

5.2.1.1 经济资产分类

国民账户体系中的经济资产被分为生产资产、非生产资产和金融资产。生产资产指那些作为《国民账户体系》生产范畴内生产流程产出而存在的资产。生产资产包括固定资产（如建筑物和机器），存货（例如，储存起来以供将来使用的小麦），作为价值储存并预期在一段时间内升值的贵重物品（如艺术品和贵金属）。

（1）培育生物资源，在国民账户体系中是一种生产资产，在环境经济核算体系中也是一种环境资产。它们可以是固定资产（例如，生产羊毛的羊、鱼类种苗和果园），也可以是存货（例如，供屠宰的牲畜和某些用材林）。其他类型的生产资产，常常与计量涉及环境的经济活动相关，但是它们不被视为环境资产（例如，采矿设备、渔船和用来储水的堤坝）。

（2）非生产资产指那些不是在生产过程中产生的资产。它们包括自然资源，合同、租约和执照，以及购得的商誉和营销资产。在国民账户体系中，自然资源包括所有在环境经济核算体系中被视为自然资源的那些资产。土地在国民账户体系中也被视为自然资源的一部分。虽然某些合同、租约、执照以及购得的商誉和营销资产，对于评估与环境有关的经济活动可能具有相关性，但是这些类型的非生产资产都不是环境资产。

（3）金融资产以及相应的金融负债，涉及对经济单位之间未来付款或系列付款的要求权。虽然某些金融资产可能对于涉及环境的经济活动具有相关性，但是金融资产均不属于环境资产。

5.2.1.2 环境资产与经济资产关系

从环境资产和经济资产之间的关系来说，很多环境资产也是经济资产。尤其是自然资源和土地被视为非生产资产，培育生物资源可以是固定资产也可以是存货，取决于它们在生产中的作用。图5-1显示环境资产分类和国民账户体系中高级资产分类之间的关系。必须将所有被划入培育类的环境资产，作为固定资产或作为存货记录。

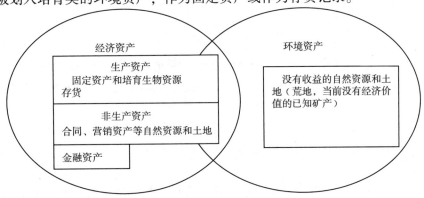

图5-1 环境资产和经济资产之间的关系

5.2.1.3 环境资产估值

中心框架中的环境资产实物量核算范围，可能大于环境资产按照国民账户体系的用价值计量的经济资产定义的范围。这是因为以实物量核算时，不要求环境资产必须为经济所有者带来经济利益。例如，偏远的土地和林木资源应当被包括在国家的环境资产范围之内，即便它们当前或者预计不会为经济所有者带来利益。结果，可能有些经实物量核算后被记录在中心框架中的环境资产没有价值测算值，因此，此类资产未被纳入以价值计量的环境资产。这种资产以实物量记录时，其数量应当与为经济所有者带来经济利益的环境资产数量分开记录。

除了实物估值，还应当编制环境资产的货币价值估值。在土地和土壤资源之外，开采之前就在市场上被频繁交易的环境资产很少。因此，确定它们在原地的价值，不是一件十分容易完成的任务。

(1) 实物耗减的定义

环境资产的耗减涉及包括住户在内的经济单位通过开采和收获而将环境资产实物用尽，导致可用的资源量减少。耗减不是导致一个核算期内一种资产存量所有可能变化的全部因素，因此不应当将它与可持续性测算值直接联系起来。

实物耗减，是指在某个核算期间由于经济单位对自然资源的开采量大于再生量而使自然资源存量减少。对于不可再生自然资源，例如矿产和能源，耗减量等于资源开采量，因为这些资源的存量，以人类时间尺度衡量，是不可再生的。不可再生自然资源存量增长（例如通过发现），可以使开采活动继续进行。但是，这些物量的增长不被视为再生，因此不能与耗减测算值相抵。应当将这些增长记录在资产账户的其他地方。对于天然生物资源，例如林木资源和水生资源，耗减和开采在实物方面的等式不成立。这些资源的自然再生能力，意味着在特定管理和开采情况下，开采资源的数量可能与资源的再生量相当，在这种情况下，环境资产总体上没有发生实物耗减。一般情况下，只有超出再生量的开采量，才被记为耗减。

环境资产因意外事件导致的数量减少，例如，极端天气或流行病爆发造成的损失，不记录为耗减。这些减少量被记录为灾难性损失。与此不同的是，必须将耗减视为经济单位开采自然资源的结果。还可以从价值方面计量耗减，具体做法是使用自然资源在原地的价格估价的实物耗减的流量。应当指出的是，耗减的货币价值等于自然资源因实物耗减而产生的价值变化量。

(2) 天然生物资源的实物耗减

天然生物资源能够随时间推移而再生和生长。因此，在估算耗减量时，有必要兼顾这些资源的开采和再生。虽然开采速度可以直接观察，但是再生量的核算方法可能很复杂，通常需要考虑到生物模型。这些模型往往可以说明种群的结构和规模；根据一般变化模式显示，特定类型资源的存量或种群小，增长速度也会很小，但是随着种群增大，增长速度也会提高。最终，给定区域内的种群达到该区域的承载能力，即密度达到最大限度，种群的增速会显著下降。

根据这个一般模型，对很多给定种群来说，有可能根据种群年龄或规模，计算可能从种群中取走而不影响种群自身再生能力的动物数量或植物物量（即期初存量等于期末存量)。实际上,存在着能够从现有存量中收获的"余量"或过剩量。在生物模型中,这种余量被称为可持续产量。可持续产量的增减,与种群的总体规模和结构一致。就给定种群而言,如果开采量小于可持续产量,不应当记录耗减。这种情况下,假定没有灾难性损失或者其他变化,核算期内的存量预计将会增长。只要开采量大于与种群规模和结构对应的可持续产量,就记录耗减,代表给定种群的开采量大于再生量或增长量。但是,对天然生物资源的大多数种群而言,可持续产量很难估算,因为生长和死亡的自然过程,与其他物种(包括捕食者)的关系以及开采的影响,往往是非线性的、可变的(例如,由于气候条件的变化),而且在科学上常常未取得全面了解。因此,建议将可持续产量估计数的某些逐年变化视为正常。所以在实践中,应当在开采量超过特定种群可持续产量的正常变化时,记录耗减。

(3)耗减和退化的关系

对耗减进行计量的重点是个别环境资产在将来的可用性,以及经济单位的开采和收获导致这种可用性发生的变化。这里需要关注的是开采物带来的具体回报,包括资源开采活动为开采者创造收入的能力。

关于退化问题,要考虑的是环境资产提供的被称为生态系统服务(例如,森林的空气净化服务)的多种贡献的能力,以及包括住户在内的经济单位的行动可以将这种能力降至何种程度。在这种意义上,耗减涉及一种类型的生态系统服务。因此,可以将其视为一种特殊形式的退化。

退化的计量很复杂,因为环境资产提供生态系统服务的能力不能单独归功于个别资产,另外,也因为个别资产可以提供若干种不同的生态系统服务。而且很难将一种个别资产的退化与整个生态系统的退化分开。

以实物量核算退化程度也很复杂,因为它通常依赖对生态系统状况的详细评估,而不是个别环境资产相对简单的数量变化,这种数量变化被用于实物型资产账户中的估算和对耗减量的估算。

虽然从实物方面单独辨识退化程度很复杂,但是毫无疑问,已经退化的个别环境资产的货币价值,将会因资产质量的变化而受到影响。理论上,如果资产价格因资产质量不同而发生变化,应当将其视为资产的物量变化而非重新估价。但是,在实践中,可能很难将退化导致的价格变化,与其他原因导致的价格变化区分开来。

5.2.2 资产估价原则

运用估价方法的一个主要优势是可以使用共同计价单位,对不同环境资产进行比较,而克服了单纯使用实物单位不可能比较的问题。另外,政府对环境资产开采拥有很大的所有权和影响,用价值对这些资产进行估价,可以为评估政府将来的收入流提供有用信息。还有一些情况是,在企业账户中,参与开采活动的企业可以对它们将来的收入流进行评估。市场机制越来越受重视,因为这些机制可能与环境资产的总量估价直接相关。但是在环境资产不存在市场价格的情况下,估算价值时需要使用一些假设和模型。

资产在市场上买卖的价格,是投资者、生产者、消费者和其他经济行为者决策的依据。投资者和生产者结合他们对于从资产中能够获得的预期收入流量,评估市场价格。理论上,应当使用可见市场价格估价所有资产,每一项估价都应与存量估值的有关日期相一致。

虽然使用市场价格可以对不同类型资产进行比较,但是这些价格不一定反映个人和社会对资产价值的理解。在适用环境资产的一般估价原则时,应予考虑的另外一个重要问题是估价的目标是资产在原地的价值,而不是转移后的价值。

5.2.3 定价的方法

市场价格观察值的一个理想来源,是在市场上看到的价格。这种从市场上产生的价格数据,可以乘以实物存量数据,从而计算出不同类别资产的总市场价值。大多数金融资产、新购买的生产资产,包括很多类型的运输设备(如小轿车和卡车),以及牲畜都可以使用这些类型的价格观察值进行核算。

除了提供实际交易资产价格的直接观察值,这类市场提供的信息还可以用来为没有被交易的相似资产定价。例如,关于土地和房屋销售的信息,可用来估算尚未出售的房屋和土地价值。

如果因为所讨论的资产近期没有在市场上买卖,因此没有可观察的价格,就必须设法假定固定市场存在并且资产在估算存量的日期被交易,并据此来估算有关资产价格。

还有就是使用减记重置成本法。一项资产的价值将随时间推移而下降,因为购置时的价值,即购置价,在资产寿命周期内要减去固定资本消耗(通常被称为折旧)。另外,与之相当的新资产的购置价会变化。理论上,资产在其寿命周期中任何给定时间点的价值,等于与之相当的新资产的当期购置价,减去寿命周期中的累计固定资本消耗。如果没有直接观察到的可靠价格可用于已被使用的资产,用这一方法可以给出待销售资产市场价格的合理近似值。

关于环境资产,可以运用这一方法估算属于固定资产的培育生物资源的存量价值,例如,果园的价值。第二种方法是使用未来回报的折现值。对很多环境资产而言,不存在使前面2种方法得以使用的相关市场交易或者一组购置价格。

5.2.3.1 净现值方法

净现值方法有5个需要解释的主要组成部分:计量环境资产回报;根据预期开采情况和价格确定预期资源租金模式;估算资产寿命周期;选择生产资产回报率;选择折现率。

(1)计量环境资产回报

环境经济核算体系使用经济租金的概念界定回报。经济租金指一项资产的开采者或使用者在扣除了所有费用和正常回报后的应计剩余价值。就环境资产而言,剩余价值系指资源租金,可被视为资产本身获得的回报。净现值方法的原理要求估算将来预期获得的资源租金流,然后将这些资源租金折算到当前核算期。这种做法主要是提供该时间点的资产价值估值。

资源租金各种定义的一个共同特征是,资源租金的数额总是依据其他企业在一段时间内获得的平均回报即正常回报测算出来的。资源租金作为一种残余,可以是正值,也可以是负值。经济理论表明,在长期时间内,资源租金应当是正值。

资源租金的计量,提供环境资产回报的一个总测算值。就生产资产而言,同样有关的是考虑用资源租金减去耗减量的方式测算回报的净测算值,即根据耗减量调整后的资源租金。生产资产折旧,就是减去等量值。耗减,反映环境资产因开采量超过再生量而产生的价值变化。不计预期回报的变化或者与其结果和现实结果之间的差异,根据耗减量调整后的资源租金测算值,在经济上与资本净回报或者环境资产净回报相对应。另外,根据耗减量调整后的资源租金等于环境资产的正常(或总体)回报值减去环境资产的预期重新估价。

在国民账户框架内,以开采企业的营业盈余为重点,可以测算出资源租金和环境资产净回报。在此背景下,企业获得的营业盈余,被视为包含生产资产投资回报和用于生产的环境资产回报。

环境资产回报测算相关变量之间的关系,见表5-8所列。该表列出了根据国民账户体系,使用产出、中间消耗、雇员报酬和其他生产税和补贴测算值来核算总营业盈余的标准方法。

表5-8 不同流量和收入组成部分之间的关系

产出(以基本价格计算的已开采环境资产销售额,包括所有产品补贴,不包括产品税)
减运营成本
中间消耗(以购买价格计算的货物和服务投入成本,包括)
雇员报酬(劳动力投入成本)
其他生产税收加其他生产补贴
等于总营业盈余——根据国民账户体系[a]
减开采专项补贴
加开采专项税收
等于总营业盈余——用于计算资源租金
减生产资产的用户成本
固定资本消耗(折旧)+生产资产回报
等于资源租金
耗减量+环境资产净回报[b]

[a] 严格来说,这一核算等式也包含总混合收入(非法人企业的盈余),应当针对净生产税收和补贴作出调整。这些细节不影响所提供解释的合理性。

[b] 原则上,此处测算出的环境资产净回报也包含其他非生产资产的回报(例如营销资产和品牌),因为这些资产也为创造营业盈余发挥了作用。这些回报在此处的公式中被忽略了。

(2)根据预期开采情况和价格确定预期资源租金模式

在测算资源租金测算值之前,有必要考虑与开采活动有关的一切专项税收和补贴的影响。专项税收和补贴仅适用于开采企业,一般不适用于整个经济活动。具体实例包括根据资源出售量提供的补贴和仅对开采业的投入征收的税金。总营业盈余的标准国民账户测算值减去专项补贴再加上专项税收,由此得出的资源租金测算值不受这些流量的影响;换言之,虽然这些流量影响开采行业的收入,但是它们在经济体内部得到了有效的再分配,应当不会影响环境资产的回报估值。

因此,资源租金的测算方式是用总营业盈余的标准国民账户体系测算值减去专项补贴,加上专项税收,再减去用户生产资产成本(它们本身包含固定资本消耗和生产资产回报)。如上文所述,资源租金包含耗减和环境资产净回报。

①资源租金的估算方法　在实践中，估算资源租金的方法有3种：残余价值方法、收款方法和获得价格方法。最常用的方法是残余价值法。按照这种方法，资源租金的估算方式是，针对一切专项补贴和税收对总营业盈余作出调整后，减去用户生产资产成本。

从国民账户数据集中，可以得到总营业盈余价值和专项补贴及税收的估计数。用户生产资产成本估计数一般无法取得，必须进行编制，这样才能得出每个时期的资源租金。用户生产资产成本包含两个变量：生产资产的固定资本消耗和生产资产的正常回报。这两个变量都可以在国民账户模型内估算出来，这些模型旨在估算固定资本存量价值和相关变量，并用于特定目的，例如，进行生产效率和资产回报率分析。如果尚未建立这样的模型，可以使用关于折旧率、资产寿命周期和生产资产回报率的假设，估算每一种变量。《计量资本：经合组织手册——2009年》(经合组织，2009)全面阐述了与用户成本的计量相关的考虑和方法。

收款方法使用向环境资产所有者支付的实际款项估算资源租金。在很多国家，政府代表国家，是环境资产的法定所有者。作为法定所有者，在理论上，政府能够收缴它们拥有的资源因开采而产生的全部资源租金。根据相关定义，这一数额原则上等于总营业盈余减去开采者用户生产资产成本。

资源租金的收缴，一般由政府通过收费、税收和特许权使用费等机制来完成。实际上，所收缴的费、税和特许权使用费往往低于资源租金，因为在设定费率时，可能会考虑其他优先项，例如，鼓励开采行业的投资和就业。在使用收款方法时，应当考虑到这些其他动机。

获得价格方法依据的事实是，获得资源的机会可能因需要购买相关执照和配额而受到控制，这是林业和渔业中常见的现象。当这些资源的获得权可以自由交易时，有可能根据该项权益的市场价格，估算相关环境资产的价值。其经济原理与残余价值法并行不悖，因为根据预期，在自由市场上，权益的价值应当等于环境资产的未来回报(减去全部成本之后，包括减去用户生产资产成本)。

如果所购买的资源获得权提供很长时期或无限期获得资产的机会，该项权益的市场价值应当提供该资产总价值的直接估值，而不仅仅是资源租金的估值。在此情况下，不需要将资源的未来流量折现。如果权益的期限较为有限(如，权益为期一年)，这可以提供该期限内的资源租金直接估值。

实际上，在很多情况下，政府可以将获得权直接免费给予开采者，或者以低于真正市场价值的价格给予开采者。而且，这些权益的交易可能受到限制或者被禁止。在此情况下，不存在可见的市场估价。

②资源租金估算方法总结　虽然在理论上，所有这些方法将产生相同的资源租金估值，但是使用收款方法和获得价格方法时，受国内制度安排的严重影响。由于这些原因，应当编制依据残余价值方法得出的资源租金估值，并尽可能与使用其他方法得出的估值相协调，并保持一致。实际上，对依据不同方法得出的资源租金估值进行比较，可能具有特殊的分析意义。

③确定资源租金的预期形态　资产估价中的关键因素，不是过去或者当前的回报，而是预期回报。一项没有预期回报的资产，不具有经济价值。根据定义，预期回报是看不到

的。因此，必须作出关于这些流量的假设。

资源租金是开采资源数量、单位开采成本和商品价格的函数。起点通常是当前或上一个时期的资源租金估值。如果没有关于预期未来价格变化或者开采速度可能出现的变化的更多信息，建议根据当前资源租金估值确定预期资源租金估值，这样就要假定价格变化不超过总体通货膨胀水平，并且资源开采速度切合实际。

需要予以特别考虑的情况是，特定时期的开采速度可能被认为是不正常的，包括它们降至零或接近零的情况下的开采。例如，如果经济环境出现变化，使开采活动不再有成本效益；自然灾害使资源无法获取或无法收获；或者为了恢复存量而对资源使用机会加以限制。

如果预期开采计划发生变化，由此产生的净现值估值可能会产生难以解读的结果。但是，这只是凸显了下述事实：当预期开采计划因任何原因发生变化时，包括只是收到了相应的追加信息时，必须重估净现值估值，因为它们应当反映基于该时间点的全部可用信息的估价。

(3) 资产寿命周期估值

资产寿命周期(或者资源寿命周期)是一项资产可用于生产的预期时间，或者自然资源可被开采的预期时间。资产寿命周期的估值，必须依据对可用资产实物存量的考虑和假定开采速度和可再生资源的增长情况。在非常简单的情况下，计算资产寿命周期可以使用的方法是，用期末实物存量除以预期年开采量超出预期年增长量的部分。但是，尤其是对水生资源之类的天然生物资源而言，有必要考虑生物模型和生物资源相关的可持续产量，并且确保在确定资源寿命周期时，将不断变化的年龄和性别结构的影响纳入考虑的范围。

建议在估算资产寿命周期时，依据不久之前的开采速度和增长速度，而不是使用关于可持续性的一般假设或者意图采用的管理做法。资产寿命周期估值需要提供应用净现值方法的时间框架。在实践中，取决于折现率的选择情况，如果资产寿命周期超过大约20年，则净现值估值相对稳定；换言之，以后年份的预期回报价值相对较小。

(4) 生产资产回报率

估算环境资产开采中所用的用户生产资产成本，需要使用生产资产的预期回报率。如果不减去这种成本，由此产生的资源租金估值将会被夸大。

可以采取两种方法来估算生产资产的回报率：内生方法和外生方法。内生方法设定的回报率等于净营业盈余(总营业盈余减去固定资本消耗)除以生产资产的存量价值。这种方法无疑假设，回报不是包括环境资产在内的非生产资产创造的，因此，不建议采用。但是，它应当构成生产资产估计回报率的一个上限。

环境经济核算体系建议采用外生方法。这种方法假定生产资产的预期回报率等于外生(外部)回报率。理论上，预期回报率应当与具体活动的回报有关，因此应将投资于特定活动的风险同时考虑。但是在很多情况下，金融市场可能不够发达，不能提供这些特定回报率的可靠估值。

由于这一原因，切合实际的方法是，使用一种全经济体回报率，如果存在政府债券，则以政府债券利率为基础。在所有情况下，都应当使用真实回报率。虽然外生方法不大可能成为完美地指示个别生产资产的回报率,但是它们有可能提出一种合理的正常回报率,以便使用净现值方法测算估值。

(5)折现率的选择

将预期资源租金流转化为总体价值的当期估值,需要使用折现率。折现率表达一种时间偏好,即资产所有者对于获得当下收入而不是未来收入的偏好。它还反映所有者对风险的态度。一般来说,个人和企业拥有时间偏好的比例高于社会。换言之,个人和企业比整个社会更倾向于从资产所有权获得更快的回报。时间偏好的较高比例,转化为较高的折现率。

可以将净现值计算中所用的折现率,解释为非生产资产的预期回报率。在所有资产都得到精确识别和计量的企业中,如果是完全竞争的条件,折现率和回报率应当相等。这是因为企业应当仅在所有资产回报率与它获得收入的时间和风险偏好一致的情况下,才会投资。为了确保估价符合一般市场价格概念,建议使用与生产资产假定回报率等于市场折现率。与此同时,使用社会折现率来估价环境资产,也是有依据的。支持使用社会折现率的一个主要观点是,一般来说,社会折现率低于市场折现率,较低的折现率相对来说更重视未来世代的收入。从这一点出发,常常可以断定,使用市场折现率得出的净现值估值不重视未来世代的权益,获得的总价值太小,因为它们没有给予这些未来收入足够的权重。

使用这些不同组成部分,按照下述基本步骤并使用残余价值方法计算资源租金,从而得出环境资产价值估值:

①从最有可能以国民账户数据、相关具体活动信息和生产资产回报率假设为基础的相关来源中,得出关于总营业盈余、开采活动专项补贴和税收,以及开采活动的用户生产资产成本的估值;

②用总营业盈余减去专项补贴,加上专项税收,减去用户生产资产成本,得出资源租金估值;

③根据存量实物评估和预期开采率和增长率,得出资产寿命周期的估值;

④预估资产寿命周期内的资源租金估值,同时考虑到开采模式的任何预期变化;

⑤使用适当折现率,应用净现值公式计算:

$$V_t = \sum_{i=1}^{N_t} \frac{RR_{t+i}}{(1+r_t)^i} \tag{5-1}$$

式中,V_t——t 时的资产的价值;

N——资产的寿命;

RR——资源租金;

r——名义折现率。

可能的情况下,可对使用不同折现率估值和资源租金的不同估算方法得出的净现值计算结果进行比较。

如果针对专项税收和补贴作出调整后,得出的预期资源租金是负值,那么应当假定资产净现值估值为零。这一结论不应当基于对资源租金负值的一次观察,而应当考虑到营业盈余将来可能的形态以及专项税收和补贴。在某些情况下,开采活动可能会继续,因为专项补贴的力度足以确保开采者获得适量收入。但是，在这些情况下，不应当将这些收入视为基本环境资产的回报，而应当将其视为经济体内部的收入再分配。

只要有可用的资产实际市场价格，例如，基于环境资产实际交易的价格，就应当优先使用这一信息进行依据净现值的估价。在采用这些信息时，需要对照基于净现值的估算范围，对交易的范围和覆盖面作出适当调整。

5.2.3.2 环境资产的实物量测算

资产的实物量测算值不是数量测算值，而是在去除价格变化影响之后的资产价值变化的估值。因此，实物量测算值包含由数量变化和质量变化造成的变化。

编制环境资产实物量测算值，是为了帮助分析环境资产随时间推移发生的变化。去除价格变化的影响可能出于 2 种主要原因：首先，为提供一项环境资产购买力指标，即一组环境资产被用于购置一组给定货物和服务的能力估值；其次，为评估若干不同环境资产的基本实物总存量是否发生了变化。

关于估算一组环境资产的购买力，实物量测算值等于环境资产的总价值除以总体通货膨胀率估值，例如，消费物价指数。

为估算实物总存量的变化，可以通过分析每一种类型的环境资产实物存量变化，完成一种粗略评估。然而，这种方法不允许将各种资产进行合计，因为每一种资产都是用不同实物单位计量的，例如公顷(用于计量土地)和吨(用于计量煤炭)等。

为了得到反映实物总存量的测算值，可以考虑若干种不同计量方法。第一种方法是可以编制一种物量测算值，它是每一种资产的实物存量变化按照它们在给定时间点的相对价值加权的总量。时间点常常是核算期的期初或期末，而相对价值也可以依据期初和期末平均价值进行计算。

第二种编制实物总存量的物量的方法，在已经使用了净现值公式的情况下也适用。这种方法是使用期初所用的同样的资源原地价格，重新估算每一种环境资产的期末净现值。这些经过重新估算的净现值总额，提供环境资产实物量的期末估值。这一估值可以与环境资产的期初价值作对比，从而得出实物量变化的估值。实际上，期初和期末的实物存量，都是使用同一组价格进行估价的。因此，任何变化都反映出环境资产的实物量变化。

借助资产价值的一个时间序列，有可能使用一个基准期的资源原地价格，重新估算所有其他时期的资产价值。这提供一个以原地不变价格计算的资产价值时间序列。但是，使用不变价格，可能会掩盖不断变化的技术和开采成本引起的价格和相关资源租金的变化。因此，最好是使用与每个时期相关的资源原地价格，计算各个时期之间的实物量变化，然后将实物量变化的连续估值连成一线，形成一个单一事件序列。

测算资产实物量的第三种方法，是用个别资产的期末价值，除以资产的具体价格指数。在很多情况下，这可能是一个与开采产品销售有关的价格指数(例如，用于压缩煤炭存量价值的煤炭价格指数)。但是，如果价格指数反映资源原地价格的变化，就可以得出更准确的结果。这就需要兼顾开采产品的价格变化和开采成本的变化。关于第二种方法，价格指数在反映生产成本变化的同时，应当假定技术条件不变，这样才能使这些变化被计入实物量变化的估算中。

5.3 环境资产账户设置

5.3.1 实物型资产账户

5.3.1.1 矿产和能源资源的实物型资产账户

矿产和能源资源实物型资产账户应当按照资源类型编制，并包括矿产和能源资源的期初和期末存量估值以及核算期内的存量变化。编制和列报相关信息所用的计量单位，因资源类型不同而不同。它们有可能是 t、m³ 或桶。为了进行核算，一种资源应当使用相同的计量单位，记录期初和期末存量以及核算期内的存量变化。

计量期初和期末存量，应当按照资源等级，对每一种矿产和能源资源的期初和期末存量进行分类，即根据表 5-9 中的结构分为：A 级：具有商业开采价值的资源。B 级：可能具有商业开采价值的资源。C 级：非商业性或其他已知矿床。

表 5-9 矿产和能源资源存量

矿产或能源资源类型	已知矿床分级		
	A 级：具有商业开采价值的资源	B 级：可能具有商业开采价值的资源	C 级：非商业性或其他已知矿床
石油资源(千桶)			
天然气资源(m³)			
煤和泥炭资源(kt)			
非金属矿产资源(t)			
金属矿产资源(kt)			

注：不同的实物单位(例如 t、m³ 和桶)将被用于不同类型的资源。

在此不建议编制包含每一种类型资源的所有等级的总量。在这个框架中，重要的是具体说明应对其进行价值估价的那些资源。在核算矿产和能源资源存量的增加和减少时，关于实物存量变化，应当考虑下述类型的具体变化：

①发现量　发现量应当包括一个核算期发现的新矿床储量估值。新矿床必须是已知矿床，即属于 A、B 或 C 级的已知矿床，才能记录为发现量。应当按照资源类型和等级记录发现量。

②重估　重估可能是向上调整估值，也可能是向下调整估值。它们应当仅仅与已知矿床有关。一般而言，重估将涉及特定矿床估计可用存量的增加或减少，或者涉及特定矿床基于地质信息、技术、资源价格或者这些因素的组合，在 A、B 或 C 级之间发生的分类变化。

③开采量　开采量估值应当反映从矿床取走的资源实物量。它应当不包括矿床覆层，即为开采资源而转移的土壤和其他物质量。开采量估值应当包括常住或非常住者的非法开采量估值，因为这些数额减少了资源的可使用量。

④灾难性损失　对大多数矿产和能源资源来说，灾难性损失并不常见。洪水和矿井垮

塌的确会发生，但是储量仍然存在，原则上可以恢复；问题是开采的经济可行性，而不是资源本身的实际损失。这一般原则的一个例外涉及油井，它们可能遭到火灾破坏或者因其他原因变得不稳定，导致石油资源的重大损失。石油和相关资源在这种情况下的损失，应被视为灾难性损失。

⑤重新分类　如果某个矿床由于政府关于矿藏获得权的决定而开始或结束采矿作业，可能会发生重新分类。已知矿床的所有其他数量变化，都应被作为重估来处理。

通过回收制成品（如车辆和电脑）来供应各种不同金属和其他矿物的能力日益受到关注。根据一国的回收力度，可以编制金属和其他矿物回收的信息，以提供关于这些资源可使用性的更全面的信息，从而编制关于从环境中开采这些资源的需求的账户。

5.3.1.2　土地实物型资产账户

土地实物型账户的目标是反映一个核算期内的土地面积和土地面积变化。土地的实物量核算单位是面积单位，如 hm^2 和 m^2。

一般来说，一国的土地总面积从一个时期到另一个时期保持不变。土地实物存量在期初和期末之间的变化，主要是土地不同类别之间的变化，例如，与土地所有权、土地使用和土地覆被有关的类别。但是，在有些情况下，一国的土地面积会发生变化。它可能会增加，例如，因建设排水渠和其他拦截物，从而开垦土地；也可能会减少，例如，由于土地沉降或者水位上升，而且，土地总面积可能因政治因素而发生变化。例如，由于战争或相关事件，总面积可能增加或减少。另外，常见的情况是有一些地区是有争议的领土，它们可能引起变化。应当明确界定土地覆被和土地使用统计范围内的面积，以防产生一些混乱。

(1) 实物型土地覆被账户

首先，建议各国开展按照每个核算期期初和期末土地覆被分类的土地总面积估值。这是因为通过遥感（航空照相或卫星图像）获得的土地覆被数据通常都能够得到，而且它所需要的文字说明比土地使用所需的说明少，专业程度不是特别高。

借助以会计格式编排的数据，有可能将土地覆被和土地使用联系起来，包括通过列出矩阵说明一个核算期内土地覆被和土地使用情况的变化。在评估土地覆被和土地使用变化时，比较有用的做法是要确定覆被和使用情况保持不变的期初土地存量所占比例。为了进行这类分析，数据必须依据有空间参照的数据来源来分析。

(2) 土地覆被账户范围

国家的土地面积界定了土地覆被账户的核算范围。为了多数用途，账户中将记录土地面积和相关内陆水域，所界定的范围见表 5-10 中的土地覆被分类所示。

表 5-10　土地覆被分类

1	人工地表（包括城市和相关区域）
2	草本作物
3	木本作物
4	多种或分层作物

(续)

5	草地
6	森林覆被区
7	红树林
8	灌木覆被区
9	水生或定期淹没的灌木和/或草本植被
10	天然植被稀少的区域
11	陆地荒原
12	永久积雪和冰川
13	内陆水体
14	近岸水体和潮间带

资料来源：联合国等，2014.

实物型土地覆被账户见表 5-11 所列。它列出了不同土地覆被类型的期初和期末面积，以及这些面积在核算期内的各种增减情况。

表 5-11 实物型土地覆被账户（hm^2）

	人工地表	作物	草地	森林覆被区	红树林	灌木覆被区	定期淹没区域	天然植被稀少的区域	陆地荒原	永久积雪、冰川和内陆水体	近岸水体和潮间带
期初资源存量											
存量增加											
管理下的扩张											
自然扩张											
向上重估											
存量增加量合计											
存量减少											
管理下的缩减											
自然缩减											
向下重估											
存量减少量合计											
期末存量											

表 5-11 中管理下的扩张是指由于人类活动导致的某种土地覆被类型面积增加。例如，由于植树和播种等造林措施，作物面积可能转化为森林覆被的面积，或者在砍伐林木之后，森林覆被面积转化为作物或草地面积。总体上，一种土地覆被类型的管理下的扩张，也将导致记录另一个匹配的账项，记录正在减少的土地覆被类型的管理下的缩减。但如果在开垦土地的情况下出现土地总面积在管理下的扩张，则不记录另一匹配的账项。

自然扩张是自然过程导致的面积增加，包括播种、发芽、分枝或压条。总体上，一种土地覆被的自然扩张，也将导致记录一个匹配项，记录正在减少的土地覆被类型的自然缩减。但在土地总面积发生自然扩张，例如，在火山活动或山崩产生土地的情况下，则不记录匹配账项。

管理下的缩减指由于人类活动而发生的某种土地覆被类型的面积减少。与管理下的扩张一样，在所有发生管理下的缩减的情况下，都记录一个匹配项，除非土地总面积发生了管理下的缩减。

自然缩减应当在某种土地覆被类型的面积因自然原因减少时记录。与自然扩张一样，在所有发生自然缩减的情况下，都记录一个匹配项，除非土地总面积发生自然缩减，例如，海水侵蚀造成土地流失就属于这种情况。

重估可能是向上调整估值，也可能是向下调整估值，可以反映由于使用了据以重估不同土地覆被面积大小的新数据或信息而产生的变化，例如，从新的卫星图像或者解读卫星图像得到的新信息。使用了新信息，就需要修正以前的估值，以确保相关数据的时间序列的连续性。

(3) 森林和其他林地的实物型资产账户

编制森林和其他林地的实物型资产账户，常常与编制林木资源资产账户的工作共同进行。但是，原则上森林和其他林地账户是一种土地账户。

林木资源资产账户与森林和其他林地资产账户之间，存在紧密联系，但林木资源的范围不限于来自森林和其他林地的木材的账户。譬如果园，视其重要性而定，它们会属于林木资源的范围之内，但不被视为森林和其他林地的内容。另一个关键区别是，林木资源的资产账户侧重林木资源的实物量，而不是森林覆盖的土地和其他林地的面积。因此，森林和其他林地账户的侧重点在于土地面积的变化，例如，由于采伐和造林导致的林木面积变化，而不在于从森林和其他林地采伐的木材数量和价值。

①森林和其他林地账户的核算范围　森林和其他林地账户的核算范围，有关界定方式与《全球林木资源评估》(联合国粮食及农业组织，2010)中这种土地的定义一致。森林的定义是面积超过 $0.5hm^2$，树高超过 5m 和林冠覆盖率超过 10%，或树木在原生境可以达到这些阈值。森林和其他林地账户的范围，遵循土地使用的有关规定。因此，它不包括主要用于农业或城市用地的土地，界定方式也并非严格以林木覆盖面积的变化为基础。

林地按照不同的森林类型分类，主要是天然次生林和人工林之间的区别。天然次生林是主要由经过自然再生而长成的树木组成的森林。在这里，"主要"的意思是经过自然再生而长成的树木在成熟期达到活立木蓄积量 50% 以上。

对两大类天然次生林进行区分：

a. 原生林指没有明显人类活动痕迹且生态进程未受重大干扰的本地种天然次生林。原生林的主要特点是：具有天然林的动态特征，如树种构成、枯死木、树龄结构和再生进程等都是天然的；面积足以保持其天然特征；一直没有已知的明显人类干预，或最后一次明显的人类干预已过去很长时间，因而已经重新形成天然树种构成和进程。

b. 其他天然次生林指具有明显人类活动痕迹的天然再生林，其中包括：有选择地进行过采伐的森林、农地使用后的再生林以及人为火灾后恢复的森林等；无法确定其到底是人工种植林还是天然再生林的森林；兼有天然再生树木和种植/播种树木，并且天然再生树木在成熟期达到活立木蓄积量50%以上的森林；源自天然再生树木的萌生林；引进树种的天然再生林。

人工林主要由种植和/或特意播种的树木组成。种植/播种树木在成熟期预计达到活立木树蓄积量的50%以上，包括原先种植树木或播种树木的萌生林。

其他林地指未被列入"林地"的土地，其面积超过0.5hm²；树高超过5m和林冠覆盖率达到5%~10%，或树木在原生境可以达到这些阈值；或灌木、灌丛和树木的总覆盖率超过10%。其他林地不包括主要为农业和城市用途的土地。

编制账户时，应当尽可能使之反映森林和其他林地类型之间的区别。此外，各国可能希望根据不同树种的总面积编制有关账户。森林的实物型资产账户见相关账户所示。它列出了按面积计量的期初和期末存量和森林及其他林地的面积变化。计量森林和其他林地的面积时，应当将相关道路、河流和溪流包括在内。

②存量增减 在有关账户中，造林是指由于在以前未被列作林地的土地上造林，或采取种植和播种等造林措施使森林或其他林地存量增加。尤其是，以前被列为其他林地的土地，可以因采取造林措施而被转化为森林。

自然扩张是自然播种、发芽、分枝或压条导致的面积增加。如果扩张占用了另一种类型的森林或其他林地面积(例如，其他天然次生林的自然扩张占用了其他林地)，应当记录另一个相应的自然缩减项。

采伐指由于完全丧失林木覆盖以及将林地转作他用，例如，用作农地、建筑和道路用地等，或用作无法确定的用途而导致森林和其他林地存量减少。如果立木砍伐之后的土地用途不变，则立木的砍伐不会导致森林和其他林地面积减少。

自然缩减应当在森林和其他林地存量因自然原因减少时予以记录。当不同类型森林和其他林地面积发生自然变化时，例如，其他天然次生林的自然扩张占用了其他林地，即其他林地的自然缩减，应当将自然缩减项和自然扩张项一起记录下来，并在账户中有所反映。

5.3.1.3　土壤资源的面积和实物量核算

土壤资源核算的第一阶段，必须计量不同土壤类型的面积。表5-12列出了关于土壤资源面积资产账户的实例，列出了按土壤类型划分的土壤资源期初和期末存量，以及土壤资源的面积增减量。把生物系统的可用土壤资源核算作为重点，其范围限于农业和林业用地，以及为了用作一个生物系统而取走的土壤量。

在核算账项方面，重点在于核算期期初和期末的不同类型土壤面积，和用于农业和林业的不同类型土壤在可使用性方面发生的变化。

账户设置区分了土地覆被变化导致的增减,例如,由于城市扩张导致农业用土壤资源损失(也被称为土壤异化或土壤封闭)、土壤质量变化导致的增减(例如,压实或酸化之后)以及土壤环境变化导致的增减(如荒漠化或清理土地)。这些不同类型的变化可能很难区分,但目的是为了突显主要原因和最具环境、经济或者社会意义引起的土壤资源的变化。

表 5-12　土壤资源面积的实物型资产账户(hm^2)

	土壤资源类型				总面积
	类型 1	类型 2	类型 3	……	
土壤资源期初存量					
存量增加					
由于土地覆被变化					
由于土壤质量变化					
由于土壤环境变化					
存量增加量合计					
存量减少					
由于土地用途变化					
由于土壤质量变化					
由于土壤环境变化					
存量减少量合计					
土壤资源期末存量					

除了如表 5-12 所列资产账户,可按照某个特定时间点的土地使用类型或土地覆被,列表显示土壤类型。这类信息可能有助于确定不同类型的土地使用是在优质土壤还是在贫瘠土壤上进行的,从而可以提供评估替代性土地用途的依据。

土壤资源核算的第二阶段,需要计量土壤资源的物量。借助对土壤物量变化的核算,可以评估侵蚀范围以及水灾或干旱之类的重大灾害的影响,并提供与评估土壤耗减相关的信息,即与经济活动造成的土壤损失有关的信息。记录土壤资源物量的资产账户,见表 5-13 所列。它的结构显示了土壤的期初和期末物量以及土壤物量的变化。通过自然过程增加土壤物量(土壤形成)非常缓慢,在这个意义上,土壤被视为不可再生资源。

土壤通过自然方式(如风和水)移动,可能意味着某国的一个地区损失的土壤,可能会在另一个国家的另一个地区沉积,或者在海洋中沉积。这种沉积常常是有害的(例如,掩埋基础设施或者污染珊瑚礁),但是在有些情况下,可以确定土壤沉积带来好处的地方,应将流量视为存量增加的一部分;与此同时,土壤侵蚀应被视为存量减少。

表 5-13 中的土壤资源是按照土壤类型的分类。此外,按照地理区域或者按照土地使用或土地覆被类型编制土壤资源的实物量变化,也是一种有意义的做法。

表 5-13 土壤资源物量的实物型资产账户(m^3)

	土壤资源类型
土壤资源期初存量	
存量增加	
土壤形成和沉积	
向上重估	
重新分类	
存量增加量合计	
存量减少	
挖取	
土壤侵蚀	
灾难性损失	
向下重估	
重新分类	
存量减少量合计	
土壤资源期末存量	

当土壤因各种原因被挖掘并转移时，也应当记录土壤资源的物量变化。例如，为建筑堤岸和排水沟而挖掘土壤，以便进行土地开垦，或者修路和从事其他建设。土壤资源账户的建立意图是记录可以作为一个生物系统运转的资源的土量变化，因这种取土之举而造成的土壤表层损失应被记录为土壤资源的永久减少，除非其目的是为了在其他地点创造新的生物土壤系统。由于土地覆被变化，例如，由于城市扩张或永久性洪涝，或如在建造人工水库等，造成的土壤资源使用机会丧失，应被记录为挖取。

土壤资源的灾难性损失，可能发生在重大水灾和其他严重天气事件的情况下会产生。这也可能导致土壤沉积，这主要取决于所转移土壤的质量。当有额外的信息可用时，应当记录为对土壤物量的重估，正如对其他环境资产的重估的处理一样。

5.3.1.4 林木资源实物型资产账户

林木资源实物型资产账户记录核算期期初和期末林木资源总量，以及核算期内的存量变化，受到特别关注的是对林木资源自然增长量与采伐量的对比分析。

林木资源实物型资产账户的基本结构见表 5-14 所列。资产账户应当对各类林木资源加以区分，最重要的是对人工培育林木资源和天然林木资源加以区分。就天然林木资源而言，应当对那些可用于木材供给和那些不能用于木材供给的林木资源加以区分，以确保能够对实物型资产账户和价值型资产账户在不同范围内进行协调和平衡。根据分析意图和可用数据，也可以编制按树种分类的资产账户。

表 5-14　林木资源的实物型资产账户[m^3(带皮)]

	林木资源类型		
	人工培育林木资源	天然林木资源	
		可供给木材	不可供给木材
林木资源期初存量			
存量增加			
自然增长			
重新分类			
存量增加量合计			
存量减少			
采伐量			
采伐残余物			
自然损失			
灾难性损失			
重新分类			
存量减少量合计			
林木资源期末存量			
补充信息			
采伐量			

(1) 存量增加

林木资源存量将因自然生长而增加。计算自然增长量，应当依据核算期初和期末的可用林木资源，这是以年增长总量来计量的，即参照期内不限定树干最小直径的所有林木的增长量。森林面积、其他林地面积以及其他土地面积的增加会导致可用林木资源总量增加，这不应被视为自然增长，而应当记入重新分类。重新分类可能是管理实践发生变化导致的，这种变化将林木资源从人工林变成天然林，或者相反。

(2) 存量减少

林木资源存量在一个核算期内会因采伐林木资源或自然损失而减少。采伐量按照核算期内从森林和其他林地以及其他土地上采伐的林木资源量估算。它们包括运走早期砍伐的树木，以及采伐自然原因导致的枯死或受损树木。采伐量可以按照产品类型，例如工业用圆木或薪柴或者按照树种(如针叶林或阔叶林)记录。

采伐量是计量林木资源开采量相关变量的主要构成，因为林木资源存量的定义包含已被伐倒但尚未被运走的林木。为了全面核算一个核算期内的林木资源物量变化，有必要减去采伐残余物。这些残余物是指在采伐时，有一定量的林木资源腐烂、受损或者超过尺寸要求而被丢弃的。采伐残余物不包括小枝杈和也不在林木资源范围之内的树木其他部分。

自然损失是核算期内的活立木蓄积存量，即正在生长的、未遭砍伐的树木因采伐之外的原因枯死而造成的损失。主要包括自然枯死、虫害、火灾、风倒或其他物理损害造成的活立木损失。自然损失应当仅包括将林木资源作为一个整体考虑时可以合理预期的那些损失。只有当林木资源不可能被采伐时，才应当记录自然损失。所有被采伐的林木，均应记入采伐量。

当自然原因造成林木资源的罕见和重大损失时，应当记录灾难性损失。只有当林木资源不可能被采伐时，才应当记录为灾难性损失。所有被采伐的木材，均应记入采伐量。

耗减。根据耗减的一般定义，天然林木资源的耗减，关乎森林、其他林地和天然林木资源所在的其他土地的林木资源可持续产量。更准确地说，林木资源的可持续产量是在确保其产出能力保持不变的情况下，按照同样的速度可采伐到未来的木材产量。可持续产量是活立木存量结构中的一个函数，需要兼顾林木的预期自然增长量和自然损失量来确定。在估算可持续产量时，需要考虑到各种不同的生物和林业作业模式。

耗减量以实物量核算，等于采伐量减去可持续产量。在可持续产量和实际自然增长量（减自然损失量）的关系中，不同年度变化是不一样的。因此，只有当采伐量超过自然增长量的正常年度变化时，才记录耗减量。

采伐。虽然这些账项全面核算一个核算期内的林木资源物量变化，年度采伐量等于一个核算期内采伐的林木资源总量。采伐量包括旨在造林的和商用之前的间伐量及迹地清理量。在有信息可用的情况下，可以在实物型资产账户追加采伐量估值作为补充信息。

充当能源的林木资源。林木资源经常被用作能源。来自天然和人工培育林木资源的能源投入，被记入能源实物型供给使用表。记录的基础是实际来源于林木资源的能源测算值，而不是可能来源于林木资源的总能源测算值。

（3）林木资源的碳账户

作为对碳储存以及其他碳储量和流量更广泛核算的一部分，林木资源中的碳含量估值和这些含量在核算期内的变化，可以使用关于立木期初实物量和期末实物量以及实物量变化的信息计算出来。计算估值，可以使用立木实物量与生物物质总量，主要包括地上和地下的生物量之间关系和生物物质与碳含量之间关系的相关平均系数估算。这些系数因树木种类和其他因素的不同而不同。

可以根据林木资源的实物型资产账户的结构（表5-14），建立林木资源碳账户。应当指出的是，说到林木资源的碳储量减少，例如，由于采伐而减少，并不意味着碳被排放到了大气中。一般来说，在木材被焚烧或自然分解之前，碳仍将储存在木材中，并且所排放的这些碳将不被记入林木资源的碳账户。

对碳核算的完整说明，超出了中心框架的范围，需要有一个以生态为基础的专门核算方法，对碳储量和流量进行全面核算，并为制订这一领域的政策提供有关信息。

5.3.1.5 水生资源的实物型资产账户

水生资源的实物型资产账户显示一国边界内，包括该国专属经济区内捕捞活动所收获的或者人工培育的全部鱼种的生物物质总量，以及一国根据其传统实践、国际协议或者部分分配区域的规定，拥有捕捞权的一部分共有资源生物量。捕捞范围包括商业性海洋和淡水业务、水产养殖，以及为维持生计而进行的和休闲性的水生资源捕捞活动。存在于他国专属经济区内但由常住该国的营业者捕捞的水生资源，不应计入资产账户。实物型资产账户还显示因捕捞、正常损失、规模和数量的增长及其他变化导致的变化。

表 5-15 水生资源的实物型资产账户(t)

	水生资源类型		
	人工培育水生资源 ——固定资产	人工培育水生资源 ——存货	天然 水生资源
水生资源期初种群			
种群增加			
种群增长			
向上重估			
重新分类			
种群增加量合计			
种群减少			
总渔获量/捕捞量			
正常损失			
灾难性损失			
无偿没收			
向下重估			
重新分类			
种群减少量合计			
水生资源期末存量			

水生资源的基本实物型资产账户见表 5-15 所列。

无论如何，用于记录种群和种群变化的单位应当相同，尽管计量单位可能会因水生资源类型不同而有所不同，有必要将某些质量估值转化为数目估值，或者相反。为此目的，需要按照不同鱼类种数或规模设定转化因数。

(1) 培育水生资源

就培育水生资源而言，合理的做法是假定资源经营者或所有者能够估算种群和种群变化。账户结构应当酌情根据鱼种来安排。增加量来自存量的增长，主要为规模和数目的增长，减少量源自捕捞和正常损失。

当天然水生资源作为种苗或种鱼被引进时，应当作为从天然到人工培育资源的重新分类来记录。就水生资源的养殖和扩大种群而言，放入野生环境的人工培育种苗应作为从人工培育到天然资源的重新分类记录。在河流和海洋环境中从事水产养殖活动面临的风险是鱼类可能会逃逸到外部环境中。如果这些鱼类能够融入天然鱼类种群，这些逃逸鱼类也应被视为从人工培育到天然资源的重新分类。如果不可能融入，这些逃逸鱼类应作为正常或灾难性损失记录。

由于疾病或自然灾害事件导致的特别巨大的损失，应被视为灾难性损失。

人工培育水生资源的种群变化，大多数应被计入存货变化。但是，将有一定比例的人工培育水生资源被视为种鱼。原则上，这些资源应被视为固定资产，而不是存货，它们的增长应作为固定资本形成，并和固定资本消耗的相关账项一起记录。

（2）天然水生资源

①计量天然水生资源的种群和种群变化　应当为淡水水生资源和国家专属经济区内的或者该国拥有所有权的海洋水生资源，分别编制天然水生资源资产账户。在编制时，应对淡水和海洋水生资源加以区分。

在计量资源规模时，应当考虑若干方面的问题。一个重要问题是，对种群中性成熟部分的计量（即产卵群体或母体生物物质）。这很重要，因为一般来说，渔业管理的主要目的是维持足够水平的产卵群体，以促成自然增长并最大限度地减少萎缩的可能。性成熟群体的测算值，应当与未成熟群体的测算值相互补充，以获得对种群的自然增长的完整评估。

计量工作的另一个相关问题是可捕捞种群规模。这对应种群中要收获的部分所占的比例，收获活动不考虑人们所知甚少的和被收获部分年幼的群体。对此，重要的是要对同一种类中成熟资源渔获量和不成熟资源渔获量分开进行记录。

但是，种群绝对规模的估值可能不准确。实际上，几乎无法准确估算繁殖率和加入种群之前的存活率变化、影响个别鱼类生长情况的环境因素影响，或者事故、疾病、年龄、捕食者等造成的自然死亡率。另外，评估模型和等式中此类参数的小幅修订，可能导致种群规模估值大不相同。因此，重要的是记录作为资产账户中重估数值的模型参数变化造成的影响，以便将这些变化与种群规模的其他实物变化区分开。

无法对种群的绝对规模进行科学评估时，一种替代性方法是计量特定捕捞作业的总渔获与获得给定种类的渔获所需的努力量（例如，出海天数、渔具的数目和类型、渔船规模和马力、捕捞工作支出，包括工资和燃料支出）。假定鱼群密度和鱼群大小密切相关，并且鱼群密度越高，单位努力量的渔获量就越高，单位努力量与渔获量的比例可以提供关于种群规模相对变化的良好指标。

②天然水生资源收获量核算　以实物量核算所收获的所有水生资源和为完成收获付出的所有努力。例如，用捕捞天数乘以渔船马力计算付出的努力等，这些都应当被记录。记录时应对鱼类种类和渔船队/捕捞船队的类型，即以同样方式和同样渔具作业的渔船等予以区分。此外，商业性、生计性和休闲性渔业在公海、近岸水域和内陆水域中收获的水生资源，应当在收获时将它们计入生产，而不管它们是在市场上出售，还是用于自给性消费。

粮农组织已经界定了渔获的不同阶段，从鱼类到渔具，直到它们离船上岸都作了界定。

总移取量：在捕鱼作业中捕获或杀死的鱼类总活重；

总渔获量：捕获鱼类的总活重（总移取量减去捕获前损失量）；

留存渔获量：留存鱼类总活重（总渔获量减去丢弃渔获量）；

上岸量：上岸时记录的上岸量净重；

名义渔获量：相当于上岸量的活重。

实践中最常用的渔获量概念是"上岸量"。上岸量与产品的经济价值直接相关。但是，这一测算值不包含在进行收获活动时无意中捕获的生物的丢弃量（丢弃渔获）以及用于自给性消费的渔获量。核算中，建议使用"总渔获量"这一概念计量鱼类资源开采量。

③耗减　原则上，自然水生资源的耗减量，文中显示可再生资源的耗减量等于总渔获量减去可持续产量。因为促成水生资源群体变化的动因只能以建模方式进行模拟，所以很难持续获得一段时间内关于可持续产量的准确一致的测算值。在这种情况下，建议将生物模型得出的测算值与单位努力量的渔获量的这类种群规模指标相比较，也建议进行连续估算，以便更好地了解各种鱼群的动态情况，如自然增长、自然损失等。

借助这些信息，可以确立能够与给定时期内总渔获量相比较的可持续产量，必须将鱼群某些年度的实际变化作为核算内容。因此，只有当开采量超过自然增长的正常水平（减去自然损失）时，才应当记录耗减项。

④非常住者的捕鱼活动　鉴于水生资源和捕捞活动的性质，非常住者会在另一国的专属经济区内从事捕鱼活动，必须将侧重点放在从国家水生资源中捕捞的总渔获量，包括该国拥有所有权的任何公海资源，无论捕捞作业者是常住者还是非常住者。

⑤非法捕捞　如果常住者超越许可范围捕捞水生资源，他们就是非法捕捞。尽管如此，根据国民账户体系的原则，仍应当将这种捕捞量作为渔民应计收入的生产量记录。

如果非常住者非法捕捞水生资源，或者是没有执照，或者是渔获量超过他们分得的配额，应将这种实物移取量记录。这些流量应当记作无偿没收。在记录这些流量时，必须谨慎行事，不可将它们计入捕获这些鱼类时所在的专属经济区所属国的总渔获量。

⑥其他实物流量　关于天然水生资源的增长和自然损失，人们不太可能分别获得直接信息。因此，应当根据水生资源的期初和期末估值，以及在有绝对存量估值可用时的捕捞力度，计算出增长和自然损失估值。在其他情况下，核算期内的单位努力量的渔获量变化，应能指示总体变化量（即增长量减去总渔获量减去正常损失）是正值还是负值。

水生资源数量的重估，无论是向上重估还是向下重估，都有可能发生，最常见的原因是对水生资源存量计量模型所用参数进行了修订，引起重估数值的变化。

5.3.1.6　水资源的实物型资产账户

应当按照水资源的类型编制水资源的实物型资产账户，并应当对核算期期初和期末的水存量以及水存量的变化量进行核算。编制账户时通常以百万立方米为水的计量单位。

核算水资源存量的变化时，应当考虑存量增加、存量减少和存量的其他变化。水资源的实物型资产账户的结构见表5-16所列。

(1)界定水存量

地表水存量概念与参照区域内在特定时间点（通常是核算期的期初和期末）计量的水量有关。河水存量的核算方法，是依据河床地貌和水位来确定流水河床的容量。这个数量与水资源总存量和河流的年流量相比，往往很小。

地下水和土壤水存量的计量范围与上述定义一致。土壤水的计量范围可能会扩大，涵盖所有土壤，但是也可能受限（例如，限于农业区和林业区的土壤水），这取决于水资源账户的分析目的。在一切水资源资产账户中，应当明确说明土壤水的计量范围。

表 5-16　水资源的实物型资产账户（m³）

	水资源类型						合计
	地表水				地下水	土壤水	
	人工水库	湖泊	河流	冰川、雪和冰			
水资源期初存量							
存量增加							
回归流量							
降水量					—		
从其他领土的流入量					—		
从其他内陆水资源的流入量							
含水层中的水资源发现量							
存量增加量合计							
存量减少							
取水量							
用于水力发电							
用作冷却水							
蒸发量和实际蒸发蒸腾量					—		
流向其他领土的流出量	—	—			—		
流向海洋的流出量	—	—			—		
流向其他内陆水资源的流出量							
存量减少量合计							
水资源期末存量							

有些国家连年一致的常规水文年有一段明显的干旱期。在这些国家，水文年年末的土壤水存量，与地下水或地表水相比，可以忽略不计。虽然在理论上可以将土壤水与地下水和地表水分开，但是很难直接计量，不过可以使用各种数据进行间接估算。

(2) 水资源存量的增减

水资源存量的增加量包括下述流量：

① 水回归流量　指在核算期内从经济单位回归环境并进入地表水、土壤和地下水的水总量。水回归流量可以按照回归水的类型加以细分，例如，灌溉水、经处理和未经处理的废水。在此情况下，账户细目应当与水资源资产核算中的实物型供给使用表所用的细目相同。

② 降水　包括核算期内降落在基准地区的蒸发蒸腾作用发生之前的大气降水量（雨、

雪、雹等)。大部分降水落在土壤上。一部分降水将流入河流和湖泊,作为地表水的增加量记录。留在土壤中的降水应作为土壤水的增加量记录。有些降水还直接落在地表水体上。假定水在透过土壤或地表水(河、湖等)之后达到含水层,因此地下水资产账户中不显示降水量。渗入地下水的降水作为从其他水资源进入地下水的流入量记录。

③流入量 指核算期内流入水资源的水量。流入量按照来源应予以细分:来自其他领土/国家的流入量;来自领土内其他水资源的流入量。来自其他领土的流入量,借助共有水资源往往会发生此类流入量。例如,如果一条河流入基准领土,流入量是核算期内在流入点流入领土的水的总量。如果河流是两国的界河,但始终没有进入两国中的任何一国,每一个国家都有权要求将一定比例的流量划归它的领土。如果没有签署正式公约,一个实用的解决方案是向每一个国家分配50%的流量。来自其他水资源的流入量,包括领土内水资源之间的自然和人为转移。它们包括来自淡化设施的流量、渗滤和渗漏流量等。

④发现新含水层中的水 应当将这些流量记录为新发现的含水层中的水量,区别于含水层总容量。已知含水层中的水量增加,应作为进入地下水的水资源流入量记录。

(3)水资源存量减少量

①取水量 这是在给定时期内从任何水源永久或临时汲取的水量。它包括住户用于自给消费的取水量,水力发电用水量和冷却水用水量。鉴于水力发电和冷却用水取水量巨大,这些流量作为取水量中的一部分单独列出。取水量还包括雨浇农业和人工培育林木资源区的植物汲取的、合乎实物型供给使用表中取水量定义的土壤水取水量。从土壤汲取的水,或者被植物吸收,或者通过蒸腾作用回归环境。

②蒸发量和实际蒸发蒸腾量 它们是核算期间基准领土内发生的蒸发和实际蒸发蒸腾量,不包括已经作为土壤水取水量记录的水量。蒸发量系指从河流、湖泊、人工水库等水体中蒸发的水量。实际蒸发蒸腾量是指地面保有由降水和土壤性质决定的自然水分含量时,从地表蒸发的和经现有植被/植物蒸腾的水量。通常使用模型估算实际蒸发蒸腾量。

③流出量 是核算期内从水资源流出的水流量。按照水流的最终去向,流出量被细分为:流向领土内的其他水资源;流向其他领土/国家;流向海洋。

5.3.1.7 其他生物资源的核算

其他生物资源主要是人工培育的动植物,包括牲畜、小麦和水稻等一年生作物,以及诸如橡胶园、果园和葡萄园中的多年生作物。这些生物资源共同构成所有国家粮食生产的基础。

虽然大多数其他生物资源是人工培育的,但是有一系列天然生物资源为经济提供投入,也构成当地生物多样性的一个重要组成部分。这些资源包括收获后供销售或者自己消费的野莓、真菌、细菌、果类和其他植物资源。此外,它们可能包括捕杀后供销售或自己消费的野生动物,如鹿、野猪或麋等。

天然生物资源与培育生物资源是有区别的,因为它们的自然增长和再生,不由机构单位直接控制、负责和管理。由于不由机构单位直接控制,天然生物资源不易核算。除了天然水生资源和天然林木资源,大多数提供重要经济利益的动植物已经变成人工培育的资源。

因此,虽然有一系列可收获的动植物资源不是人工培育的,但是通常被主动计量的只是这样的动植物和其他生物群:针对它们的获取权受到控制(如,通过狩猎许可证),或者为它们实施了其他管理和养护安排。另外,有很多实例可以被视为与供自给性消费的收获有关,或者被视为生计农作的一部分核算。

与此同时,某些国家有一些特定物种,在这些国家,有相当数量的商业活动可能在非法运作,从野生环境中获取大量动植物。这些实例包括(非法)猎杀大象以获取象牙,(合法)猎杀袋鼠以获取袋鼠肉。因此,可用资源的数量及价值、获取率以及过度获取导致的动植物种群损失可能达到的程度等,编制有关账户也需要相关数据和其他信息。

这些资源的核算框架和逻辑,与前面关于林木资源和渔业资源的核算方式一致。因为天然生物资源是构成特定区域生物多样性和生态系统的一个重要组成部分,可以编制关于这些资源在国家以下空间层面上的可用性和获取情况数据的账户。

5.3.2 价值型资产账户

5.3.2.1 矿产和能源资源的价值型资产账户

矿产和能源资源的价值型资产账户,依据的是关于资源实物存量的可用信息。因此,价值型资产账户的结构与实物型资产账户的结构对应。基本结构见表5-17所列。

表 5-17 矿产和能源资源的价值型资产账户(货币单位)

矿产和能源资源	矿产和能源资源类型(A级:具有商业开采价值资源)				
	石油资源	天然气资源	煤和泥炭资源	非金属矿产	金属矿产
期初资源存量价值					
存量价值增加					
发现					
向上重估					
重新分类					
存量增加量合计					
存量价值减少					
开采量					
灾难性损失					
向下重估					
重新分类					
存量减少量合计					
期末资源存量价值					

价值型资产账户的附加账项与记录重新估价有关。进行重新估价是由于核算期内的资源价格变化或者由于净现值方法所依据的假设发生了变化，净现值方法通常用于估价矿产和能源资源的核算方法。

虽然实物量核算的边界扩展到了所有已知矿床，但由于预期开采情况的收入存在不同程度的不确定性，仍然不可能以价值估价所有这些矿床。因此，无法完全能够确定 B 级和 C 级矿床的资源租金。所以建议仅对"A 级矿床：具有商业开采价值的资源"进行估价。如果对 B 级和 C 级矿床进行估价，应当明确区分每一个等级的价值。在对每一个等级的矿床进行估价时，重要的是在确定预期开采模式和资源租金时，将开采的可能性和时机进行考虑。

(1) 估价矿产和能源资源存量

估价矿产和能源资源存量时，由于矿产和能源资源的原地交易很少，对这些资产进行估价需要使用净现值方法。运用净现值方法估价矿产和能源资源，需要考虑若干具体因素：

①估算资源租金　一般而言，估算资源租金依据的是与开采业的收入和营业成本有关的信息。目标是确定给定资源类型的具体资源租金，例如，煤炭资源租金。为了实现这一目标，应当考虑到若干因素。

a. 营业范围。根据开采量的定义，测算资源租金时所考虑的营业成本和收入的范围，应当仅限于开采过程本身，不应当包括在开采资源的进一步提炼和加工过程中赚取的额外收入或发生的成本。开采过程被认为包括矿产探测和估价活动，在测算资源租金时应当将这些成本减掉。

b. 价格波动。虽然开采资源耗费的营业成本可能不会大起大落，但是销售开采资源获得的收入却会发生变动。因此，资源租金（作为残余测算出来的）可能变成一个跌宕起伏的时间序列。因为核算的目标是欲界定一种可以预测的资源租金，并不希望营业成本大起大落。因此，首先，用个别资源的总资源租金除以一个时期的开采量，计算出单位资源租金；其次，如果没有关于未来资源价格的其他信息，可以使用单位资源租金的替代数值（例如，回归法估值和移动平均数）作为估算未来资源租金的依据。为有助于清楚解释有关信息，应当对未来预期价格的所有假设进行清楚说明。

c. 矿产勘探和估价的处理。开展矿产勘探，是为了发现可以进行商业开发的矿产和能源资源新储量。相关勘探和估价的信息，会影响获得者若干年的生产活动。因此，相关支出被认为是一种导致生产某种知识产权产品的固定资本形成总额，该类资本是一种类型的生产资产。

矿产勘探和估价，包括勘探石油和天然气及非石油矿床以及随后对这些发现进行估价花费的支出额。这些支出包括获得执照之前的费用，执照和获得费用，评估费用和实际试钻探费用，以及为完成试验而发生的空中和其他勘探费用，运输费用等。开始对资源进行商业性开采之后，可以进行重新估价，这些重新估价所产生的费用也包括在内。按照国民账户体系，矿产勘探活动的产出被视为一种知识产权产品，而不是一种自然资源。在测算资源租金时，减去矿产勘探和估价方面的用户成本，以确保矿产和能源资源的记录价值仅反映非生产性的环境资源的价值。

d. 矿井和钻探设备退役成本。与《2008年国民账户体系》中的处理方式一致，在很多情况下，开采者在矿床的生产周期结束时的应计成本，是为了恢复开采地点周边的自然环境。这些成本，在可以合理预期或估算的情况下，应当被认为减少了开采者在开采地点的作业周期内获得的资源租金，尽管实际支出可能发生在资产运营结束时。这些设备退役成本也应核算。

e. 合计不同矿床的相同资源。上述讨论，无疑假定矿产和能源构成一个矿藏，因此任何开采活动和发现都影响一国可用的所有全部资源的资源周期。当然，实际上情况不是这样：某些油田将会在相对较短的时间内枯竭，然后开采者转移至另一个油田。

② 开采速度　撇开关于资源租金的假设，必须对将来采取的开采模式作出假设。最常用的假设是，以实物计量的开采速度将保持不变，但是并没有必定如此假定的理由。随着资源接近枯竭，由于某些矿藏完全枯竭，如果没有新矿藏取代它们，产出可能会下降。另一种情况是，假定价格会同时上升，企业可以调整开采速度，以保持每年的总收入相同，或者可以随着资源减少而减少开采量。可能有来自政府或企业的关于预期开采量的信息可以使用，虽然这些对新发现或重估后的可能储量的信息是保守的估计。

在没有更准确信息的情况下，合理的假设是，以实物计量的开采速度保持不变，实际上是假设开采过程中的效率保持稳定，与开采活动有关的生产资产存量与可用资源存量的比例保持稳定。

③ 资源寿命周期　在任何时间点，资源的寿命周期都等于该时间点的存量除以预期开采速度。在一年当中，资源的寿命周期将因开采活动而减少一年，并将因为发现和重估而发生变化，变化幅度为该时期的发现量和重估变化量除以平均开采速度。如果平衡考虑，向下重估数额大于向上重估数额和发现量，资源寿命周期进一步缩短。

用于计算资源寿命周期的存量必须与被估价的储量一致。因为只有A级资源才被估价，计算资源寿命周期必须仅依据A级资源，而不是依据已知资源矿藏总量（即也包括B级和C级资源）。

(2) 估价矿产和能源资源流量

① 发现、重估、开采、耗减和灾难性损失的价值　应当使用一个时期内资源的原地平均价格乘以发现、重估、开采、耗减或损失量，计算存量增减的价值。

② 矿产和能源资源的获得和处置　这些交易可能很少见，但是当它们真的发生时，核算时应当予以记录。估算这些交易的价值，应当考虑到应作为购买生产资产项记录的所有权转移费用；即生产资产所有权转移费用。在资产负债表上，这种生产资产被认为应合并到基本矿产和能源资源的价值之中。

5.3.2.2 价值型土地资产账户

土地总价值的变化主要与土地价格重估有关，因为土地总面积大体保持不变。但是，因为在更细微的层面上，土地用途将会发生变化（常常是由于经济单位之间的土地买卖），不同类型土地的价值可能会由于交易和重新分类而发生明显变化。表5-18显示按土地用途分列的土地价值，估算也可以按所有权所属机构部门划分的土地总价值。在此情况下，部门间的交易和重新分类有可能是重要的核算项。

表 5-18　土地的价值型资产账户（货币单位）

	土地使用类型								
	农业	林业	水产养殖用地	建筑用地和相关区域	保持和恢复环境功能用地	别处未予分类的其他用途土地	未使用的土地	内陆水域	合计
期初土地存量价值									
存量增加									
获得土地									
重新分类									
存量增加量合计									
存量减少									
处置土地									
重新分类									
存量减少量合计									
重计值									
期末土地存量价值									

(1) 土地估价

土地市场包括居住、工业和农业用地。一般来说，土地的市场价值包含地段价值、土地的物理属性价值和位于土地上的生产资产（如，建筑物），这些不同成分构成可能难以分开，如果土地市场中每年仅有相对很小的一部分土地被交易时，观察到的价格可能没有代表性。所以，涵盖所有地段的所有土地类型的一套全面价格，即使存在，也很少见。此外，某些土地将永远不会在市场上交易。例如，指定公共区域、传统共有制模式下的土地，以及偏远和荒凉的地区。

①复合资产　需要对一些常见的资产与土地捆绑在一起的核算情况予以说明，并界定相关核算处理方式。

a. 土壤资源。虽然土地和土壤被区分为各自独立的资产，但在估价方面，土地和土壤总是被放在一起考虑。因此，所有土地的价值，特别是农地，无疑包括相关土壤的价值。

b. 建筑物。记录土地存量的期初和期末价值时，不应当包含土地上的建筑物价值。较常用的方法是计算地点价值与建筑物价值的比率（常使用行政数据）；另一个方法是往往使用为核心国民账户编制的住宅和其他建筑物残余价值的估值，并从复合资产价值中减去这个数额。当土地价值无法与上面的建筑物价值分开时，应将复合资产的总价值归入占其价值较大部分的资产类。

c. 土地改良。除了建筑物的影响，还可能出现因一些活动而产生的土地改良，例如，清理土地、平整土地或者开挖农用水井和水坑，这些都与所讨论的土地是一体的。

这些活动统称为"土地改良"。原则上，应当将土地改良的价值记录为单独的生产资产，不同于土地在改良之前的价值。如果土地改良的价值无法与土地在自然状态下的价值分开，则根据哪一种在总价值中所占的比例更大，将土地价值划归其中的这个或那个类别(关于土地改良的核算处理方式的详情，参见《2008年国民账户体系》(联合国等，2012))。

d. 生物资源。正如建筑物的处理方式，这些环境资产的价值，原则上应当与它们生长所在的土地分列。例如，就林地而言，分列时应当依据林木资源存量的价值核算。就林木资源以外的培育生物资源而言，为建筑物制订的进行这种区分的一系列技术也与生物资源核算具有一定的相关性，也可参考。

e. 道路下的土地和公共土地。原则上，公路、铁路和其他运输道路之下的土地，估价方式应当与其他土地相同。建议使用为政府财政统计的目的采用的估价方式，估价道路下的土地和公共土地的一般价值。公路和铁路等的价值应当分别予以确定，主要根据估算国民账户中的资本存量而使用的建筑成本来估算。

f. 可再生能源。某些土地的价值可能受生产可再生能源所得收入的影响(例如，风电场所在的土地)。用于生产能源的土地价值会因稀缺而价值上升。如有可能，应将土地价值和可再生能源分开，并归入生产可再生能源所得收入的土地价值估值中。估价应当依据使用标准净现值方法对预期收入流的计算来估值，包括扣减用于捕获能源的固定资产成本。

②由于土地质量变化导致的价值变化　土地价值的变化可能是多种因素引起的，包括土地质量的变化。有时，土地质量可能会遭受灾难损失，例如，由于放射性废物的污染或者严重水灾。导致土地价值变化的土地质量变化，应当酌情将价值变化记录为重新分类(在土地用途发生变化的情况下)、重估(在土地用途不变的情况下)或灾难损失。

(2) 土地交易的核算

一般来说，所有土地交易都是常住经济单位之间的交易。在非常住者购买土地的情况下，核算惯例是建立一个购买土地的名义常住单位，并显示非常住者拥有该名义单位的完整财务所有权。

(3) 所有权转移费用的处理

只要出售土地，就会涉及交易费用。通常情况下，这些费用的产生是由于登记土地所有权变更的律师和为买卖双方牵线的地产中介的参与而引起的。还可能存在与购置土地相关的应付税款。国民账户体系将这些费用称为"所有权转移费用"。这些费用是新所有人无法收回的。在发生交易的情况下，土地购买者支付的费用被当作购买固定资产来处理，它们将随着时间推移以固定资本消耗的方式核销。

一般来说，因为土地所有权转移费用被作为一项单独资产来处理，它们不被纳入资产账户中的土地估价。如果交易仅涉及土地和土地改良(例如，在不涉及出售建筑物或森林的情况下)，所有权转移费用被划归生产资产土地改良。在交易既涉及土地也涉及生产资产，例如，建筑物或者培育生物资源的情况下，费用被划归所涉及的具体生产资产。在上述两种情况下，这些费用也冲减相关生产资产的期初和期末存量价值。如果所有权转移费用与土地以外的非生产资产有关，例如，与矿产和能源资源或者天然林木资源出售有关，这些费用在资本化时冲减生产资产的"非生产资产所有权转移费",但是它们在资产负债表中记录时冲减所讨论的非生产资产。

5.3.2.3 土壤资源价值型资产账户

实物型供给使用表的土地资源账项有2个主要内容。首先,因建筑、土地改良、景观营造和经济中的其他此类用途而对土壤资源实施转移,应当被记录为土壤资源从环境到经济的自然资源投入。这些账项还应当将土壤的转移记录为河流和港口疏浚作业的一部分,以及为进行处理和处置而转移受污染土壤。其次,土壤中各种成分的流量,例如,可以将土壤中的碳和土壤营养素[氮(N)、磷(P)和钾(K)]记录为物质流量核算内容。

记录环境经济核算体系中的营养素平衡时,要考虑与土壤作为一个生物系统的总体运行有关的问题。而且,这些问题涉及对土壤资源的估价,以及土壤耗减和土壤退化等相关测算值的大小。在中心框架中,土壤资源的价值直接与土地价值捆绑在一起,在此情况下,必须将土地和土壤的复合价值,与使用土壤资源所获相关收入的变化联系起来。

5.3.2.4 林木资源的价值型资产账户

林木资源的价值型资产账户,计量林木资源的期初和期末存量价值以及一个核算期内的存量价值变化。

大多数存量变化与实物型资产账户中记录的变化直接相关;但是也有一些与林木资源的重新估价相关的账项,在核算期内木材价格发生变化时记录这些账项。因为森林立法和/或环境及经济原因,可能不是所有林木资源都可供采伐。建议将不能采伐的林木资源实物量单列出来,而不是构成林木资源价值总体计算结果的一部分。

应按自然增长的价值和采伐的价值进行估算。就人工培育的林木资源而言,自然增长被视为存货增长,林木采伐被当作存货减少来处理。根据国民账户体系,通常只有存货变化被记录,而环境经济核算体系记录这些账项的总量。

就天然林木资源而言,自然增长不被视为存货增长,因为林木的生长不被视为生产过程的一部分。林木资源的采伐是林木资源进入经济领域的临界点,并在这一点上作为产出被记录。

(1)估价林木资源存量

①根据一般定义,可以用采伐林木资源的总营业盈余(将专项税收和补贴纳入考虑之后)减去采伐过程中所用用户生产资产成本价值,计算出林木资源的租金。用这种方式确定的资源租金,无疑包括了林木生长所在土地的资源租金,这也反映了总资产的复合性。在很多情况下,由于土地所处地点或土壤质量,土地的回报与林木资源回报相比可能不大,因此,土地资源租金不予考虑。但是如果土地可能具有用于其他用途的价值,在计算林木资源的租金估值时,应当减去土地的资源租金。

②通过估算立木价格,可以更直接地估算资源租金,立木价格是采伐者支付给林木资源所有者的每立方米木材的货币金额。立木价格本身也可以用路边购入价(也称原木价)减去各种采伐成本计算出来的。采伐成本应包括砍伐成本和间伐成本(没有任何收入),其他管理成本和地租。

立木价格可乘以每公顷立木在预期采伐年龄的预计总蓄积量,计算出未来收入的估值。然后对这些未来收入折现(从当前时期到预计采伐期这段时间),以估算各个林龄类别每公顷的价值。反过来,这些价值乘以各个林龄类别的总面积,然后相加,得出立木总存量的价值。这种方法应当确保到达成熟期后被采伐的林木能够单独核算。

如果没有关于未来林龄结构的详细信息,通常使用两种方法来计算。立木价值法,是用所有采伐成熟期的立木平均价格乘以林木资源现有总量进行估值。消费价值法,需要获得林木资源当前林龄结构的信息和活立木在不同成熟期的立木价格。

虽然这两种方法是由基本的净现值方法变化而来,但是它们所依据的假设却是限定性的,尤其是在林木资源林龄结构因过度采伐或者因积极造林而发生变化的情况下。

(2)采伐量、自然增长量、耗减量和其他流量估价

一般而言,对林木资源流量(包括采伐量、自然增长量、耗减量和其他流量)进行估价,应当使用估价林木资源期初和期末存量时采用的同样的资源原地价格。

关于灾难性损失,例如,风倒或森林火灾造成的灾难性损失,如果灾害事件没有完全摧毁林木,就有必要考虑被挽救的木材价值。林木资源被火灾摧毁后,价格可能会上扬,或者如果林木因风暴而枯死,但是没有被摧毁,价格可能会下降。价格变化反映可用于供给的木材种类变化。而且,必须将获挽救木材的立木价值,计入被从森林中采伐之前这一时期的存量价值,在某些情况下,可能需要若干年时间才能被采伐。

立木作为采伐业的一项资源,影响其存量价值的其他变化是用途或地位级的变化,例如,当保护森林禁止采伐时,在此情况下,立木估价如果用林木资源的销售收入计算时,立木价值就降为零(立木禁止采伐销售)。

5.3.2.5 水生资源的价值型资产账户

水生资源的基本价值型资产账户见表 5-19 所列。

表 5-19 水生资源的价值型资产账户(货币单位)

	水生资源类型		
	人工培育水生资源 ——固定资产	人工培育水生资源 ——存货	天然 水生资源
水生资源期初种群			
种群增加			
种群增长			
向上重估			
重新分类			
种群增加量合计			
种群减少			
总渔获量/捕捞量			

(续)

	水生资源类型		
	人工培育水生资源 ——固定资产	人工培育水生资源 ——存货	天然 水生资源
正常损失			
灾难性损失			
无偿没收			
向下重估			
重新分类			
种群减少量合计			
水生资源期末存量			

(1) 人工培育水生资源的估价

水产养殖设施内养殖的水生资源是生产资产，或为存货，或为固定资产（如种鱼）。在大多数情况下，人们能够获得市场价格，并用市场价格估算一个核算期内的资源价值和资源流量价值。

(2) 天然水生资源的估价

天然水生资源的估价很复杂。主要包含 2 个选项，一个是使用长期渔业执照和配额的价值（在有合乎实际的市场价值可用的情况下）对水生资源进行估价；另一个是以水生资源的资源租金净现值为价值基础的估价。根据净现值方法，估算资源租金的主要方式有 2 种：使用年度执照的有关信息和根据残余价值法使用来自国民账户的信息进行估价。

(3) 使用执照和配额信息对天然水生资源进行估价

在很多国家，从事淡水和海洋捕捞均需要持有政府发放的执照。所发放的执照可以针对一般捕捞权，也可以针对使用特定渔具的捕捞权，还可以针对特定鱼类的捕捞权。如果这些执照的适用期不超过一年，它们在国民账户体系中被作为税收记录。针对企业而言，它们被视为生产税；针对从事休闲捕鱼的个人而言，它们被记为收入税。

发放配额是一个日益常见的方法，用以掌控海洋水生资源，防止过度捕捞。配额是总体许可渔获量中的一部分，具体规定为百分比或者绝对数量。它们通常由政府发放（政府也负责确保它们得到执行），可以适用于一国专属经济区水域内的捕捞活动，也可以适用于公海中的捕捞活动。配额通常适用于特定种类的水产活动。

如果持有者将配额出售给第三方，则配额在记录时，作为一项资产从相关水生资源中单列出来，当以执照和配额的存在为证明的捕捞/收获权被自由交易时，就有可能根据这些权益的市场价值估算水生资源的价值。在很多情况下，如果政府将捕捞权交给渔民，这些捕捞权被禁止交易，因此不存在可直接观察的市场价值。在某些情况下，捕捞权可能与某些可自由交易的资产（常是一艘渔船，有时是土地）捆绑在一起。在这些情况下，通过对比附有捕捞权的相关资产的价格与不包含任何此种权利的相似资产的价格，测算出捕捞权的市场估价。

理论上，配额的价值是所有者在有效期内使用配额预期所得收入的净现值。如果使用此类配额管理水生资源，而且配额永久有效，那么所有配额的价值，按照市场价格计算，应当等于水生资源的价值。

如果配额的有效期仅为一年，总额应当与该年度的资源租金不相上下。通过测算一年期配额的价值估值、估算资源寿命以及适用的适当折现率，就能够使用净现值方法测算出水生资源的总体价值。但是，在渔业/捕捞业拥有相当多的过剩能力时，常常采用执照和配额。除非设定配额总水平者根据其所知的与保存种群要求相符的最大渔获量设定配额，否则渔获收入将与可妥善维护水生资源的收入水平不符。可允许的总渔获量产生的收入高于这一水平，意味着这些收入中有一些应被视为水生资源的耗减而不是收入。

(4) 使用预期资源租金的净现值估价天然水生资源

①估算资源租金　捕捞天然水生资源产生的营业盈余可用作计算资源租金的依据。必须将总营业盈余分割为用户的生产资产成本部分，例如，渔船、渔网和所用的其他设备及水生资源的资源成本部分等。

对个体渔业建立收入账户时，产生了一个称为"混合收入"的账项，它充当平衡项而不是营业盈余，是因为它不仅代表所用生产资产和天然水生资源的回报，而且代表自营渔民获得的一部分报酬。在此情况下，必须作出调整，以便从中剔除这部分劳动报酬的内容。

在涉及水产加工船，以及主业是在陆地上从事加工业（即制造业）的公司也从事捕捞活动的情况下，可能很难将捕捞活动和加工活动区分开。此外，除了允许捕捞超过可持续水平的捕捞量之外，政府有时还会对渔业进行补贴，使捕鱼业即使在预期资源租金为负值的情况下也能持续进行。在这种情况下，应当假定水生资源的价值为零，因为捕捞者的收入主要是来自经济体内的再分配，而不是来自基本自然资源的回报。

②估算资产寿命　要使水生资源得以永久保存，捕捞量不应超过保持稳定的鱼群的再生率，即可持续产量。一般而言，与水生资源可持续产量有关的问题，是使用生物模型或通过对相关指标的趋势分析予以解答的，例如，总渔获量、单位努力量的渔获量，以及所捕获鱼类的种类和大小等指标。特别是单位努力量的渔获量的下降趋势，可能表明捕捞速度超过了鱼类种群的再生速度，因此可以通过将单位努力量的渔获量的下降样态趋势外推至鱼群为零的点，以此估算资产寿命。

(5) 水生资源耗减量和其他变化的估价

计算所捕获的水生资源的价值，应当依据相关水生资源期初和期末存量的平均价格。理论上，对于因生长、正常损失、耗减和其他变化引起的变化，也应当使用同样的价格直接进行计量。但是，由于数据有限，这些流量可能常常只是作为一个复合项可资使用，在进行计量时，或者将其作为已捕获资源的价值与期初到期末种群变化量之间的差额，或者依据单位努力量的渔获量的变化趋势来估算。

5.3.2.6 水资源的价值型资产账户

以价值计量水的存量尤为困难。主要问题是，一直以来，水作为公共货物常常可以免费使用，并且以低于生产成本的价格供应，以支持农业生产；或者以定额费用供应，因为人们认为它并不稀缺。因此，货币价格往往与集水和将水输送到出水口的固定基础设施成本有关，而不是与可能变化幅度相当大的实际用水量有关。

为水定价的一种发展趋势是水价要体现水资源管理、汲取和配送的全部成本。因此，可能在某些情况下，可以采用净现值方法类似的方法。在这种情况下，应当将这些价值作为环境资产总体货币价值的一部分和经济资产价值的一部分合并起来进行计算。

一种能够使用净现值方法估价水资源的具体情况是使用水电生产能源时。就这些水资源而言，可以根据标准净现值方法估算出所售能源所产生的未来收入流。在可以进行此类估价的情况下，由此产生的资产价值应被划归水资源的相关资产核算中。

另一种估价水资源的方法是考虑水资源使用权的价值。在某些国家，水资源使用权在与众不同的市场上被交易。这些权益的价值常常与相关土地价值密切相关，在确定土地总价值中可采用使用权的相关部分价值确定水资源价值。这些估价方法很可能在农业领域最具相关性，农民的用水问题是需要考虑的重要问题。此类方法亦可确定水资源价值。

5.4　环境经济信息整合

中心框架的主要优势是在以实物型和价值型形式编排环境和经济信息时，完全一致地根据核算规则、原则和边界界定进行有关信息的整合。一个合并列报实物型和价值型数据的一般框架，包括 4 个合并列报的案例，即能源、水、森林产品和空气排放物。这些实例表明，中心框架有可能提供用于分析目的的有关管理信息。

第一个关键的整合领域，是反映在实物型和价值型供给使用表中的货物和服务实物和价值流量测算值之间的联系。这项整合工作的一个重要内容，是记录来自环境的自然投入实物流量和经济活动产生的残余物流量。使用通用产品和行业分类，以及前后一致的定义和计量边界的界定，对于优化分析十分重要。

第二个关键的整合领域，是核算期内环境资产存量变化与所开采的自然资源被用于经济生产、消费和积累投入的使用量之间的联系。资产账户和供给使用表之间的关联，在这一领域中受到关注。这些信息在管理上也十分有用。

第三个关键的整合领域，是生产、消费和积累的价值测算值和不同部门间收入流量测算值之间的关联。这些部门收入流量反映在一个经济账户序列和平衡项中，例如，增加值和储蓄多少。重要的是，可以根据耗减量对这些平衡项作出调整，这样就可以从国内生产总值和储蓄等传统经济总量中，减去消耗的自然资源产生的价值成本估值，得出根据耗减量作出调整后的经济总量。

第四个关键的整合领域，涉及在功能账户中识别为了环境保护和资源管理而从事的经济活动。一般而言，使用传统的行业和产品分类，无法明确识别这些活动。通过在传统国民核算框架中识别这些活动，有可能评估环境活动相对于国内生产总值、增加值、资本形成和就业等关键经济总量，这对社会经济发展和环境保护等有重要意义。

5.4.1 实物型与价值型账户整合

实物型和价值型供给使用表的整合，其核心是使用计量产品流量的通用分类和术语，以及使用经济和环境之间的通用边界范围。因此，大体来说，侧重于经济单位之间产品交换的、以价值数额记录的流量，与以实物量核算的产品流量是同一组流量。自然投入和残余物的实物流量没有价值数额，但是因为这些流量的计量边界范围与产品流量的计量边界范围一致，所以供给使用表框架内的自然投入和残余物流量增加量，不妨碍与产品有关的流量的记录方式（表5-20）。

实物型和价值型供给使用表的整合，是编制供给和使用以及投入-产出扩展表的基础，这些表格常被用于针对环境而扩展了的投入-产出分析，但在产品的实物和价值流量记录方式的总体一致性方面，也存在一些例外：

①如果货物被送到世界其他地区进行加工，价值型供给使用表记录了与加工国提供的服务有关的交易，而不是同一地的交易。以实物量核算时，应当记录货物的实际实物流量。相关考虑也适用于供维修和商贸的货物核算。

②在某些情况下，只记录物资和能源的实物流量，以及它们在一个企业内向其他产品的转化（企业内流量）。若以价值计量，只有企业之间的流量才被记录（辅助活动的有限记录除外），因此，这些流量的价值不显示在价值型供给使用表中。

③在水资源收集、处理和供给行业中，水资源配送者之间常常发生以价值计量的水资源交易，这些被称为行业内销售。但是，这些交易与水资源的实际实物流量并不对应，因为水是原地被买卖的。结果，水的实物型供给使用表中不记录与行业内销售相对应的实物流量。

5.4.2 资产账户和供给使用表的整合

整合资产账户和供给使用表中的信息，与自然资源分析特别有关。例如，对鱼类资源种群的评估，不仅有助于了解与可捕捞种群有关的鱼类捕捞量，还将有助于了解捕捞量和其他流量之间的关系。因此，可以关注所谓的前向联系，这种联系考察鱼类捕捞量与鱼类产品在经济中的供给和使用，以及相关鱼类产品国际贸易。还可以关注后向联系，以便理解与人工养殖或天然鱼类资源相关的生产流程，渔业经营者的渔船和渔具投资，以及与渔业相关的资源管理支出范围。整合资产账户和供给使用表中的数据，可以提供考察这些类型联系所需的相关信息。

资产账户列报核算期期初和期末的环境资产存量信息，以及核算期间的存量变化信息。变化可能有多种类型，它们可能是由于经济活动，如，自然资源开采，或者由于自然灾害之后的环境资产损失引起的自然流量的变化等。

这些流量与供给使用表中记录的流量之间的关系，见表5-21所列。经济活动导致的变化，与在资产账户和供给使用表中的记录一致，因为开采量既代表存量减少量（资产账户中的一个账项），也代表自然投入的用量（实物型供给使用表中的一项）。就环境资产而言，为了资产核算的目的，界定个别自然资源的方式和实物型供给使用表中界定自然资源的方式相同，应确保这种一致性。

表 5-20 实物型和价值型供给使用表

价值型供给表

	生产（包括住户的自给性生产） 行业—按照国际标准行业分类划分	来自世界其他 地区的流量	合计
产出		进口	
合计			

价值型使用表

	行业—按照国际标准行业分类划分 中间消耗	最终消费		积累	流向世界其他 地区的流量	合计
		住户	政府			
中间消耗		住户最终消费支出	政府最终消费支出	资本形成总额	出口	
合计						

实物型供应表

	行业（包括住户的自给性生产） —按照国际标准行业分类划分 生产、产生的残余	住户产生的残余	积累	来自世界其他 地区的流量	来自环境的流量	合计
自然投入					来自环境的流量	
产出				进口		
合计						

(续)

实物型使用表

	中间消耗，自然投入使用量，残余回收量行业—按照国际标准行业分类划分	最终消费	积累	流向世界其他地区的流量	流向环境的流量	合计
自然投入	自然投入开采量					
产品	中间消耗	住户最终消费	资本形成总额	出口		
残余	残余的收集和处理		受控填埋场的废物积累	送到世界其他地区的残余	流向环境的残余	
合计						

表 5-21 供给使用表和资产账户之间的关联

		行业	住户	政府	世界其他地区	资产账户（以实物和价值计量）	
						生产资产	环境资产
价值型供给使用表	产品-供给	产出			进口		
	产品-使用	中间消耗	住户最终消费支出	政府最终消费支出	出口	资本总额	期初存量
实物型供给使用表	自然投入-供给						自然资源开采
	自然投入-使用	自然资源进口					
	产品-供给	产出			进口		
	产品-使用	中间消耗	住户最终消费		出口	资本形成总额	
	残余-供给	行业产生的残余	住户最终消费产生的残余		从世界其他地区接收的残余	拆解和报废生产资产产生的残余；受控填埋场的排放	
	残余-使用	废物和其他残余的收集和处理			送到世界其他地区的残余	受控填埋场的废物积累	流向环境的残余[a]
							资产的其他物量变化（例如，自然增长、发现、灾难性损失）
							重计值
							期末存量

注：空白单元格可能含有相关流量。相关章节对于这些流量作了详细说明。

a 虽然这些残余物流量(如，空气排放物)不是环境资产流量，但是它们仍然可能影响环境资产提供惠益的能力。环境资产不断变化的能力，还可能反映在资产物量的其他变化中。

5.4.3 合并实物型和价值型数据

在合并实物型和价值型数据的格式中列报有关信息，是中心框架一个最鲜明的特征。这样可以提供一系列关于具体专题的广泛信息，比较不同专题的相关信息，并测算需要使用实物型和价值型数据测算的指标。

考虑到实物型和价值型账户与统计的综合核算框架，使用这些结构和通用的基本核算规则和原则，列报实物型和价值型的有关信息。这种综合格式有时被称为"混合"列报或账户，因为它们包含不同单位的数据。但是，即便单位不同，数据集也是根据通用分类和定义列报的，因此，这些列报被称为合并实物型和价值型列报。

合并实物型和价值型列报有可能采取不同格式，这些列报或账户实际上没有一种标准格式。通常，实物流量数据和来自价值型供给使用表中的信息被列在一起，但是即便对于这种基本结构，也可能采取不同的合并方式。最终的价值和实物数据合并列报的结构，取决于数据可用情况和所考察的问题。

以与经济交易相允许的方式记录实物流量，其背后的逻辑是将实物型和价值型数据进行合并，这是合并的核心逻辑。实物流量和经济交易之间的关联，确保了对环境成本与经济收益，或者对环境收益与经济成本进行一致的比较。这种关联不仅可以在国家一级，也可以在明细进行考察的一级，例如，根据经济区划或特定行业进行核算，主要是为了考察与特定自然资源开采量或特定物质排放量相关的流量。

应当强调的是，合理的做法是根据应当考虑的最紧迫的环境关系密切，仅纳入一组有限的变量，没有必要为了列报合并实物型和价值型数据而制订一个详尽无遗的实物型供给使用表。因此，合并实物型和价值型列报代表一个分析框架，显示经济的哪一部分与环境的特定方面最相关，以及经济结构的变化如何影响环境。另外，因为账户提供前后一致的环境和经济指标，所以可以对环境和经济战略之间的替代性以及在环境方面可能的权衡进行分析。

▲ 思考题

1. 价值量核算一般与实物量核算相对应，价值量核算的关键是什么？其难点和困难有哪些？
2. 在价值量核算时，对环境资产估价应遵循什么原则？国民经济核算中的"三等价"原则在综合环境经济核算中如何遵循？
3. 综合环境经济核算中的价值量核算的发展趋势有哪些？

📖 拓展阅读

1. Experimental valuation of Dutch water resources according to SNA and SEEA. Edens B, Graveland C. Water Resources and Economics, 2014(7): 66-81.
2. 中国国民经济核算体系的扩展与延伸——来自联合国三大核算体系比较研究的启示. 李金华. 经济研究, 2008(3): 125-137.
3. SEEA 对 SNA 的继承与扬弃. 高敏雪. 统计研究, 2006(9): 18-22.

第6章 土地资源核算

土地资源不仅是重要的经济资产,在国家财富中占有重要地位,而且还是与生态系统关系密切的环境资产(张丽君等,2006)。土地是陆地各种资源的载体,土地资源在所有类别的自然资源中具有基础性的作用,其特征也显著不同于其他各类资源,且土地跨学科的复杂程度也非其他资源所能及(耿建新等,2018),因而土地资源空间的合理配置是自然资源合理利用的先决条件。土地资源核算对于自然资源核算有着重要的作用。

资源核算是指对一定时刻一定空间范围内的资源在充分调查、准确测算的基础上进行实物量的核算,以及利用合理的价值评估方法进行价值量估算。土地资源核算是对一定时间和空间内的土地资源,从实物、价值和质量等方面,在其真实统计和合理估价的基础上,统计、核实和测算其总量和结构变化并反映其平衡状况的工作。土地资源核算既能够反映某一时点土地资源的存量状况,又能体现核算期内土地资源的流量动态(周贵荣等,1997)。土地资源核算通过记录土地利用形式及其价值存量、流量的变化,为政府制定土地利用总体规划、编制用地计划及保证土地可持续利用提供依据。

目前,土地资源核算主要有两方面的内容:实物量核算与价值量核算。因此,本章主要从土地资源实物量核算和价值量核算两方面来进行研究和编制土地资源资产负债表。

6.1 土地的定义与分类

6.1.1 土地的定义

(1)土地的定义

狭义的土地,仅指陆地部分。比较有代表性的是自然学科和地理学科的观点。自然学科认为:"土地是地球表面的一个特定区域,其特性包括与这一区域上下垂直的生物圈相当稳定或可以预见的、周期循环的所有属性,以及过去和现在人类活动的结果"(马克伟,1991)。地理学科认为:"土地是地球表面的某一特定区域,既是一种自然资源,又包括人类生产劳动的产物"(李元,2000)。

广义的土地,不仅包括陆地部分,而且还包括光、热、空气、海洋等。英国经济学家马歇尔(A. Marshall)在《经济学原理》中指出:"土地是指大自然为了帮助人类,在陆地、海上、空气、光和热各方面所赠与的物质和力量。"美国经济学者伊利(Richard T. Ely)和莫尔豪斯(Edward W. Morehouse)在《土地经济学原理》中提出:"土地一词的含义,不仅指土地的表面,它还包含一切天然资源——森林、矿藏、水源等,它的意义不仅是土地的表面,因为它还包含地面上下的东西。"由于土地概念涉及并影响世界各国,所以联合国也先后对土地作过定义。1972年,联合国粮食及农业组织在荷兰瓦格宁根召开的农村土地评价专家会议对土地下了这样的定义:"土地包含地球特定地域表面及以上和以下的大气、土壤及基础地质、水文和植被。它还包含这一地域范围内过去和目前人类活动的种种结果,以及动物就它们对目前和未来人类利用土地所施加的重要影响。"1976年,联合国发表的《土地评价纲要》将土地定义为:"土地是比土壤更为广泛的概念,它包括影响土地用途潜力的自然环境,如气候、地貌、土壤、水文和植被,还包括过去和现在的人类活动成果。"我国原国家土地管理局1992年出版的《土地管理基础知识》对土地是这样定义的:"土地是地球表面上由土壤、岩石、气候、水文、地貌、植被等组成的自然综合体,它包括人类过去和现在的活动结果。"1995年《中国自然资源丛书》将土地定义为:"土地是由气候、地貌、岩石、土壤、植被和水文等自然要素共同作用下形成的自然综合体及人类生产劳动的产物。"

政治学观点认为土地是立国的要素,一个国家的土地或者称为"国土",它和人民及主权共同构成立国三要素。国土经济学提出国土是某个国家的人民赖以生存的场所,因此将某个国家地域范围内的全部国土定义为国土。法学认为土地是地球表层的特定空间(包括地下矿产),"法律上土地并不是地理学上所指的整个陆地表面,而是人们能够利用、控制的土地。人力难以控制利用的陆地,还不能成为法律意义上的土地。"土地管理者将土地看成是自然的产物,是人类过去和现在活动的结果(冯广京,2015)。

因此,可以从4个层面具体理解土地的含义:土地不是人类社会实践的产物,它是随着大自然的不断演化,形成的一个全方位、立体式的三维空间;土地作为一个综合体,是由水文、气候以及岩石等要素相互作用的结果;土地作为地表的组成部分之一,在一定时间内位置具有固定性;土地用于人类历史活动的烙印,作为人类生存、发展最重要的一种资源,人类的生产活动可以提高土地的生产质量或者加速土地的退化,对土地演化产生不同程度的影响。

(2)土地资源的定义

资源是针对人类可以利用而言,是指现在或者可预见的未来,能够被人类利用进行生产、生活的资料来源,本质上是稀缺、可占有、可使用的。土地资源是指在一定技术条件、一定的时间内可以被人类利用,并在一定条件下能够产生经济价值的土地。土地资源是指土地总量中在当前和可预见将来的技术经济条件能为人类所用的那部分土地,从这个意义上看,土地资源与土地概念的关系是部分与整体的关系。土地资源强调了土地的使用价值,也就是说并非所有的土地都具有使用价值,如,沙漠、高寒山、一些人烟罕至的地理环境恶劣的地方。当然,土地资源与土地之间的关系也不是绝对的,随着技术的发展,经过人类活动的改善,土地也可以具有使用价值,创造物质或精神财富,反之,如果土地资源被人类过度使用、污染,经过一定时间后无法通过修复达到可使用的状态,则土地资源也将会变成土地。

从社会经济属性的角度出发,土地资源具有供给稀缺性、用途多样性、用途变更困难性和资产性(谢高地,2009)。供给稀缺性是指特定区域内用于某种用途的土地面积是一定的;用途多样性指对某块土地而言,不仅能够为第一、第二和第三产业所用,也可以用作公共用地、居住用地等;用途变更的困难性指大多数情况下土地用途不易进行更改,有时用途的变更需要付出较大的代价;资产性是指土地具有经济价值和交换价值。

6.1.2 土地的分类

土地分类是土地科学的基本任务和重要内容之一,也是土地资源评价、土地资产评估和土地利用规划研究的基础和前期性工作。

(1)土地分类的历史

我国土地分类历史非常悠久,早在2000年前,《管子·地员篇》中就有土地分类、分等级和适宜性评价等。但是由于土地资源分类可以根据土地的性状、地域和用途等方面存在的差异性,按照一定的规律进行分类,不同的人有不同的理解,就出现了各种不同的土地分类系统。我国近代科学理论和方法研究土地利用问题始于20世纪30年代,地理学家胡焕庸等早在30年代初就进行过比较系统的土地利用调查研究。当时的土地利用调查和制图以地区性野外调查为主。50年代随着航空摄影测量的发展,航空像片开始用于各领域的土地利用调查与制图。70年代,我国卫星遥感技术开始起步,随后开始广泛应用于我国土地资源调查等各个方面。

(2)土地利用分类体系

关于土地分类,我国比较有代表性的有:1980年中国科学院地理研究所主持和完成的《中国1:100万土地利用图》,结合我国特点提出了首先按土地生产潜力的区域性,将全国分为若干区,在区内土地资源的评价系统按类、等、型三级划分,即土地区、土地类、土地等和土地型。1984年全国农业区划委员会制定《土地利用现状调查技术规程》,规定土地利用现状分类及其含义,其中一类包括耕地、园地、林地、牧草地、居民点及工矿业用地、交通用地、水域、未利用地等8类,下分46个二级类,并可按实际情况进行三、四级分类。2007年,国家质量监督检疫总局和国家标准化管理委员会联合发布了《土地利用现状分类》(GB/T 21010—2007),将土地分为12个一级类,56个二级类。2017年,发布最新的《土地利用现状分类》(GB/T 21010—2017)将土地分为12个一级类,73个二级类。其中12个一级类主要是指耕地、园地、林地、草地、商服用地、工矿仓储用地、住宅用地、公共管理与公共服务用地、特殊用地、交通运输用地、水域及水利设施用地及其他土地(表6-1)。

表6-1 土地利用分类体系比较

土地利用现状调查(1984年)	全国土地分类(2001年)		土地利用现状分类(2017)
1 耕地		11 耕地	01 耕地
2 园地		12 园地	02 园地
3 林地	1 农用地	13 林地	03 林地
4 牧草地		14 牧草地	04 草地
		15 其他农用地	

(续)

土地利用现状调查(1984年)	全国土地分类(2001年)	土地利用现状分类(2017)
5 居民点及工矿业用地	21 商服用地	05 商服用地
	22 工矿仓储用地	06 工矿仓储用地
	23 公共设施用地	07 住宅用地
	2 建设用地 24 公共建筑用地	08 公共管理与公共服务用地
	25 住宅用地	
6 交通用地	26 交通运输用地	09 特殊用地
7 水域	27 水利设施用地	10 交通运输用地
	28 特殊用地	11 水域及水利设施用地
8 未利用地	31 未利用地	12 其他用地
	3 未利用地 32 其他用地	

为了数据采集的衔接性和土地核算研究的可行性，有学者将土地分为耕地、园地、林地、牧草地、其他农用地、居民点及独立工矿用地、交通运输用地、水利设施用地和未利用地9个土地利用类型(张丽君等，2006)。有些学者认为便于核算可将土地分为耕地、园地、林地、草地、公共管理与公共服务用地、水域及水利设施用地、其他用地等7类(姚霖等，2016)。向书坚等(2017)根据我国土地分类标准，从法律所有权、使用权、发展权归属，以及不同类型土地与政府偿债能力关联性等方面，尝试确定了应纳入政府资产负债核算范围的土地资源种类，即土地的分类最终应包括国企商服用地、政府机关用地、风景名胜用地等。联合国发布的最新的环境经济核算体系《SEEA2012》中，建议土地按照土地覆被和土地利用进行分类，根据这种分类形成一系列描述土地利用状况的平衡表格，进行土地资源核算。

中国土地资源分类系统采用两层结构，将土地利用和土地覆被分为6个一级类，25个二级类。其中，一级类包括耕地、林地、草地、水域、城乡工矿居民用地、未利用地；二级类则根据土地的覆被及人为利用方式上的差异做进一步的划分(表6-2)。2000年，韩玲

表6-2 中国土地资源分类系统

一级类		二级类
编码	类型名	(编码+类型名)
1	耕地	11 水田，12 旱地
2	林地	21 有林地，22 灌木林，23 疏林地，24 其他林地
3	草地	31 高覆盖度草地，32 中覆盖度草地，33 低覆盖度草地
4	水域	41 河渠，42 湖泊，43 水库，44 永久性冰川雪地，45 滩涂，46 滩地
5	城乡工矿居民用地	51 城镇用地，52 农村居民点，53 其他建设用地
6	未利用地	61 沙地，62 戈壁，63 盐碱地，64 沼泽地，65 裸土地，66 裸岩，67 其他未利用地

等学者利用遥感技术和地理信息系统对土地资源分类，他们把土地资源分为两级：其中一级类型包括耕地、林地、草地、水域、城乡建设用地；二级类型根据土地覆盖特征、覆盖度以及人为利用方式的差异作进一步划分，如城乡建设用地可划分为城镇、农村居民地、公交建设用地。

6.2 实物型土地资产账户

土地资源的实物计量单位一般是面积单位，如 hm^2、m^2，其目标是阐述一个核算期内的土地面积和土地面积变化。

6.2.1 核算范围

土地实物量核算主要反映土地总面积、各类土地面积、土地变更面积的增减，以及土地各等级面积分布状况（姚霖等，2016）。

实物量核算包括存量和流量两个方面，存量和流量反映土地资源的不同属性。存量记录某一时刻的数值，侧重描述量的多少，是静态数据；流量反应不同期间数值的变化，侧重反应变化的程度，是动态数据（王永德等，2008）。土地资源实物量核算主要反应土地资源核算期初和期末的实物存量以及期内的变动情况，目的是采集有关土地属性的精准数据。

本教材土地资源核算范围主要按照 2017 年发布最新的《土地利用现状分类》（GB/T 21010—2017）标准，将土地分为 12 个一级类，即耕地、园地、林地、草地、商服用地、工矿仓储用地、住宅用地、公共管理与公共服务用地、特殊用地、交通运输用地、水域及水利设施用地及其他土地。

6.2.2 核算方法

土地实物量核算主要对土地数量方面的核算，侧重于"量"的确定，主要使用土地丈量等基本方法确定土地数量。随着技术的进步，土地丈量已发展为更为先进的技术和手段，主要有 GPS 技术、遥感技术、电磁感应土地测量技术等。

土地资源实物量核算可以借助账户来完成，这些账户通常采用会计账户形式和复式核算方法，一般包含期初结存数、本期增加、本期减少和期末结存数等内容。这些内容满足基本平衡关系："期末存量=期初存量+本期增加-本期减少"（王永德等，2008）。

根据《SEEA2012》的要求，土地首先按照土地覆被和土地利用进行分类，根据这两种分类形成一系列描述土地利用状况的平衡表格，或者说是账户。其中的土地实物账户主要为土地覆被账户、土地覆被变化矩阵、土地利用账户。每种账户各有特色，能够依地理区域将土地资源的形成来源、使用方式与状态以"来源=使用（占用）"的等式展开（耿建新等，2015）。

在 SEEA 中建立一套综合的土地和生态系统账户可以将经济与环境联系起来，有以下重要作用：①提供国家土地利用/土地覆被的完整情况，计算其变化趋势和指标；②有助于将土地利用/土地覆被的各种数据源与社会经济数据(如人口、经济活动、水平衡、物种、化肥使用等)综合起来;③促进土地利用/土地覆被及其变化原因的标准化和分类;④将土地利用/土地覆被、生境和生物多样性的变化与其变化驱动力联系起来(张丽君等,2006)。

以 SEEA 的土地和生态系统分类为基础的土地利用/土地覆被基本账户集,反映了某一时点的一个国家总面积或某一区域土地利用/土地覆被与经济和环境之间的基本关系(图 6-1)。土地利用/土地覆被变化矩阵从环境角度说明一个国家或地区各种土地利用/土地覆被存量和流量的变化;土地利用与经济互动交叉矩阵反映了土地利用活动与经济活动之间的关系。土地覆被变化矩阵从存量上反映土地资产的期初期末状态;土地覆被变化核心账户说明一段时期内根据土地覆被类型分类的土地变化以及这些变化的驱动力。

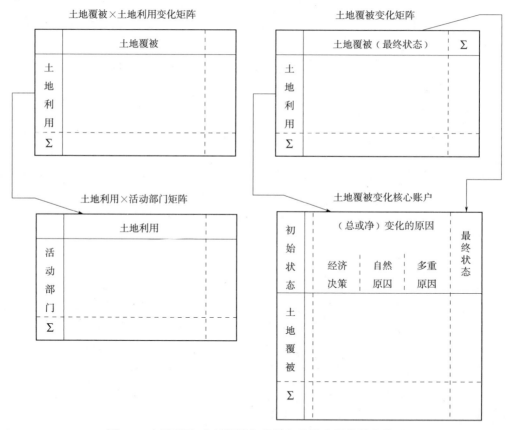

图 6-1 土地利用/土地覆被与经济和环境之间的基本关系

6.2.3 账户表达

在实际运用中,不同国家可根据《SEEA2012》中构建土地账户的基本原则,编制符合自身国情的土地资源平衡表,并可对土地的分类方式进行调整与扩充。本节主要以澳大利亚土地平衡表的编制和我国土地资源平衡表的编制为例进行实物型土地资产账户的编制。

6.2.3.1 澳大利亚土地资源平衡表账户

澳大利亚在土地资源统计方面的资料是比较全面的。澳大利亚统计局给出了不同类型的土地资源实物平衡表，具体见表 6-3、表 6-4、表 6-5 所列（耿建新等，2015）。

表 6-3 的特点是"土地用途=土地覆被类型"的平衡等式，而土地覆被类型又可以理解为某宗土地所具有的用途究竟源自哪里。具体来说，从表 6-3 的横行来看，该表可以表示某宗土地所具有的用途源自哪种覆被类型。从纵列来看，该表可以表示为某一土地覆被类型具有的用途，即表示某种土地覆被类型（来源）用到了哪里。因此，该等式又可以阐述为"土地使用=土地来源"，这与一般财务账户的平衡特点相一致。《SEEA2012》的所有自然资源的表格计算，以及国际上比较重要的国家资产负债表的分表格的编制，也都是建立在这样的平衡基础之上的。除了表 6-3 之外，澳大利亚统计局还发布了其他以实物计量的土地平衡表，见表 6-4、表 6-5 所列。这两张表根据州和领地对土地覆被和土地使用情况进行了统计，每种不同的分类都代表了观察问题的不同角度，这样有助于从不同的角度分析土地资源的利用状况。

表 6-3 澳大利亚土地平衡表（hm^2）

用途＼土地覆被	建筑用地	开采用地	裸地	内陆水道	灌溉种植（牧场）	旱作种植（牧场）	湖泊	湿地	合计
原生植被									
农业种植									
放牧养殖									
水产养殖业									
园艺林业									
社区服务（住宅）									
商业用途									
工业用途									
遗产、保护区									
其他									
合计									

表 6-4 按州和领地分类的土地覆被表（hm^2）：墨索-达令河流域

土地覆被＼州、领地	新南威尔士 MDB-NSW	维多利亚 MDB-VIC	昆士兰 MDB-QLD	南澳大利亚 MDB-SA	澳大利亚首都领地 ACT	合计
建筑用地						
开采用地						
裸地						
内陆水道						

表 6-5　按州和领地分类的土地使用表（hm²）：墨索-达令河流域

土地使用 \ 州、领地	新南威尔士 MDB-NSW	维多利亚 MDB-VIC	昆士兰 MDB-QLD	南澳大利亚 MDB-SA	澳大利亚首都领地 ACT	合计
农业						
林业						
水产养殖用地						
建设及相关区域用地						

6.2.3.2　我国土地资源平衡表

根据中国《土地利用现状分类》（GB/T 21010—2017），我国将土地用途划分为 12 个基本类别，并编制土地资源单式报表。这里的单式主要是会计学的一种解释，即对所记录的问题只从一个方面考虑。在土地报表中会有按照土地覆被分类的报表和按照土地用途分类的报表。

（1）土地资源按照土地覆被分类的汇总表

根据《SEEA2012》中提出的"账户结构"存量计算公式，"期初存量+本期增加-本期减少=期末存量"，收集相关数据并进行编制。由于土地不同于矿产、林木这些可耗竭资源，不会呈现减少趋势，而是在一定时期内总量恒定。表 6-6 的存量表可以显示出当期各种土地覆被物不同类型之间的增减变动情况及其变动原因（包括自然过程和人类活动原因），并反映不同类型土地覆被增减而形成的土地覆被结构变动情况。一般称表 6-6 为单式报表，是说这张表反映了各类土地覆被资源的增减变动原因和期初期末余额，并称其为汇总表。这是因为它实际上是将 12 个不同覆被土地资源组合在一起形成了一张表（耿建新等，2018）。

表 6-6　土地资源按照覆被分类的汇总表（hm²）

土地按照覆被分类	期初存量	本期增加量 A		本期减少量 B		期末存量
		自然原因	人为原因	自然原因	人为原因	
耕地						
园地						
林地						
草地						
商服用地						
工矿仓储用地						
住宅用地						
公共管理与公共服务用地						
特殊用地						
交通运输用地						
水域及水利设施用地						
其他土地						
总量						

(2) 土地资源按照土地用途分类的汇总表

土地资源按照用途分类，主要按照我国的国民对占用土地的各个行业、部门进行分类，即根据国家统计局的标准，将我国土地的占用单位回归为各个部门，再考虑工农业生产、居民建筑等用地，以完成土地用途的分类。为了研究问题的方便，本节对土地用途作如下划分：第一产业：农林牧渔业。第二产业：采矿业，制造业，电热气水业，建筑业。第三产业：商品流通业（含批发业、零售业），交通运输业（含交通运输、仓储和邮政业）；服务业（含住宿和餐饮业，信息传输、软件和信息技术服务业，科学研究和技术服务业，居民服务、修理和其他服务业）；金融管理业（含金融业、房地产、租赁和商务服务业，公共管理、社会保障和社会组织，国际组织）；文教卫生业（含教育、卫生和社会工作，文化、体育和娱乐业）；居住用地（居民建筑物，绿色空间）。因此，将土地用途也划分为12个基本类别（表6-7）。

表6-7与表6-6是按照土地覆被分类对应的按土地用途分类的土地资源单式报表。这张表也是按照计算公式："期初存量+本期增加−本期减少=期末存量"进行编制。表中的土地期初与期末存量内容也应当一致。但是与表6-6不同的是，表6-7显示的是当期各种土地用途方式之间的增减变动状况及其变动原因（包括自然过程和人类活动原因），并揭示各类型土地用途增减而引起的土地结构变动。表6-7称其为单式报表，也是因为这张报表反映了各种用途土地资源的增减变动原因和期初期末差额。该表亦为汇总表，也是因为这张表将12个不同用途的土地资源组合在一起并形成一张表（耿建新等，2018）。

表6-7 土地资源按照用途分类的汇总表（hm^2）

土地按照用途分类	期初存量	本期增加量 A		本期减少量 B		期末存量
		自然原因	人为原因	自然原因	人为原因	
农林牧渔业						
采矿业						
制造业						
电热气水业						
建筑业						
商品流通业						
交通运输业						
服务业						
金融管理业						
文教卫生业						
居民建筑物						
绿地与湿地						
总量						

以实物量计量的土地资源，可以由相关统计部门汇总获得。而且随着遥感技术（如航空照相、卫星图像）的飞速发展为土地覆被类型的测定带来了极大的便利，且实物量属于物理计量，不需要太多的经济学理论和估值技术，投入的时间、金钱相对较少。但是，这种模式也存在一些缺点：①某些没有经济价值的土地也进入了实物平衡表中，会造成与土

地货币核算不一致的情况；②无法进行经济分析，仅凭物理单位的核算，无法评估土地资源对国民经济的推动和影响作用；③无法进行直接加总的综合计算分析，无法得到土地资源的资产平衡表。

6.3 价值型土地资产账户

价值量核算是以货币计量的形式核算土地的经济价值和环境价值，并呈现所有者权益的损益情况。土地价值量核算是以土地实物量核算为基础，土地的价值可以通过一些物理属性，如地理位置、植被覆盖情况、可利用程度、生物多样性、气候、土壤等表现出来。

6.3.1 估价原则

土地资源价值核算包括对其经济价值、生态价值和社会价值的核算。根据土地资源价值量核算的特点，对各类用地的价值水平进行合理评估，最后求得所核算的土地总价值量。按照2017年我国发布最新的《土地利用现状分类》（GB/T 21010—2017）标准，将土地分为12个一级类，即耕地、园地、林地、草地、商服用地、工矿仓储用地、住宅用地、公共管理与公共服务用地、特殊用地、交通运输用地、水域及水利设施用地及其他土地。为了核算的方便，把具有相同核算特征的土地类型划分为一类进行核算，因此可将12类土地划分为4种：营利性用地、基础性用地、过渡型用地、无经济价值用地。

(1) 营利性用地

营利性用地是指土地能够直接产生收益，且收益的多少随土地的各种属性、地理位置不同而具有差异。按照我国新的土地分类方法，营利性用地主要包括耕地、园地、林地、草地、工矿仓储用地、商服用地、交通运输用地。其核算方法可以采用市场价值法、完全生产价格法、收益还原法等，主要采用的是收益还原法。

(2) 基础性用地

基础性用地是指本身是不能直接产生收益，但是却可以使一切生产经营活动得以进行，是生产经营活动产生收益，一切价值得以实现的基础保证。按照我国新的土地分类方法，主要是水域及水利设施用地。其核算方法可以根据重置成本法、边际机会成本法、成本费用法进行核算等。

(3) 过渡型用地

过渡型用地不同于营利性用地，不能直接产生收益，也不具有逐年核算的经济产出；更不同于基础性用地，虽然本身是不能直接产生收益，但是却可以使生产经营活动得以正常进行。虽然这类土地的数量和水平会在一定程度上影响经济产出水平，但是影响没有基础性用地那样明显。实际上这类用地可以认为是一种消费性用地，它是家庭、政府或者社会作为一种公共消费主体为正常生活而占用的土地。按照我国新的土地分类方法，过度型用地主要包括住宅用地、公共管理与公共服务用地、特殊用地。其核算方法可以采用资产价值法来核算。

(4) 无经济价值用地

无经济价值用地是与经济产出无关联的用地。按照我国新的土地分类方法，无经济价值用地主要指新分类方法中的其他土地,包括空闲地、设施农用用地、田坎、盐碱地、沼泽地、沙地、裸地。他们并没有经济产出,也没有为家庭、政府和社会作为一种公共消费主体为正常生活而占用,所以没有经济价值,一般不对其进行核算。

6.3.2 估价方法

多年来,国内外不少专家学者从不同方面、不同角度,探讨土地资源的定价方法,提出了不少土地核算的估价方法。

6.3.2.1 经济价值核算方法

土地资源经济价值量核算方法主要以土地收益为理论依据,认为土地价格是土地收益的资本化,土地价格的高低取决于土地收益的大小。目前,最常用的核算土地经济价值的方法有:

(1) 市场价值法

市场价值法相当于一般商品的价值确定方法,它是以自然资源交易和转让市场中形成的自然资源评分来推定所评估自然资源的价格。这种方法主要是以自然资源市场已相当发达并有序规范为前提条件。

土地资源的市场价值法主要是通过比较附近相同土地类型或附近相似土地类型买卖实例等资料来评定土地资源的价值。其计算公式如下:

$$土地价格 = 交易实例土地市场价格 \times \frac{土地评分(立地指数或立地级)}{交易实例土地评分(立地指数或立地级)} \quad (6-1)$$

式中,评分=自然条件×经济条件评分;立地指数=立地等级指数×地利指数。该方法核算简单且较为常见,适用于营利性用地的价值核算。对于有作物产出的土地利用类型,如耕地、园地、林地等,可以采用如下的核算公式:

$$V_i = A_i \times G_i \times P_i \quad (6-2)$$

式中 V_i——第 i 类土地利用类型的经济价值;

A_i——第 i 类土地利用类型的面积;

G_i——第 i 类土地利用类型单位面积的产量;

P_i——第 i 类土地利用类型产品的价格。

(2) 替代市场法

替代市场法,是指运用某种有市场交易活动的产品来代替无法直接在市场中获得其货币价值的方法。替代市场法是一种间接性估算产品价值的方法,主要通过人们与市场相关的行为来确定其价值,主要包括旅行费用法、人力资本法等方法。

(3) 收益还原法

收益还原法,是 A. D. Thaer 在 1813 年在《牧场收益的探讨》中提出来的一种核算方法。收益还原法也称收益倍数法或收益归属法,例如,生产作物的土地,应先计算出土地作物的总收益,再逐一扣除其中物质和劳动的收益份额,剩余部分就是耕地资源收益,将其还原便得到资源的价值。即土地资源的价值=土地资源年收益/还原利率,其公式表达如下:

$$V = (R - C)S/i \quad (6-3)$$

式中 V——土地资源价值;

R——每公顷年收益；

C——每公顷每年的成本费用；

S——土地资源面积；

i——还原利率。

该方法是土地估价的常用方法之一，其纯收益和还原率计算的科学性直接关系着核算结果的准确性。

(4) 征地补偿片价法

征地补偿片价法是将土地资源按各类、各片区的征地补偿标准来度量其经济价值。征地是一种为了公众利益将农村集体土地所有权向国家所有权转变的过程，可将征地补偿认为是农村集体土地经济价值的实现。其核算公式为：

$$V_i = A_i \times E_i \tag{6-4}$$

式中　V_i——第 i 类土地利用类型的经济价值；

A_i——第 i 类土地利用类型的面积；

E_i——第 i 类土地利用类型征地补偿价格。

(5) 完全生产价格法

完全生产价格法，将自然资源价值或价格定义为资源本身的价值与社会对资源进行劳动力、资本、物质投入价值之和。即自然资源的价值决定于自然资源对人类的有用性、稀缺性和开发利用条件。该方法将自然资源的价格确定为：地租加成本加利润，即：完全生产价格=地租+成本+利润。利用公式表达的土地资源价值为：

$$V_t = \frac{(1+i)^t}{i} \left[\partial R_0 + \frac{A}{N \times Q}(1+\rho) \right] \frac{Q_d \times E_d}{Q_s \times E_s} \tag{6-5}$$

或

$$V_t = \frac{(1+i)^t}{i} \left[\partial R_0 + c + v + m \right] \frac{Q_d \times E_d}{Q_s \times E_s} \tag{6-6}$$

式中　V_t——土地资源第 t 年的价值；

R_0——土地资源基本租金或基本地租（V 为现值 $V_t = V(1+i)^t$）；

∂——土地资源丰度和开发利用条件及地区差别、品种差别和质量差别的等级系数；

A——支付在该土地资源上的劳动力、资本等投入的总额（折成资金）；

Q——受益土地资源总量；

N——受益年限；

ρ——平均利润率；

Q_d——土地资源需求量；

Q_s——土地资源供给量；

E_d——需求弹性系数，$E_d = \frac{\Delta Q_d}{Q_d} / \frac{\Delta P}{P}$ 即需求量变化率与价格变化率的比值；

E_s——供给弹性系数，$E_s = \frac{\Delta Q_s}{Q_s} / \frac{\Delta P}{P}$ 即供给量变化率与价格变化率的比值；

i——平均利息率或贴现率；

$(c+v+m)$——该土地资源每年因社会投入所产生的价值，它相当于$\frac{A}{N \times Q}(1+\rho)$。

比较上述几种土地资源经济价值核算的方法(表6-8)，一般对具有市场价格且具有产品生产能力的土地资源可采用市场价格法，但它的局限在于，在我国目前的市场条件下不易找到自然条件、经济条件相类似的交易实例。对无市场价格交易的土地资源价值评估可采取替代市场法；对具有收益或潜在收益的土地价值核算可采用收益还原法，该方法核算简单方便，但它易受纯收益及还原率的影响，价值量存在一定的波动；对难以进行市场交易且经济开发价值较低的土地可采用征地补偿片价法；完全生产价格法在土地生产投入资本化的过程中，应考虑到区位、经济等社会经济因素的影响，但从我国目前的土地体制来看，土地流通市场还不是十分成熟，无法具备充分的市场价格信息，很难做到客观、科学的评估。

表6-8 土地资源经济价值核算方法的优缺点比较

方法类型	优点	缺点
市场价值法	可操作性强，核算结果较客观	易受市场影响，仅能核算具有市场价格的产品，对间接使用价值的核算操作性较弱
替代市场法	能核算无市场价格的经济价值	核算价值受所选择的替代产品价值影响较大，具有较强主观性
收益还原法	能够核算具有收益或潜在收益的土地价值	核算结果易受纯收益及还原率的影响，价值量存在一定的波动性
征地补偿片价法	操作简单	因征地补偿费用是以较低的价格进行征收，故其核算价值往往低于实际价值
完全生产价格法	考虑区位、供给需求等因素，核算较精确	在土地流通市场不十分成熟，市场价格信息不充分的情况下，很难恰当核算土地的价值

6.3.2.2 生态价值核算方法

在土地价值核算中，也涉及到土地生态价值的核算方法。对生态价值的界定和分类目前还没有统一的规范和标准，在联合国等《SEEA2012》的《实验性生态系统核算》(Experimental Ecosystem Accounting，EEA)(SEEA/EEA)中，对生态系统的服务主要划分为4类，即供给服务、调节服务、支持服务和文化服务(UN et al.，2014)。

(1) 市场价值法

市场价值法是对具有实际市场价值的土地生态系统服务价值以市场价格进行核算的方法。获取合理的土地生态系统服务市场价格是进行科学计算土地价值的前提条件。例如，耕地、林地、园地等可通过光合作用释放氧气(O_2)，根据其释放O_2的实物量和O_2市场价格核算其生态价值。

(2) 替代工程法

替代工程法是指当环境(生态)受到污染或破坏后，人工设计建造一个工程来代替原来的被污染或破坏的环境(生态)功能，设计建造新工程的费用就相当于环境(生态)污染或破坏所造成的经济损失的一种方法(李金昌等,1999)。替代工程法又称为影子工程法,是恢复费用法的一种特殊形式。例如,计算生态系统中水源涵养的价值就可用建设同样容量的水库的费用来进行核算。

(3) 条件价值法

条件价值法(CVM),英文全称为"Contingent Valuation Method(CVM)","条件价值法"是中文的直接翻译。主要利用问卷调查方式在假设性的市场里考察受访者的经济行为,以得到消费者的支付意愿,从而求得环境或生态系统服务等"无形效益"的价值的一种评估方法。因此,有些人把该方法称为问卷调查法、调查评价法、支付意愿调查评估法、假设评估法等。该方法属于模拟市场技术评估方法,它以支付意愿(WTP)和净支付意愿(NWTP)表达环境商品的经济价值(刘玉龙等,2005)。例如,某一"公共商品"无市场交换,不能对其价值进行直接核算,则可通过一系列假设的调查问卷获得消费者对该"公共商品"的WTP和NWTP,并综合被调查者的意愿确定该"公共商品"的价值。该方法适用于缺乏市场交易的生态服务价值,如土地资源对土壤形成与保护的价值等。

(4) 费用分析法

对于生态系统的退化,人们会采取相应的措施以应对其变化,这些措施都需要一定的费用,通过计算这些费用的变化可以间接地计算生态系统服务的价值。费用分析法分为防护费用法、恢复费用法两类。

防护费用法是指人们为了消除和减少生态系统退化的影响而愿意承担的费用。恢复费用法是用生态系统受到破坏后恢复到原来状态所需的费用作为该生态系统的价值。恢复和防护费用法是把恢复和保护某种资源不受污染需要的费用,作为环境资源破坏带来的最低经济损失(张志贤,2008)。如某一森林生态系统被破坏,则可使用对其恢复为原来状态或为确保该森林生态系统不被破坏所需费用来核算其生态价值。

比较上述几种方法可以看出,市场价值法是直接通过生态产品或服务的市场价格核算其价值,有关核算结果比较客观且可信度较高;替代工程法是通过相关替代工程价值来替代实际价值;条件价值法是通过假设市场人们的支付意愿计算无市场交易的生态价值,可操作性强,但能否真正反映有关环境(生态)服务或产品的价值,一直受到人们的诟病;费用分析法是通过生态系统恢复或防护的成本费用来反映其生态价值,也有一定的优缺点。几种核算方法的比较见表6-9所列。

表6-9 土地资源生态价值核算方法的优缺点比较

方法类型	优点	缺点
市场价值法	核算结果较客观,可信度较高	易受市场影响,需要掌握大量的数据信息
替代工程法	用替代工程表示难以直接核算的价值	替代具有非唯一性,受时间、空间及人主观选择影响,核算结果存在差异
条件价值法	适合无市场交易的价值评价	受调查对象、方案设计等影响,评价结果可能出现较大差异
费用分析法	通过恢复或防护费用来量化生态价值,比较直观	以恢复或防护的费用为基础,核算结果往往偏低

6.3.2.3 社会价值核算方法

不同土地利用类型的社会价值通常体现在它不仅为社会提供就业机会价值，还承担着社会保障及提供娱乐和欣赏价值等功能。土地的社会价值主要有提供就业机会、游憩、科学文化服务和减少贫困、维护社会治安等。目前，对土地社会价值的核算尚无公认的方法，一般采用替代市场法进行估算。

在《SEEA2012》中，联合国等机构推荐采用 CVM 方法对土地等资源的社会价值进行核算。

6.3.3 账户表达

土地资源价值由经济价值、生态价值和社会价值共同构成，因此均应当予以计量并披露。由于估价技术易受各种不确定性的影响，既有方法差异，也有认知差异，无论哪种评估方法都具有局限性。因此，可以将多种评估方法的核算结果统一列示（耿建新等，2018）。土地资源价值核算表和土地资源存量平衡表可以相结合进行分析，土地的价值量变化与土地类型的变化密切相关，土地价值量的变动往往是土地用途或土地覆被的变化。鉴于此，表 6-10 给出了以土地覆被展开的土地价值核算表，土地按照用途分类的价值核算表不再列出。

表 6-10 土地资源价值核算表（万元/hm²）

土地覆被分类	土地价值 经济价值			生态价值			社会价值		
	方法1	方法2	……	方法1	方法2	……	方法1	方法2	……
耕地									
园地									
林地									
草地									
商服用地									
工矿仓储用地									
住宅用地									
公共管理与公共服务用地									
特殊用地									
交通运输用地									
水域及水利设施用地									
其他土地									
总量									

可以看出，上述表格还不是一个严格意义上的价值核算表，仅是一个价值评估表。表格的内容也仅仅反映了土地资源的价值存量，还缺少流量部分的内容等。因此，土地资源核算的标准账户应具体参考《SEEA2012》中的相关账户来编制，具体内容见前面的有关章节。

6.4 整合的土地资产负债表

土地资源资产负债表编制是一项系统工程,需对土地资产实物量和价值量、存量和流量进行核算。目前,对土地资源资产负债表的编制还处于探索阶段,尚未形成系统的、可直接核算的统一规范模式。一般情况下,资产负债表的表式分"报告式"和"账户式",具体表格和账项可参照有关财务报表来设计。

6.4.1 实物价值型土地资产负债表

我国学者们的研究认为,土地资源资产负债表由资产、负债、净资产等三大要素组成,并满足"资产–负债=净资产"的恒等式(耿新建等,2015;胡文龙等,2015)。

(1) 土地资源资产

土地资源资产指在一定条件下能够给人类带来使用价值,由国家拥有或控制的、能够按有关原则处置的资产(肖序等,2015;陈艳利等,2015)。土地资源资产价值包括经济、生态和社会价值。经济价值主要由土地资源产生的直接使用价值组成,一般通过不同土地利用类型产生的增加值或根据征地补偿进行核算。生态价值主要包含不同土地利用类型对生态环境进行大气净化、气候调节、水源涵养、土壤形成与保护、废物处理、生物多样性维持等价值。社会价值主要包括不同土地利用类型的文化娱乐价值、提供就业机会价值或社会保障等价值。

(2) 土地资源资产负债

土地资源资产负债指由于人类活动对土地资源的不合理开发和使用,引起环境污染、资源退化、生态破坏等,这些退化和破坏超出了土地资源的"自愈"能力或"容量"(承载力)范围,对未来或后代变成了一种"赤字"或"债务"。因此,为弥补这些超出土地"自愈"能力、范围等的退化、破坏和损失等所付出的现时义务,如进行土地整治、污染治理、生态维护等就叫土地资源资产负债。土地整治一般包括土地整理、土地复垦、土地开发3个方面;污染治理是由于人为污染,造成土地环境质量下降,为治理其污染状况使土地环境恢复为原有状态所需要付出的成本;生态维护是指通过采取有效的保护措施定期对土地生态环境进行维护所需要付出的成本(陈艳利等,2015)。在此,应注意的是资产负债的核算是土地资源存量的核算,而"土地整治""污染治理"等是土地资源的流量价值。

(3) 土地资源净资产

土地资源净资产指某一地区拥有的土地资源资产的总额减去负债之后的净额,即"资产–负债=净资产",是国家对土地资源所有权的体现。

(4) 附注部分

土地资源资产负债表的附注部分主要包括一些必要的补充信息,例如,可以包括土地资源资产经济价值、生态价值和社会价值等的计算方法和数值、相关文字说明、行政文件、标准、规定、土地"红线"管理登记表(特别是针对耕地等类型的土地)等内容(周宾,2019),也可包括一些数据来源、收集方法等。

表 6-11　土地资源资产负债表核算实验表(万元/hm²)

项目	资产			项目	负债		
	期初价值量	本期变化量	期末价值量		期初价值量	本期变化量	期末价值量
耕地				土地资源			
园地				超过土地资源"自愈"能力或"容量"的经济活动			
林地							
草地				经济活动引起的土地资源退化			
商服用地							
工矿仓储用地				土地资源环境防御支出			
住宅用地				因天灾引起的土地资源损失			
公共管理与公共服务用地							
特殊用地							
交通运输用地							
水域及水利设施用地							
其他土地							
合计				净资产合计			

土地资源资产负债表核算的一个实验账户见表 6-11 所列。

6.4.2　资产负债表的指标分析

本节以重庆市城口县为例,根据上述土地资源资产负债核算的实验账户的设计,核算得到城口县的土地资源资产负债表见表 6-12 所列,并对相关指标进行分析和说明。

(1) 从城口县土地资源资产负债栏中可以看出:2014—2016 年 3 年间城口县土地资源资产负债 $2.43×10^8$ 元,平均每年负债 $0.81×10^8$ 元。

(2) 对比分析 3 年间增加的土地资源资产与负债,可看出城口县土地资源净资产约 $274.92×10^8$ 元,平均每年为 $91.64×10^8$ 元,约为负债的 38 倍。

(3) 对比资产与负债可以看出:2014—2016 年 3 年间城口县土地资源资产增加了 $14.52×10^8$ 元,负债共计 $2.43×10^8$ 元,资产增加值大于负债,说明 3 年间城口县土地资源资产,无论是经济价值,还是生态价值和社会价值,其资源资产的总价值均大于负债,说明土地资源资产的开发、利用是可持续的,对当地的社会、经济和环境发展提供了一定的支撑作用。

(4) 另外,从土地资源资产负债表的核算可以看出,该负债核算也存在明显的不足。首先是土地资源资产负债核算应是对资产"存量"的核算,表中的"社会价值""生态价值"均属于流量的概念,不能与"经济价值"存量价值直接相加,需要改进;其次,在"负债"核算中,只有超过土地自然恢复能力(容量或承载力)的环境损害和生态破坏才能计为"负债"项,这在以后的核算中也需要注意。

表 6-12　城口县 2014—2016 年土地资源资产负债表（亿元）

科目编号	资产类		期初值	期末值	科目编号	负债类	期末值
101	土地资源				201	土地环境损害	2.40
	经济价值	耕地	2.98	2.81	202	土地生态破坏	0.03
		园地	0.28	2.81	203	负债合计	2.43
		林地	65.09	66.40			
		草地	5.60	5.58			
		城镇及工矿用地	21.95	22.84			
		交通运输用地	0.57	0.65			
		水域及水利设施用地	40.04	39.38			
		其他用地	0.29	0.31			
		合计	136.79				
	社会价值	就业保障价值	29.10	35.58			
		游憩价值	1.65	3.90			
		合计	30.75	39.48			
	生态价值	供给服务	1.74	1.75			
		调节服务	67.42	67.76			
		支持服务	23.12	23.21			
		文化服务	4.63	4.66			
		合计	96.89	99.02			
	资产合计		262.79	277.31	301	净资产	274.92

资料来源：王毅，2018.

总之，以重庆市城口县为例，对土地资源资产负债核算只是一个实验性的探索，具体的核算仍存在明显的不足，还不能满足社会经济和环境发展的管理要求，仍需要不断的丰富和完善。

思考题

1. 土地资源作为可再生资源，在资源的利用和保护中发挥着重要作用。在土地资源核算中，土地资源估价的原理和方法是什么？SEEA 推荐的规范的土地资源估价方法有哪些？

2. 在土地资源核算中，土地承载力、土地红线等发挥了怎样的作用？在土地资源核算中如何考虑土地承载力、土地红线的作用？

3. 土地资源在空间分布是不均匀的，在综合环境经济核算中如何考虑这一影响因素？

拓展阅读

1. 我国绿色国民经济核算体系的框架及其评价. 耿建新，张宏亮. 城市发展研究，2006，13(4)：93-98.

2. Integrated environmental and economic accounting: an operational manual. Division U N. Studies in Methods，2000，1：100-118.

3. 中国土地资源. 李元，马克伟，鹿心社. 北京：中国大地出版社，2000.

第7章 林木资源核算

长期以来，人们习惯于将林木资源看作是大自然的恩赐之物，林木资源被视为公共资源而非生产性资产供人类无偿利用，并将其排除在经济核算之外，致使林木资源既不被看作是商品或者产品，也不具有稀缺性和排他性，造成了比较严重的资源浪费和生态环境恶化等。因此，开展林木资源资产核算和编制林木资源资产负债表，是对传统林木资源管理体制和理念的突破，是改变森林无价，实现林木资源有偿使用，进而实现林木资源良性循环的必由之路，也是深化林业经济体制改革，进行机制创新的必然要求(柏连玉，2015)。

全面核算林木资源资产价值，是建立健全林木资源资产产权制度和用途管制制度的重要基础。编制林木资源资产负债表，有利于科学反映林木资源资产存量的变化，是评价林业企业经济社会发展模式好坏、考察林业企业生态红线保护履职、审计林木资源资产管理责任的重要依据。对于推动建立具有中国特色绿色国民经济核算体系，逐步实现中国林木资源核算常态化、制度化具有重要意义。编制林木资源资产负债表，通过核算林木资源资产的存量及其变动情况，可以全面记录当期森林和各经济主体对林木资源资产的占有、使用、消耗、恢复和增值活动，反映当期林木资源资产实物量和价值量的变化。林木资源资产负债表以林木资源数据和生态服务监测数据为基础，诠释森林产品和服务对国家和地区经济发展的贡献，科学量化林木资源资产的经济、生态、社会和文化价值，有效调动全社会造林、营林、护林的积极性，引导人类合理开发利用林木资源，积极参与保护生态环境，共同建设资源节约型和环境友好型社会。

林木资源资产核算就是以相应的实物量和价值量核算单位，对报告期内整个国家或地区的林木资源的存量、流量、结构和投入产出进行计量(徐为环，1991)。林木资源资产核算是依据环境及核算的基本理论，以林木资产为核算对象，以森林调查、林业统计及生态监测为基础，对森林经营、恢复和保护活动进行全面定量描述，反映林木资源资产现状及变化和森林为经济社会发展提供的产品与服务，分析经济发展对林木资源资产的影响以及森林对可持续发展的支持等，林木资源资产核算是环境经济核算的重要组成部分(蒋立等，2017)。

7.1 林木资源的定义与分类

7.1.1 定　义

林木资源有广义、狭义之分。狭义的林木资源是指立木资源，尤其是指主体为乔木的植被种类；广义的林木资源指林木、林地及其所在空间内的一切森林植物、动物、微生物以及这些生命体赖以生存并对其有重要影响的自然环境条件的总称。周以良(1990)认为："森林是指以乔木为主体，包括林下木、草植被、动物、菌类等在内的生物群体，与非生物界的地质、地貌、土壤、气象、水文等因素构成一体的自然综合体"。《中国森林》编辑委员会(1997)认为："林木资源是指森林中一切对人类产生效益(生态效益、经济效益和社会效益)的物质，包括林木资源、林木副产品及其他森林植被资源、森林动物资源、土壤及岩石资源、水资源、气候资源、景观资源及旅游资源。"按照《中华人民共和国森林法实施条例》(2000)规定："林木资源包括森林、林木、林地以及依托森林、林木、林地生存的野生动物、植物和微生物。其中，森林包括乔木林和竹林。"

林地是森林的载体，是森林物质生产和生态服务的源泉，是林木资源资产的重要组成部分。《中华人民共和国森林法实施细则》规定，林地是指郁闭度0.2以上的乔木林地以及竹林地、疏林地、未成林造林地、灌木林地、采伐迹地、火烧迹地、苗圃地和国家规划的宜林地。

按照《中华人民共和国森林法》规定，林木主要包括树木和竹子。其中，树木是木本植物的总称，包括乔木、灌木和木质藤本。林产品主要是指森林全部实物产品，即森林为人类提供的林木及林副产品。按产品性质可分为木质林产品和非木质林产品。其中，木质林产品是指森林的产品和初级林产品或原料，包括木材、竹材、原藤和以木材为原料加工而成的产品，如原木、木炭、木片、锯材、人造板、木浆、纸和纸板等；非木质林产品主要是指从以林木资源为核心的生物群落中获得的能满足人类生存或生产需要的动植物产品、原料以及林中采集的植物类产品，如野生动物的蛋白质、昆虫产品(蜂蜜、紫胶)、林下采集的浆果、蘑菇、山野菜、中药材、花卉等。

林木资源是指在我国主权范围内自然形成的，在一定的经济、技术条件下可以被开发利用，提高人们生活水平和生存能力，并同时具有某种"稀缺性"的木本植物资源(柏连玉，2016)。林木资源具有多功能性，包括生产初级产品、提供清洁水、大气调节、水文调节、环境净化、土壤保育、农田防护、休闲旅游以及维持生物多样性等(谢高地，2009)。

7.1.2 分 类

林木资源分类是进行林木资源核算和科学管理的基础。根据分类目的的不同，林木资源分类方式也多种多样。

按照林分的不同起源来划分，林木资源可分为天然林、天然次生林和人工林。其中，天然林是通过自然条件长时间孕育、形成和发展，未经过人为经营和破坏，保持自然状态的森林。天然次生林是指天然林经过人为或自然灾害破坏后自然恢复成林或通过封山育林措施恢复的森林。人工林是指由人工造林和培育措施形成的森林。

参照《中华人民共和国森林法》，林木资源按用途和功能，可划分为5类：用材林、防护林、经济林、薪炭林、特种用途林。用材林主要是指以生产木材为主的森林和林木，包括用于木材生产的竹林；防护林主要是指以防护为目的的森林、林木和灌木丛，包括水源涵养林、水土保持林、防风固沙林、农田、牧场防护林、护岸林、护路林；经济林主要是指用于果品、食用油料、工业原料、饮料和药材等方面生产的林木；薪炭林主要是指用于燃料生产的林木；特种用途林主要是指用于科研试验、环境保护、国防防备和抵抗侵略的林木和森林，包括国防林、实验林、环境保护林、母树林、风景林、名胜古迹和革命纪念地的林木，自然保护区森林等。

根据森林植被的分布地带性差异，林木资源可分为寒温带针叶林、温带针叶与落叶阔叶混交林、暖温带落叶阔叶林、亚热带常绿阔叶林以及热带季雨林、雨林等类型。

根据森林树木形态，林木资源可划分为针叶林、针阔叶混交林、阔叶林、竹林和竹丛以及灌木林和灌丛。

按森林权属划分，林木资源可分为国有林、集体林以及合作林、个体承包林等。

按物质结构层次划分，林木资源可分为林地资源、林木资源、林区野生动物资源、林区野生植物资源、林区微生物资源和森林环境资源6类。

林木资源还可以按照森林结构进行分类：按树种组成结构分为纯林和混交林；按林木的年龄结构分为同龄林和异龄林；按林木林龄阶段分为幼龄林、中龄林、近熟林、成熟林和过熟林；按森林密度大小可分为有林地（郁闭度大于0.3）和疏林地（郁闭度为0.1～0.3）；按森林形成的林冠层次差异和林高差异可分为单层林和复层林。

参照SEEA2003和SEEA2012等，林木资源包括有林地、森林地、其他有林地、可提供木材的森林地、不可提供木材的森林地、天然林、半天然有管理的森林等。相关核算的指标包括立木蓄积量、生长量、年净生长量、自然损失量、年采伐量、采伐残余物等（王美力等，2017）。

7.2 实物型林木资产账户

实物型林木资产账户，按照广义的林木资源界定，往往是实物型森林资产账户。实物型森林资产账户主要是描述林地、林木、林产品和森林生态服务的期初存量，核算期内的流量，期末存量等，并分析森林损失的情况和社会经济活动对森林的影响，对宏观经济管理和决策有重要意义和价值（张颖，2010）。本章的林木界定主要为广义的林木资源界定，即认为林木资源为森林资源，其中包括了林地资源。

7.2.1 核算范围

（1）核算单位

林木资源的实物量核算是指以相应的实物量核算单位对报告期内的林木资源的数量进行计量，林木资源核算的实物量核算单位有面积、株数、蓄积量等多种（徐为环，1991）。参照SEEA规定的实物量标准核算单位，林木资源实物型核算单位为百公顷和百立方米（表7-1）。

表7-1 SEEA实物量标准核算单位

类别	核算单位
重量	千克（kg），克拉（carat）
长度	米（m）
面积	平方米（m²）

(续)

类别	核算单位
体积	立方米(m^3)，升(l)
电力	1000千瓦小时(1000u)
个数(单位)	一个(u)，一对(2u)，一打(12u)，一千(1000u)，一包

资料来源：高敏雪等，2004。

(2) 核算内容

在SEEA中，实物量核算主要集中在实物流量的核算上，并通过基本供给使用表(Supply and use table)、实物投入产出表(Physical input-output tables，PIOT)等反映出来。具体的核算内容包括：

① 自然资源流量 包括矿物、能源资源、水、土壤和生物资源等的流量。

② 生态系统投入流量 包括动植物生长所需要的水和其他自然物质的投入，如营养物质和二氧化碳(CO_2)等，燃烧所必需的氧气(O_2)，其中不包括经济活动提供的以产品形式出现的水、营养物质和O_2。

③ 产品流量 指经济领域中生产并在其中使用的货物和服务，包括本国和国外之间的货物和服务的流量。

④ 残余物流量 指那些来自经济领域伴随的、不希望出现的产出，对生产者来说它们的价值是零或是负价值。这些物质包括固体废弃物、废气、废水，它们被排到土地、空气或水中。

以上4种流量，自然资源、生态系统投入流量是由环境流向经济系统的；而产品和残余物流量是由经济系统流向环境系统的。

因此，实物型森林资源资产核算包括林地实物量核算、林木实物量核算，以及林产品、非林产品和森林服务的实物量核算。即：林地和立木资产核算、林产品生产和服务核算、供给和使用表核算。这些核算包括期初存量、核算期变动和期末存量，反映从期初存量到期末存量的动态平衡关系。核算期内的变化量既有由于经济活动引起的，也有因自然和其他原因引起的。

7.2.2 核算方法

(1) 林地实物量核算

林地实物量核算是反映林地从期初存量到期末存量的动态平衡关系。在林地实物核算中，引起林地实物量变化的原因主要分为3类：

① 经济活动引起的变化 主要是造林，因人为活动使林地面积增加；毁林，因人为活动使林地面积减少，如毁林开垦，建筑占地等都会使林地面积减少。

② 其他变化 主要是由于森林的自然扩展，自然更替，自然衰退和其他不确定的原因造成林地面积的变化。

③ 分类变化 主要是由于林地由于分类的原因引起的变化，例如，根据是否提供木材对森林重新进行分类；或是由于灾难，如火灾、风暴等对林地进行分类。前者主要是由经

济原因引起的变化，后者则属于非经济原因引起的变化。

(2) 林木实物量核算

林木实物量核算基本内容是记录核算期内林木存量及其变动的过程。按照 SEEA2003 和 SEEA2012 等对林木实物量核算的界定，包括立木蓄积量、年生长量、年枯损量、年净增量、年采伐量和年采伐运输量等。

①生长量　在核算期内，由于林木的自然生长引起的变化量。

②采伐量　核算期内由于木材生产等引起的变化量。

③枯损量　包括所有自然枯损的立木蓄积量，但它们仍留在林中。

④其他减少量　包括已经被采伐但并未及时运出去的立木数量和由于自然灾害，如病虫害、火灾、风暴等引起的变化量。

⑤分类变化　主要是由于各种林地类型立木分类变化引起的蓄积变化量。可分为由于经济原因引起的变化量和非经济原因引起的变化量。

(3) 木质林产品、非木质林产品和森林服务的实物核算

木质林产品、非木质林产品和森林服务的实物核算主要包括锯材、薪材、纸浆、纸等木质林产品。非木质林产品主要是指野生蘑菇、浆果、橡胶、软木等林产品。森林服务主要指家畜饲养，提供饲料等。它们的核算单位主要为立方米(m^3)、吨(t)等。

(4) 森林环境服务实物核算

在联合国粮食及农业组织的林木资源核算中，森林环境服务[①]包括3种服务内容，即碳储存、生物多样性保护和对水、土壤以及其他生态系统的保护性服务。

对于森林的碳储存比较容易核算，有关评估方法也有比较一致的认识。例如，在IPCC 中，主要倡议通过森林生物量与碳含量的标准转化来估算森林碳储量。这种方法比较合理，也获得较多的认同。核算既有期初存量、核算期的变化量，也有期末存量。

生物多样性保护只能对濒危、珍稀、严重濒危等物种进行统计，并且也要对自然保护区、国家公园、栖息地或物种经营区面积等进行核算。

森林对水、土壤以及其他生态系统的保护性服务，主要核算森林在保护城市区域水质中的作用，也要核算森林增加或减少的水量供应和下游河流土壤侵蚀的情况等。至于以实物形式核算森林对农业提供的服务、森林水利发电和国内水供给的服务等是比较困难的。

实践中，我国森林环境服务核算的内容主要有水源涵养、净化大气、水土保持、森林固碳供氧、森林的防护作用、森林游憩和生物多样性保护等。但这些内容用实物量核算是比较困难的，一般应根据不同区域的森林的主要功能进行相应的环境服务的核算，并用面积等作为实物核算单位。

7.2.3　账户表达

(1) 森林和林地的实物型资产账户

森林和林地账户核算范围按照《全球林木资源评估》(联合国粮食及农业组织，2010) 中土地的定义来界定。森林定义为面积超过 $0.5hm^2$，树高超过 5m 及郁闭度超过 10%，或在原生

---

① 在早期的联合国有关文献中，往往称森林环境服务，后期更多称森林生态服务。

境能够达到这些阈值的林木。林地根据不同的类型划分,主要为天然林和人工林,天然林再次细分为原生林和其他天然次生林。此外,还有一类是其他林地。具体账户表达见表7-2所列。

表7-2 森林和林地资产实物量账户(hm^2)

	森林和其他林地类型				
	天然林林地	其他天然次生林林地	人工林林地	其他林地	总计
期初森林和其他林地存量					
存量增加					
造林					
自然扩张					
存量总增加					
存量减少					
毁林					
自然退化					
存量总减少					
期末森林和其他林地存量					

资料来源:SEEA2012中心框架。

(2)林木资源实物型资产账户

林木资源实物型资产账户是对核算期期初和期末林木资源总量及存量变化的记录。这里,林木资源资产账户将林木资源分为人工培育林木资源和天然林木资源。此外,对于天然林木资源又细分为可供木材与不可供木材资源。具体林木资源资产账户核算表达见表7-3所列。

表7-3 林木资源资产实物量账户(m^2)

	林木资源类型		
	人工培育林木资源	天然林木资源	
		可供应木材	不可供木材
期初林木资源存量			
存量增加			
自然生长			
再分类			
存量总增加			
存量减少			
采运(采伐运输)			
采伐剩余物			
自然损失			
灾害损失			
再分类			
存量总减少			
期末林木资源存量			
补充信息			
采伐			

资料来源:SEEA2012中心框架。

7.3 价值型林木资产账户

林木资源的价值核算是指以价值量为核算单位，即使用货币单位对报告期内的林木资源的数量进行计量，林木资源价值量核算的关键是确定林木资源的价格（徐为环，1991）。

7.3.1 估价原则

出于经济核算的目的，IEEAF 根据 UN-ECE/FAO TBRFA 2000① 的定义，在林木资源核算中把林木资源划分为非用材林和用材林。

(1) 非用材林价值估价

非用材林包括由于各种原因所从事的非经济的木材采伐的森林（如低生产力，采伐困难等）和防护林。在非用材林中，木材的价值为零，这主要是因为当森林被保护时，木材和土地的价值不能变现，也就是不能提供任何经济收益，因而木材的价值为零。然而，经过市场交易后，这些森林在资产负债表中具有价值。它们被列入"自然的特殊的资产"类别当中。同样，"具有历史意义的纪念林"在明显的被出售或经过正常的评估程序的评价出售，并且当森林拥有者签字确认后，在资产负债表中也被记录在该类别中。

防护林的价值评估，主要采用"求和法"计算。在"求和法"中，不动产的各构成价值分别计算，然后加总，再根据不动产的不同特性加以调整。

(2) 用材林价值估价

在用材林的价值估价中，土地的价值根据每种森林土壤的生产力类型进行计算。立木的期望价分别按苗木、幼龄林的期望采伐价值、成熟林的期望采伐价值计算。

用材林也划分为培育的森林和非培育的森林。非培育的森林又分为"天然的/成熟的森林"和"次生的森林及其他非培育的森林"。"天然的/成熟的森林"为不可再生资源，"次生的及其他非培育的森林"是指原始森林被采伐后，天然生长的但无任何成本投入的森林。

培育的森林，主要是人工林，具体成本包括最初的栽植成本和中间的培育成本，或者没有栽植成本，依靠自然生长，仅有中间的培育成本。培育的森林的估价采用不同的方法，一般采用成本法和净现值法计算。成本法通过对过去投入成本的汇总进行测算，该汇总包括净生产者剩余。培育的森林生产的木材和林木的自然生长被认为是生产的产出。净现值法在其他章节具体再讲。

7.3.2 估价方法

在现代林业经济中，森林是在净现值法的基础上进行估价的。森林的价值核算划分为林地和立木的价值核算，以及森林环境服务的价值核算。

7.3.2.1 林地资源资产价值核算

林地是天然的生成物，只在人类的开发利用过程中投入人类的劳动，并使之成为具有商品属性的生产资料。林地价格具有以下特性：价格不包括成本因素；林地的供给量基本

---

① 参考 UN-ECE/FAO Temperate and Boreal Forest Resource Assessment 2000: terms and definitions, July 1997.

是固定的,价格的高低只受需求单方面的影响;林地不存在磨损,一般是增值的;林地价格水平难以标准化;林地在交易、出租、转让过程中,空间位移不发生变化等特点,因此,其估价一直是研究的热点。

(1) 现行市场价法

现行市场价法(林业部财务司,1997)或直接市场法(厉以宁、张铮,1995)也叫市场资料比较法(于政中,1995),就是参照附近类似林地买卖实例等资料来评定林地的价格(崔玲,2015)。这种方法是林地评价常用的方法,在各国林地的评价、核算中使用也较多。现行市场价法具体又包括下列几种方法:

① 代用法 代用法评价林地价格的公式为:

$$\text{林地标准价格} B = \text{正常交易价格} \bar{B} \times \left[\frac{\text{评价林地继承税纳税标准价格}}{\text{交易实例地继承税纳税标准价格}}\right] + \left[\frac{\text{评价林地固定资产税纳税标准价格}}{\text{交易实例地规定资产税纳税标准价格}}\right] \times \frac{1}{2} \quad (7-1)$$

其中,继承税是对林地继承人征收的税,也就是我国的遗产税。

② 立地法 立地法评价林地价格的公式为:

$$\text{林地评价价格} B = \text{交易实例地市场价} \bar{B} \times \frac{\text{评价地评分(立地指数或立地级)}}{\text{交易实例地评分(立地指数或立地级)}} \quad (7-2)$$

其中,评分=自然条件×经济条件评分;立地指数=立地等级指数×地利指数;立地级=立地等级×地利级。

③ 分别条件因子较差修正率联乘法 该方法的计算公式如下:

$$\text{评价地评价额} B = \text{交易实例地市场价} \bar{B} \times (\text{地区因子较差修正率}) \times (\text{个别因子较差修正率}) \quad (7-3)$$

其中,地区因子较差修正率=交通条件较差修正率×自然条件较差修正率×建筑用地较差修正率×其他条件较差修正率。个别因子较差修正率的计算同地区因子较差修正率公式一样。

④ 现行市价法 也称市场比较法,把待估林地与交易实例地按自然经济因素评分,最后以综合评分比例乘以交易实例林地的市场价。该法以具有相同或类似条件林地的现行市价作为比较基础,来估算林地的价值。表达公式如下:

$$B = K_1 \times K_2 \times K_3 \times K_4 \times G \times S \quad (7-4)$$

式中 K_1——立地质量调整系数;

K_2——地利等级调整系数;

K_3——物价指数调整系数;

K_4——其他各因子的综合调整系数;

G——参照案例的单位面积林地的交易价值;

S——被评估林地面积(崔玲,2015)。

现行市场价法适用于任何形式、任何林种林地的价格评估。主要优点是:客观反映了林地目前的市场情况;评估结果易于被接受。主要缺点是:需要公开及活跃的林地市场;

受地区、环境等严格的限制。因此，在评估中应注意评估参数及案例的选择。

(2) 成本方式的林地价值核算法

成本方式的林地价值核算法主要有：

①林地成本价法　林地成本价即根据投入林地的费用进行林地价格的核算。如投入林地的整地费、林道修建费等。成本价法核算林地价格时，一般不考虑利息和物价上涨的影响。使用成本价法来考虑利息及物价上涨因素，所确定的林地价格偏低，需要有完整、齐全、可靠的林地历史成本等数据。成本构成中只有合理部分才进入计价额，也使所得林地价格值偏低。

②林地费用价法　林地费用价法是根据购买林地费用和林地持续到现在状态所需的费用进行林地价格核算的方法。林地费用价又叫土地费用价。一般由下列3种费用构成：购买林地及其他为取得林地所需的费用；取得林地后，为建成适于林木培育状态而投入林地的改良费用；得到林地后所需费用、排水、灌溉及其他林地改良所需费用到评价时为止的年间费用的利息总和。

如果 n 年前购进林地花费 A 元，m 年前投入林地改良费 M 元，则林地费用价 B_k 元为：

$$B_k = A(1+p)^n + M(1+p)^m \tag{7-5}$$

如果 n 年前购进林地花费 A 元，每年投入林地改良费 m 元，共投入了 n 年，则林地费用价 B_k 元为：

$$B_k = A(1+p)^n + \frac{m}{p}[(1+p)^n - 1] \tag{7-6}$$

一般情况下，当出现下列3种情况之一时可用费用法进行林地价值评价：

①卖掉林地，需要收回投入林地上的费用；

②投入到林地上的费用，需要了解如何提高经济效益；

③不清楚林地生产力，按市场价或期望价又困难。

此外，林地费用价法的计算公式还可表示为：

$$B_k = A(1+p)^n + \sum_{i=1}^{n} M_i (1+p)^{n+i-1} \tag{7-7}$$

式中　B_k——林地费用价；

　　　A——林地购置价；

　　　M_i——林地购置后，第 i 年的林地改良费；

　　　n——林地购置年限；

　　　p——投资收益率。

该方法适用于林地的购入费用比较明确和特定用途的林地价格评估。主要优点是：比较充分考虑了林地的损耗，计算公式有利于林地资产保值。主要缺点是评估计算工作量较大，在评估中主要使用重置成本。

(3) 收益方式的林地价值核算

收益方式的林地价值核算方法主要有：

①林地期望值法　即对一林地能永续地取得土地纯收益，用林业利率进行折算（即贴现）的现值（前价）合计。林地期望价也叫林地收益价。由于林地期望价的计算因森林采伐

方式不同，分为皆伐、择伐、渐伐及矮林作业计算公式。

a. 皆伐作业的林地期望价的计算。皆伐作业的林地期望价的计算，以 Faustmann（福斯特曼）地价公式最为著名。

$$B_u = \frac{A_u(1+d) - C(1+p)^u}{(1+p)^u} - V \tag{7-8}$$

式中　C——造林费用；

A_u——主伐收入；

V——管理资本（$V = \frac{v}{p}$，v 为每年的管理费用）；

u——轮伐期；

p——贴现率。

$A_u(1+d)$ 通过公式：$A_u(1+d) = A_u + D_a(1+p)^{u-a} + \cdots$ 计算，D 为间伐收入。

近年来，国外大多把林地期望价的计算公式写成：

$$LEV = \frac{V_u P_u - C(1+p)^u}{(1+p)^u - 1} \tag{7-9}$$

式中　V_u——u 年收获的蓄积量（主伐、间伐收入）；

P_u——u 年木材的价格；

C——造林费用；

p——贴现率；

u——轮伐期。

管理费用 v，由于每年投入的都一样，因此，计算期望价时没有把管理费用包括在内。

b. 渐伐作业的林地期望价的计算。渐伐作业的林地期望价的计算公式为：

$$B_u = \frac{A_u + A_v(1+p)^{u-v} + A_r(1+p)^{u-r} + D_a(1+p)^{u-a} + \cdots - C}{(1+p)^u - 1} - (C+V) \tag{7-10}$$

或

$$B_u = \left[\frac{A_u}{(1+p)^u} + \frac{A_v}{(1+p)^v} + \frac{A_r}{(1+p)^r} + \frac{D_a}{(1+p)^a} + \cdots - C\right] \times \left(1 + \frac{1}{(1+p)^u - 1}\right) - V \tag{7-11}$$

（当第一轮伐期与第二轮伐期以后的收获不同时用该式）

式中　u——下种伐的时期（一个完整的渐伐作业包括下种伐、预备伐和后伐）；

A_u——下种伐主伐收入；

v——预备伐的时期；

A_v——预备伐主伐收入；

r——后伐的时期；

A_r——后伐的主伐收入；

D——间伐收入。

c. 择伐作业的林地期望价的计算。择伐作业的林地期望价每公顷 B_u 的计算公式为：

$$B_u = \frac{u A_u}{(1+p)^u - 1} - V \tag{7-12}$$

式中 A_u——择伐收入；

u——择伐周期；

V——管理费。

d. 矮林作业的林地期望价的计算。矮林作业的林地期望价的计算公式为：

$$B_u = \frac{A_u}{(1+p)^u - 1} - V \tag{7-13}$$

式中 A_u——矮林作业收入；

V——管理费。

②收益还原法 收益还原法评价林地价格的公式一般表示为：

$$B = \frac{(R-C)s}{i-s} \tag{7-14}$$

式中 B——每公顷林地价格；

R——每公顷林地年均收入；

C——每公顷林地年均投入费用；

i——还原利率；

s——每年物价上涨的百分比。

该方法使用于任何形式、任何林种林地的价格评估。主要优点是：评估价较真实、较准确反映了林地本金化的价格，评估价格易为买卖双方接受。主要缺点是：预期收益测算难度大，评估受主观判断影响较大。在评估中需要注意：林地每年要有稳定的收益（地租）。

7.3.2.2 林木资源资产价值核算

林木是生长于林地上的立木产品，它依靠其生态系统的生物生产力，是在水、肥、光、气等物质的作用下的人工和自然相结合的产品。林木估价方法主要包括：

（1）比较方式的方法

比较方式的方法确定林木价格有直接法和间接法两种。直接法是以直接的林木买卖实例为标准来评定的；间接法则是从市场木材或薪炭材的买卖价格中倒算而求得林木价格。

①直接法 直接法又叫市场价格法，是按评价立木在树种、林龄、直径、树高、形质、数量、采伐方式、地利条件、交易情况等相似的立木买卖实例为标准进行评价的方法。

直接法计算林木的市场价值方法很多，主要有标准木法、原木出材率估算法、PQ 表法、回归式法、等价计算法、原木平均价格表法、出材率估算法等。其中回归式法的公式为：

$$a = a'D^{b'} \tag{7-15}$$

式中 a——立木造成原木时的平均市场价；

D——立木胸径；

a'、b'——参数。

通过大量的实验材料可确定各树种参数 a'、b'，进而可求出立木各径级原木平均市场价。

②间接法　间接法也叫市场价格倒算法，是由产品，如原木、薪炭材、木炭等市场上交易的实例价格，即以市场价格倒算为基础，间接地对立木进行估价的方法。

日本人工林立木价间接法的计算公式为：

$$x = a - (R + b) \tag{7-16}$$

式中　x——立木价；

$\quad\quad a$——立木变成原木平均市场价；

$\quad\quad b$——采运费；

$\quad\quad R$——企业利润。

对于上式引入企业利润率（月率 r），资本回收期（m 个月，一般为某林分从买到采运、销售为止的期间，有时候为事业期间的 $1/2 \sim 2/3$），则立木计算公式变为：

$$x = \frac{1}{1 + mr} - b \tag{7-17}$$

通过这个式子可以求出评价林木的每立方米单价 x，再乘以蓄积 V，就可以求出评价林木的价值量。

该方法适用于各种林龄林木资产评估。主要优点是客观反映了林木市场情况；主要缺点是需要具备一个充分发育、活跃健全的林木交易市场；另外，使用该方法还需要注意确定木材的平均价格。

（2）成本法

成本法是以实际成本的累计作为评价值。实际成本一般包括整地费、造林费、抚育费。由于物价上涨，采用成本法评价时一般使用重置成本。因此，m 年生林木的评价值 A_m（A_u 一般表示主伐收入价，A_m 一般表示为中间龄级的市场收入价）表示为：

$$A_m = C_1 + C_2 + \cdots + C_m \tag{7-18}$$

式中　$C_1, C_2, \cdots, C_m$——实际成本的重置成本。

该方法适用于幼中龄林、短期轮伐和定向培育林及竹林林木价格的确定。主要优点为较准确反映了林木生产的成本，定价过程比较完整。主要缺点为资料记录应完整，实际操作较繁琐。在价格确定中需要注意使用重置成本。

（3）立木费用价法

立木费用价法是根据立木培育所需要的投入经费，如地租、造林费、管理费等的终值减去在林木培育期间所获间伐等收入的终值。

此法的计算公式较多，比较有代表性的是 Faustmann（福斯特曼）费用公式。一般立木费用价格公式可表示为：

$$H_{km} = C_1(1+p)^m + C_2(1+p)^{m-1} + C_3(1+p)^{m-2} + \cdots + C_m(1+p) \tag{7-19}$$

式中　H_{km}——m 年生幼龄林的费用价；

$\quad\quad p$——林业利率；

$\quad\quad m$——评价林木的年龄；

$\quad\quad C_1, C_2, \cdots, C_m$——各年度投入费用的重置成本。

该方法适用于接近轮伐期的林木评估。主要优点是反映了立木培育需要投入的费用。主要缺点是需要有完善的记录资料。另外，在价格确定中，还要注意林业利率及通货膨胀因子。

(4) 立木期望价法

立木期望价法是对评价的立木预计在一定年限定期采伐，从目前到预计采伐的年龄止，期望能收获的现值合计减去这个期间所需经费的现值合计，即立木期望价。

立木期望价一般用 H_{em} 表示：

$$H_{em} = \left[\frac{A_u+B+V}{(1+p)^u} + \frac{D_n}{(1+p)^n}\right](1+p)^m - (B+V) \tag{7-20}$$

式中　A_u——主伐收入；

D_n——间伐收入；

B——年支付的地价（一般 $B \times p = B_r$）；

V——管理费；

n——造林后的年份（$n>m$）；

m——人工林立木期望价评价时的年份。

有时，上式还可表示为：

$$H_{em} = \frac{A_u + D_n(1+p)^{u-n} - \left(\frac{B_r}{p} + \frac{V}{p}\right)[(1+p)^{u-m} - 1]}{(1+p)^{u-m}} \tag{7-21}$$

式中　B_r——年地租评估值。

该方法适用于接近轮伐期的林木的评估。主要优点是测定因素少，计算方便。主要缺点是把收入、支出看作永恒不变，且评估中用同一种利率。在评估中，使用该方法需要注意收支的测定。

(5) 收益还原法

收益还原法是评价立木在能估计的年份（连年）收获与费用之差（即收益），并换算成现价的方法。该法的公式可表示为：

$$N = \frac{A-C-V-B_r}{p} \text{ 或 } N = \frac{A-C-V}{p} - B \tag{7-22}$$

式中　A——择伐林分每年收获；

C——每年的造林费；

V——管理费；

p——实际林业利率（名义林业利率扣除一般物价上涨率）；

B_r——每年地租（一般 $B \times p = B_r$）；

N——林分立木蓄积的评价值。

该方法适用于中龄林林木的评估。该法的主要优点是测定因素少，计算方便。主要缺点是计算公式中的年收入必须十分稳定。一般在评估中应注意年平均纯收益测定的准确性。

(6) 市场价倒算法

市场价倒算法，也叫剩余价值法。计算公式为：

$$A_m = W - C - F \tag{7-23}$$

式中　A_m——评估值；

W——木材销售总收入；

C——木材生产经营成本;

F——木材生产经营利润。

该方法适用于成熟林林木的价格评价。主要优点是计算简单,评估的结果接近实际市场价。主要缺点是使用该评价方法需要有比较完善的木材市场体系。

7.3.2.3 森林环境服务估价

森林环境服务主要包括水源涵养、水土保持、净化大气、固碳供氧、森林的防护作用、森林游憩和生物多样性保护等。森林的环境服务是森林特有的功能,对它们进行估价,是森林价值量核算的重要组成部分。

(1)森林涵养水源价值

森林涵养水源的价值包括森林蓄水价值、调节径流的价值、净化水质的价值(姜文来,2002)。

森林涵养水源价值评估,就是采用不同方法对森林涵养水源价值进行估算,目前,主要采用替代工程法对森林涵养水源价值进行估价。

①森林蓄水价值

a. 替代工程法也叫影子工程法,即为要实现和森林涵养水源量相同的蓄水功能,假设存在一个工程,而且该工程的价值是可以计算的,那么该工程的修建费用即造价就是森林的涵养水源的价值。这一模型表达式为:

$$V = G(X_1, X_2, \cdots, X_n) \tag{7-24}$$

式中 V——森林涵养水源的价值,万元;

G——替代工程的造价,万元;

X_i——替代工程中 i 项目的建设费用,万元。

b. 森林蓄水价值估价法。森林土壤蓄水估算:森林涵养水源一部分是森林土壤贮水量,另一部分是降水贮存量。土壤贮水量与多种因素有关,一般来说,森林土壤涵养水源的贮水量常用下式表示:

$$Q_1 = \sum s_i \cdot h_i \cdot p_i (i = 1, 2, 3, \cdots, n) \tag{7-25}$$

式中 Q_1——林地土壤贮水量,$1\mathrm{m}^3$ 水 $=1\mathrm{t}$ 水;

s_i——i 种土壤的面积,$1\mathrm{hm}^2 = 10\,000\mathrm{m}^2$;

h_i——i 种土壤深度(为计算方便,常取平均值),m;

p_i——i 种土壤的粗孔隙率,%;

n——土壤的种类数。

实际上,并非所有的降水都能被贮存起来,其中有些降水当即形成地表径流而流走,有些水分则通过树冠、树干蒸腾扩散出去。因此,森林贮存的水分只是降水的一部分。一般森林降水贮存量可用下式进行计算:

$$Q_2 = J_1 \times R = J \times R_1 \times R; \quad J_1 = J \times R \tag{7-26}$$

式中 Q_2——森林的降水贮存量,t;

J_1——有林地降水量,t;

J——林区总降水量,t;

R——森林净水贮存量(即森林涵养水源量)占有林地降水量的百分比,%；

R_1——森林覆盖率,%。

c. 水量平衡法。从水量平衡的角度看，森林拦蓄水源的总量是降水量与森林地带蒸腾量及其他消耗的差,即：

$$Y = P - E - C \tag{7-27}$$

式中　Y——森林拦蓄水源量；

　　　P——降水量；

　　　E——蒸腾量；

　　　C——地表径流量等，因为林区地表径流量很少，可忽略不计。

②调节径流的价值　在森林涵养水源价值评估中，常涉及到森林调节径流价值的估价。具体估价内容为：森林调节径流价值估价主要是计算森林在防洪、滞洪等方面的价值。

森林的防洪功能同具体防护对象发生关系时就产生防洪效益，如果将森林拦蓄洪水量换算成水利工程要拦蓄这些洪水所需要的费用，再乘以效益/投入比值则为森林的防洪效益值，计算公式为：

$$V_1 = \sum_{i=1}^{n} S_i (H_i - H_0) b \cdot \beta \tag{7-28}$$

式中　V_1——森林防洪效益经济价值H_0,元；

　　　S_i——第i种森林类型面积,hm^2；

　　　H_i——第i种森林类型的持洪能力,m^3/hm^2；

　　　H_0——无林地的拦洪能力,m^3/hm^2；

　　　n——森林类型的个数,种；

　　　b——拦蓄1m^{3}洪水的水库、堤坝修建费,元；

　　　β——效益/投入比值。

另外，由于森林涵养水源，增加了江河的径流量，延长了丰水期，缩短了枯水期，增加了农田灌溉及工业供水的能力，由此而产生的效益即为森林增加水资源的效益。计算公式如下：

$$V_2 = V_{21} + V_{22} = M \times P_1 \eta_1 + M \times P_2 \eta_2 \tag{7-29}$$

式中　V_2——森林增加水资源效益经济价值,元；

　　　V_{21}——提高农田灌溉能力的经济价值,元；

　　　V_{22}——增加城市供水能力的经济价值,元；

　　　M——森林增加水资源总量,m^3；

　　　P_1——单位灌溉的价格,元/m^3；

　　　P_2——供水费用的价格,元/m^3；

　　　η_1——农田灌溉的利用率,%；

　　　η_2——城市供水的利用率,%。

森林涵养水源价值(V)为防护效益值(V_1)和增加水资源效益值(V_2)之和,即

$$V = V_1 + V_2 \tag{7-30}$$

③改善水质的价值 目前,对于森林改善水质的估价尚无成熟、通用的计算方法。可行的办法是针对某一地区选择有林区和无林区,通过测算无林区生产、生活用水中杂质和有害物等的清除费用,并据此确定森林改善水质的价值。

(2) 森林水土保持价值

森林水土保持的价值主要包括森林减少土壤侵蚀、森林减少泥沙淤积的价值等(金彦平,2002)。

①森林减少土壤侵蚀的价值 根据森林减少土壤侵蚀的总量和全国土地耕作层的平均厚度,计算出森林减少土地资源损失量,再计算出这些土地能够生产的农作物产值。

对于因土壤侵蚀造成土地资源损失的价值评估,主要方法如下:

a. 用农作物产值替代法计算森林减少土壤流失的价值V_1。先计算因土壤侵蚀而每年减少的土地面积:森林减少土壤侵蚀量用下式计算:

$$V = S(N-F)/D \tag{7-31}$$

式中 V——森林减少土壤侵蚀总量,t;
S——森林面积,hm^2;
N——荒地侵蚀模数,$t/hm^2 \cdot a$;
F——有林地侵蚀模数,$t/hm^2 \cdot a$;
D——土壤容重,t/m^3。

计算出森林减少土壤侵蚀总量与全国的土地耕作层的平均厚度之比,即森林减少土地资源损失的面积。

$$S = V/L \tag{7-32}$$

式中 S——森林减少土地资源损失的面积,hm^2;
V——森林减少土壤侵蚀总量,t;
L——全国的土地耕作层的平均厚度,m。

再计算出森林保育土壤的价值:发生土壤侵蚀后,土壤肥力下降,含水率降低,由此造成农作物减产,其损失费用V_1按下式计算:

$$V_1 = (M-M_1) \times (P-C) \cdot S_1 \tag{7-33}$$

式中 V_1——土壤侵蚀导致农作物减产的损失费用,元;
M——每公顷未受侵蚀土地3年平均产量,t;
M_1——每公顷已受侵蚀土地3年平均产量,t;
P——该地区农产品的单位价格,元/t;
C——农产品的单位成本,元/t;
S_1——土壤侵蚀面积,hm^2。

b. 用林地经济效益替代法计算。利用每年森林减少的土地废弃面积乘以每公顷林地年经济效益,再减去每公顷废弃土地的年价值,即得每公顷森林减少土壤侵蚀损失的经济价值。计算公式为:

$$V_1 = R \times S - C \tag{7-34}$$

式中 V_1——森林减少土壤侵蚀的经济价值,元;
R——每公顷林地的年经济效益,元/hm^2;

S——每年土地废弃面积，hm^2；

C——废弃土地的年价值，元。

c. 土地价格差法。森林防止与减少土壤侵蚀价值 V=森林有效作用面积×土地侵蚀前后的价值差。即森林防止与减少土壤侵蚀价值计算公式为：

$$V=\alpha S(V_1-V_2) \tag{7-35}$$

式中　V——森林防止与减少土壤侵蚀价值，元；

S——森林覆盖面积，hm^2；

V_1——单位土地面积侵蚀前的价值，元；

V_2——单位土地面积侵蚀后的价值，元；

α——森林保土作用系数，即森林实际保土面积与森林覆盖面积的比值（$\alpha \geq 1$）。

对于 α 的值，因为不同地区、不同土质、不同林种、不同森林疏密度等都会影响森林的实际保土面积，所以 α 的取值也会因地区、林种、森林疏密度等的不同而不同。具体 α 的值可根据实际情况进行选择，一般来说，$\alpha \geq 1$。V_1、V_2 的值可以根据国家规定的每公顷林地价格及废弃土地的价格选取。

②森林减少泥沙淤积的价值　目前，森林减少泥沙淤积的估价方法主要有：

a. 水土保持法。水土保持法的计算公式为：

$$\Delta W_s = \sum F_i(M_{soi} - M_{oi}) \tag{7-36}$$

式中　ΔW_s——林内树木、植被等减少流失泥沙量，t；

F_i——林内树木、植被等各项减沙措施的有效作用面积，hm^2；

M_{soi}——林内树木、植被等各项减沙措施对照地的年输沙模数，t/hm^2；

M_{oi}——森林覆盖地的年输沙模数，t/hm^2。

对于森林减少淤积泥沙的价值评估，可以在上述基础上再用单位泥沙清淤成本乘以淤积泥沙量。即森林减少淤积泥沙价值为：

$$V = C \cdot \Delta W_s \tag{7-37}$$

式中　C——单位泥沙清淤成本，元/t。

b. 水文法。水文法以水文观测的实际资料为依据进行计算分析，在对森林减少泥沙淤积的价值评估时，首先需要计算森林的拦沙量，通常可以用以下几种方法：一是进行小流域的对比试验，确定实施林草措施的小流域的产沙率与对照小流域的产沙率的差值，然后进行估算；二是对采用林草措施前后的下游小型水库的泥沙淤积量进行比较，计算出两者的差值作为林草措施的减沙量。

减沙价值的大小与森林覆盖率、单位面积蓄积量呈正相关，与降水量、年径流量呈负相关，其相关关系可用回归模型表示，即：

$$S = a - cC - vV + pP + rR \tag{7-38}$$

式中　S——河流年输沙率，m^3/s；

C——森林覆盖率，%；

V——单位面积蓄积量，m^3/hm^2；

P——年降雨量，mm；

R——年径流量，m^3/s；

a、c、v、p、r——相应的系数。

对于森林减少泥沙淤积的价值评估可以按下面方法进行计算（以小型水库或拦沙坝的淤积调查为基础计算）：

$$P = (S_1 - S_2)C \qquad (7\text{-}39)$$

式中　P——实施林草措施后拦沙价值，元；

S_1，S_2——措施实施前后水库或拦沙坝的淤积量，m^3；

C——小型水库死库容或拦沙坝的建筑费用，元$/m^3$。

c. 清除费用法。森林减少泥沙淤积价值=清除费用-清除泥沙的价值，即：

$$V = C - V_1 \qquad (7\text{-}40)$$

式中　V——森林减少淤积泥沙价值，元；

C——清除费用，元；

V_1——清除泥沙的价值，元。

清除费用等于淤积泥沙量与河道或水库单位清淤成本的乘积。V_1的价值应该根据实际情况来确定，V_1为正值时表示清除泥沙对人们生产或生活有正效用，为负值时表示清除泥沙对人们生产或生活有负效用。

上述公式计算时，忽略了淤积泥沙在其淤积过程中给人们生产和生活带来的危害及由此造成的损失，因此，对上述方法修正后的计算公式为：森林减少淤积泥沙价值=清除费用-清除淤积泥沙的价值+淤积泥沙在2次清淤时间间隔内造成的损失，即：

$$V = C - V_1 + V_2 \qquad (7\text{-}41)$$

式中　V——森林减少淤积泥沙价值，元；

C——清除费用，元；

V_1——清除泥沙的价值，元；

V_2——淤积泥沙在2次清淤时间间隔内造成损失的价值，元。

对于淤积泥沙在2次清淤时间间隔内造成的损失可以根据实际情况计算。

（3）森林保育土壤价值

森林保育土壤的价值主要包括森林减少土壤肥力流失的价值和森林培育土壤的价值。

①减少土壤肥力流失的价值　对于森林减少土壤肥力流失的价值估算方法主要有：

较少土壤肥力流失价值=该部分肥力对林木生长的贡献价值

肥力对林木生长的贡献价值，假设没有这部分养分，林木的成熟期将大于有这部分养分存在的情况，即这部分养分可缩短林木的成材期，而林木成材期缩短带来的经济价值就可看作是森林减少土壤肥力流失的价值。

森林减少土壤肥力流失价值，可以用具有同等肥力的化肥的市场价值来表示。

减少土壤肥力流失价值=同等肥力化肥的价格，即

$$P = \left[\sum (R_j / A_j) \times C_j\right] W \qquad (7\text{-}42)$$

式中　P——森林减少土壤肥力流失的价值，元；

W——森林减少土壤流失量，t；

R_j——单位侵蚀物中第j种养分元素的含量，kg/t；

A_j——第 j 种养分元素在标准化肥中的含量，kg/t；

C_j——第 j 种标准化肥的价格，元/t。

②森林培育土壤的价值　森林培育土壤的价值的估算方法有2种：森林培育土壤，使土壤肥力提高，可以将提高的土壤肥力价值折算为化肥的价值，或以这部分肥力所能提高的农作物产值表示。即：森林培育土壤价值=同等肥力化肥的价值。

以森林提高肥力所带来农作物产值增加量来表示。

森林培育土壤价值=森林提高土壤肥力后的农作物产值-原有肥力条件下农作物的产值，即：

$$V = V_1 - V_2 \tag{7-43}$$

式中　V——森林培育土壤价值，元；

　　　V_1——森林提高土壤肥力后农作物产值，元；

　　　V_2——原有肥力条件下农作物产值，元。

(4) 森林固碳供氧价值

森林是陆地生态系统的主体，森林在全球的碳循环和氧气(O_2)平衡中起到重要的作用，在稳定气候方面也有很重要的作用。进行林木资源固定二氧化碳(CO_2)、供给氧气(O_2)的估算时，都应该考虑时间价值，现值估算可采用贴现公式：

$$P(t) = P(1+r)/r \tag{7-44}$$

式中　r——贴现率，%；

　　　P——现值，元；

　　　$P(t)$——第 t 年的价值，元。

目前，森林固碳供氧价值估算方法主要有：

①人工固定二氧化碳成本法　森林固定二氧化碳的经济价值可以用工艺固定等量二氧化碳的成本来计算，但是，建造工厂昂贵，而且也是不现实的。

②造林成本法　植树造林是为了固定大气中的二氧化碳，因此，森林固定二氧化碳的经济价值可以根据造林的费用来计算。如英国林业委员会在1990年估算森林固定二氧化碳的经济价值时，以造林成本 18~37 英镑*/hm^2 作为森林固定二氧化碳量的定价标准。

③碳税法　欧洲共同体和挪威、丹麦、瑞典等国都曾向联合国提议对化石燃料征收碳税，以减缓温室效应，如瑞典政府提议的碳税收比率为 0.15 美元/kg 碳。因此，部分学者建议以碳税率作为森林固定二氧化碳经济价值的计算标准。显然，碳税只是控制排放的一种手段，小于二氧化碳本身引起的温室效应危害。

④变化的碳税法　测算并计算出把化石燃料(征收碳税)转化为无碳燃料(不征收碳税)的投资，并以此金额作为税金。根据这种方法，1990年英国的 Anderson 测量并计算出每立方米木材固定二氧化碳的经济价值为 43 英镑/m^3。

⑤避免损害费用法　二氧化碳浓度的不断增加可能对人体健康和社会经济发展带来经济损失，如因二氧化碳浓度的增加所导致的温室效应，并对人体健康和社会经济带来直接或间接的影响与损害。根据所带来的损失大小直接计算森林固定二氧化碳所产生的直接效

---

* 1英镑=8.742人民币。

益。根据这种方法，有关学者估算出每吨碳所造成的损害（主要是海平面升高）约等于13美元（以1989年的美元值计算）。联合国粮农组织的研究表明，利用热带林固定工业排放碳的年费约为$(130\sim170)\times10^8$美元（1989年的价格），约相当于$24\sim31$美元/t碳；美国环境保护机构（EPA）分别研究了北寒带、温带和热带各类森林固定CO_2的成本，得出结论是：造林固定碳的一般成本小于30美元/t碳，平均成本为$1\sim8$美元/t碳（1990年的价格）。Thomsa J. Trqy研究表明，利用热带林固定碳的成本为$3\sim4$美元/t碳，每年花费$(150\sim300)\times10^8$美元的热带植树造林可以固定工业每年排放的5500×10^4t碳。Titus D. B的研究表明，在今后$32\sim46$年内，碳汇造林成本约为38美元/t碳。

(5) 森林防护效益价值

森林的防护功能主要体现在改善小气候和抵御害风、防止荒漠化上（张涛，2002）。因此，其防护价值估价相应地包括两方面的内容：一是森林改善小气候的价值；二是抵御害风、防止荒漠化的价值。由于经营森林所处的位置不同，森林的具体防护对象不尽相同，其防护功能的发挥也有不同表现，采用的价值估算方法也不同。因此，在对一定区域森林的防护价值（Value of Protection, VP）进行估算时，具体包括：农田防护林防护价值；防风固沙林防护价值，牧场防护林防护价值，沿海防护林防护价值。

① 农田防护林防护价值　农田防护林防护价值等于森林防护功能作用的实物量（Ecological Benefit, EB）与单位实物量货币价值（Monetary Value, MV）的乘积，即：

$$VP_1 = EB \times MV \tag{7-45}$$

因此，需要计算EB和MV。由于农田防护林改善了农田小气候，促进了农作物产量和质量的提高，所以常用被防护地区农作物的增加产量来代替农田防护林防护功能的实物量EB。据此，计算农田防护林防护价值VP，常用的方法主要有：

a. 生产函数法。生产函数法是森林防护价值计算的主要方法，这一方法将森林的防护功能作为影响农业产量的一个因素。因此，这一方法又被称为促进因素余量分析法。农田防护林防护功能的价值评估，其依据就是用农业生产享用防护功能后所产生的超额利润来替代。农田防护林以防风为主，部分改善了农田小气候，增加了防护地区农作物的产量。因此，在测算农田防护林防护效益实物量EB时，用防护地区农作物产量的增量（与无防护林防护地区对照）价值来代替农田防护林防护价值VP_1，即：

$$VP_1 = EB \times MV = S \times M_{vi}(Q_{i1} - Q_{i0}) - CT \tag{7-46}$$

式中　Q_{i1}——第i个单位有森林防护时的农作物产量，t；

　　　Q_{i0}——第i个单位在无森林防护条件下农作物产量，t；

　　　M_{vi}——i单位农产的价值，元/t；

　　　S——防护价值系数；

　　　CT——修正值。

这一模型为基本理论模型。然而，在估算一定区域农防林的防护价值时，对农作物增产影响的计算比较复杂，还应考虑树种、树龄、林网结构和各种自然灾害程度等诸多因子的影响。

b. 生态因子回归法。这种方法的基本思路是首先测定相同经营管理水平，多种气候条件下i单位产量与生态因子的关系，再回归出各气候生态因子变化值与i单位产量的关

系。计算公式如下:

$$\Delta Q_i = X_j (j = 1, 2, \cdots, n) \tag{7-47}$$

$$VP_1 = \sum_{i=1}^{n} \Delta Q_i \times MV_i - CT \tag{7-48}$$

式中　VP_1——农田防护林防护价值,元;
　　　ΔQ_i——生态因子变化对 i 单位产量的影响值,常数;
　　　X_j——森林防护功能对第 j 个生态因子的影响值,常数;
　　　MV_i——单位实物量货币价值,元/实物单位;
　　　CT——修正值。

评估中,首先测算出森林防护功能作用对生态因子的影响值;其次,求出森林防护功能对 i 单位产量的影响值,即可求出 i 单位防护效益收益值;最后,求出所有受益单位的防护收益值,即为该片森林的防护价值。这种方法在理论上具有科学合理性,适用于各种自然条件不同的国家和地区,但在实际应用中要求具有较详细的实际数据建立回归方程,以定量描述森林防护功能与各个生态因子以及各生态因子与防护地区单位产量之间的关系。

②森林防风固沙林防护价值　森林防风固沙价值估算方法主要有 2 类,一类是物理影响的市场评价法,其实质是从防护林的某一因素或各综合因素对环境的物理影响出发,找出防护林的环境影响与工农业产出之间的定量关系,用产出的变化来评价防护林的防护价值,其实质就是生产函数法;另一类是在对防护林环境影响研究的基础上,用防护费用来估算防护林的防风固沙价值。

a. 生产函数法。生产函数法是以现有固沙林地同固沙前的沙地和无林沙地进行比较,通过观测流动沙丘的移动速度,来计算防护林固定沙源、阻止沙丘移动,减少沙化土地的数量,并以此为基础,进行固沙价值的计算。用整个林业生产周期内从这部分土地上获得产品的价值来代替防护林免除沙压农田和牧场的价值,也可以用减少沙化土地的租赁价值来计算。

根据《林业专业调查主要技术规定(试行)》,森林减少沙压农田的价值可以用以下的计算公式来计算:

$$Y_i = (A - C) \tag{7-49}$$

$$Y = \sum_{i=1}^{n} Y_i \tag{7-50}$$

式中　Y_i——单位面积固沙林第 i 年减少沙压农田的货币价值,元;
　　　Y——单位面积固沙林整个生产周期减少沙压农田效益的货币量,元;
　　　A——农产品的收购价,元/kg;
　　　C——农作物生产成本,元/kg;

这种方法是用整个生产周期内,从这部分土地获得产品的利润近似表示免除沙压农田及牧场的价值。

b. 防护费用法。防护费用法是通过观察揭示人们的偏好间接地估算防护林的防风固沙价值。主要是通过观察人们为了避免风沙危害、采用各种其他措施抑制风沙所支付的费

用等来评估防护林的防护价值,该方法有以下几个步骤:

第一,识别环境危害。如果没有或防护林面积不足,轻则会使土地质量降低,土地沙漠化加重,重则会使土地原有的生态系统崩溃,使土地完全沙漠化。在识别没有防护林时的环境危害时,要分清主要和次要的危害,从而明确防护林的防护范围和在一定环境条件下的主要防护作用。

第二,界定受风沙影响的人群。即对缺乏防护林时的社会影响范围的界定。

第三,收集所需数据。主要对所有受到风沙危害的人群进行广泛的调查,如对采取了防沙治沙措施的农民进行调查,计算其防风治沙的费用等。

第四,计算防风固沙林的防护价值。根据第一、第二、第三步计算防风固沙林的防护价值。

③牧场防护林的防护价值　牧场防护林防护价值的计算方法与农防林相同。基本理论是采取生产函数法,即计算有无防护林情况下牧草增产量的价值;或者计算防护林对放牧条件下牧畜免于自然灾害所造成的伤亡的价值等。

④沿海防护林防护价值　目前,有关沿海防护林防护价值的估价研究相对较少。韩维栋等(2000)在长期生态网络定位和半定位观测的基础上,对中国红树林生态系统全部生态价值进行了货币化评估。其中,对于红树林的防护价值计量,主要集中在红树林防风、防浪、护堤这一功能上,具体体现在两个方面:一是红树林所具有的灾害防护价值,二是生态养护价值。采用的方法是专家评估法,从方法体系上来说是属于条件价值法的范畴。

(6)森林净化大气价值

①森林削减大气中有害物质浓度的健康效益　森林净化大气效益的估价方法主要采用人力资本法(黄艺,2002)。

人力资本法是使用环境污染对人体健康和劳动能力的损害来估计环境污染或污染控制带来的环境损益的一种方法。环境质量变化对人类健康影响造成的损失主要有3个方面:过早的死亡、疾病或病休造成的收入损失;医疗费开支的增加和精神或心理上的代价。

因此,森林净化大气对健康产生的效益分为两个方面,一是减少过早死亡的健康效益(V_1);二是减少误工和医药费的健康效益(V_2),两者之和即为总的健康效益。

a. 减少过早死亡的健康效益(V_1)

$$M_i = P \times A \times \theta_i \times k_i \tag{7-51}$$

式中　M_i——减少的因第 i 种疾病而死亡的人数,人;

　　　P——总死亡率,%;

　　　A——总人口,人;

　　　θ_i——死因构成比,常数;

　　　k_i——归因系数,%即归因于该污染物浓度下降引起的第 i 种疾病死亡危险下降的百分数,等于第 i 种疾病死亡率对该污染浓度的弹性系数乘以该污染浓度的削减量。

根据上式,可得到减少过早死亡的健康效益(V_1):

$$V_1 = \sum_{i=1}^{n}(M_i \times YPLL_i) \times W \tag{7-52}$$

式中　V_1——减少过早死亡的健康效益,元;
　　　$YPLL_i$——因第 i 种疾病的平均潜在寿命损失年($YPLL$, Years of Potential Life Lost),年;
　　　W——年均工资,元。

b. 减少误工和医药费的健康效益(V_2)

$$V_2 = \sum_{i=1}^{n} N_i \times k \times (\omega_i + E_i) \tag{7-53}$$

式中　n——减少的第 i 种疾病的发病人数,人;
　　　N_i——平均每个第 i 种疾病患者的误工天数,天;
　　　k——假日修正系数,一般取 0.85;
　　　ω_i——日均工资,元;
　　　E_i——日均医药费,元。

总健康损害价值的估计可以表示为:

$$V = V_1 + V_2 \tag{7-54}$$

②森林减少酸雨危害的价值　森林净化环境的功能另一部分就是对酸雨物质成分的吸收。这部分价值的计算可以利用估算减少酸雨损害的价值来实现。

对酸沉降引起经济损失的估算,目前国内外常用的方法包括比较法和分析法。

a. 比较法。比较法是比较不同酸沉降污染水平下,相关材料受破坏而造成的实际的经济损失,从而得出酸沉降污染与经济损失之间的关系,这种需要选取除酸沉降污染水平外其他影响因素均相同的多个地区进行实地调查。

b. 分析法。分析法是借助损失函数及有关材料受破坏而造成的经济和美学价值损失的定量化,来计算给定酸沉降污染水平的具体经济损失。分析法计算公式为:

$$C_p = (1/L_p + 1/L_0) C_0 \tag{7-55}$$

式中　C_p——每年由于酸沉降破坏有关材料造成的经济损失,元;
　　　C_0——材料一次维修或更换的总费用,等于材料数量乘以维修或更换单价,元;
　　　L_p——酸沉降条件下的材料使用寿命,即维修或更换周期,用年表示,年;
　　　L_0——无酸沉降条件下的材料使用寿命,年。

(7) 森林游憩价值

对森林游憩价值的研究,常用的估价方法有旅行费用法和条件价值法。

①旅行费用法　简称 TCM 法,是国外比较流行的森林游憩价值评价方法之一。它利用旅游者的旅游成本来反映游憩地的价格,借以推算出对游憩地的需求价值。该法从森林游憩产品的最终消费者的角度出发,根据不同旅游者前往某一森林游憩地所花费旅游费用及时间机会成本、门票等,画出该旅游地的需求曲线,并计算出包括消费者剩余在内的经济价值。

②条件价值法　条件价值法是一种以调查为基础的技术,主要用于对非市场资源的估价,包括使用价值与非使用价值。调查给被访者提供了一个假想的情景,并让被访者陈述他们对于舒适环境的支付意愿(或者是对于恶化的环境他们愿意接受的赔偿)。这种技术被

普遍应用于估算由于水污染和大气污染造成的环境质量的改变并试图估计出保护某些环境的保护价值。

(8) 生物多样性保护价值

1998年,我国在《中国生物多样性国情研究报告》中(国家环保局,1998),将生物多样性的价值分为3种类型:直接使用价值、间接使用价值和潜在使用价值。

①直接使用价值 包括两部分,一是直接实物价值,即生物资源产品或简单加工品所获得的市场价值,包括林业、农业、畜牧业、渔业、医药业、工业(生物原料)产品及加工品的市场价值以及人们生计中消耗生物资源的价值。这部分价值采用直接定价法计算。二是非实物价值,主要包括生物多样性在旅游观赏、科学文化和畜力使役等方面的服务价值。这部分价值采用直接的市场定价法定价,而以花费的大小来替代他们的价值。

②间接使用价值 主要包括森林有机物的生成、吸收二氧化碳(CO_2)、释放氧气(O_2)、营养物质固定和循环、重要污染物降解、涵养水源和土壤保育等。评价采用市场价值法、替代市场法、防护费用法、恢复费用法等定价。

③潜在使用价值 包括潜在选择价值和潜在保留价值。对潜在选择价值采用保险支付意愿法评价,其中对重要的动、植物种群和物种采用专家咨询式保险支付意愿法评价;对潜在保留价值,采用系数法进行估价,尤其是对尚未鉴定的物种采用该法进行评价。

在此需要说明的是,在林木资源资产核算的内容和定价方法中,有些内容是SEEA推荐的内容,有些内容则不是。一些定价方法也是SEEA推荐的定价方法,如市场定价法、净现值法等,一些则不是。我国对林木资源的核算的研究虽然较早,从1987年开始就进行了大量相关研究,但截止目前仍十分混乱,迫切需要规范的林木核算内容和定价方法。

7.3.3 账户表达

根据林木资源各构成部分在提供物质产品和生态服务方面的重要程度,分级设置林木资源资产的核算账户(张卫民等,2017),具体账户见表7-4所列。

林地资源资产核算账户设置,主要以森林资源调查系统中的林地分类为基础,考虑国家对林木资源管理规定,按照重要性原则,设置7个一级账户。

有林地是林木资源最重要的部分,有林地是指连续面积大于$0.067hm^2$、郁闭度在0.2以上、附着有森林植被的林地,包括乔木林、红树林和竹林;国家为了加强对森林的保护和利用,采用了分类经营的管理制度,将森林划分为生态公益林和商品林,其中生态公益林包括防护林和特用林,商品林包括用材林、薪炭林和经济林;红树林、天然林大都划归了生态公益林。因此,在"有林地"一级账户下设置了"生态公益林地"和"商品林地"2个二级账户;"生态公益林地"二级账户按照森林起源设置了"天然林地"和"人工林地"2个三级账户;"商品林地"二级账户根据森林植被的类型设置了"乔木林地"和"竹林地"2个三级账户。

此外,在"灌木林地"一级账户下设置了"国家特别规定的灌木林地"和"其他灌木林地"2个二级账户,其中"国家特别规定的灌木林地"二级账户核算,根据国家有关法律法规的规定纳入森林覆盖率计算的灌木林地。在"无立木林地"一级账户下，设置"采伐迹地""火烧迹地"和"其他无立木林地"3个二级账户，核算森林采伐和森林火灾面积以及发生采伐和火灾后迹地造林的完成情况。

表 7-4　林木资源资产核算账户表

类别	一级账户	二级账户	三级账户	实物/价值单位
林地资源资产	1 有林地	1.1 生态公益林林地	1.1.1 天然林地	
			1.1.2 人工林地	
		1.2 商品林林地	1.2.1 乔木林地	
			1.2.2 竹林地	
	2 灌木林地	2.1 国家特别规定灌木林地		
		2.2 其他灌木林地		
	3 疏林地			
	4 未成林造林地			
	5 无立木林地	5.1 采伐迹地		
		5.2 火烧迹地		
		5.3 其他无立木林地		
	6 宜林荒山荒地			
	7 其他林地			
林木资源资产	1 用材林	1.1 速生丰产用材林		
		1.2 其他用材林		
	2 防护林			
	3 特用林			
	4 薪炭林			
	5 经济林			
	6 竹林			
	7 其他林木	7.1 散生木		
		7.2 四旁树		

在上述表格中，林木资源资产的核算账户以《中华人民共和国森林法》（以下简称"森林法"）划分的五大林种为基础，并考虑林木资源管理制度及森林资源调查内容，设置了 7 个一级账户。除了五大林种之外，增加了"竹林"和"其他林木"2 个一级账户。竹林主要为用材林，少部分划为防护林和特用林，由于其计量单位的特殊性，设置了"竹林"一级核算账户。"其他林木"一级账户下设置了"散生木"和"四旁树"2 个二级账户，主要核算达不到森林的标准，但列入林木资源管理和林木资源调查范围，并计入林木绿化率计算

的林木资源①。由于用材林是监管的重点,所以在"用材林"一级账户下,按经营强度分别设置"速生丰产用材林"和"其他用材林"2个二级账户。

从该账户的设置也可以看出,相关账项的内容虽然与我国森林资源清查体系的森林分类的内容一致,但与 SEEA 要求的林木资源资产的账户有很大的出入,尤其缺少对林木资源资产流量核算的反映,也无法纳入国民账户体系(SNA),这也是上述账户需要改进的地方。

7.4 整合的林木资产负债表

林木资源资产负债表是反映企业在某一特定时期内林木资源的资产、负债和所有者权益增长变化情况的管理报表,是企业林木资源经营活动的体现。

7.4.1 林木资产负债表

林木资产负债表核算一般在林木资产实物量、价值量核算的基础上进行的价值量核算。

林木资源资产负债表编制采用报告式资产负债表方式(张颖等,2016)。在资产负债表中:

(1)资产项目

根据林木资源资产类型分为林木资源(具体林地、林木分类参考表 7-4)、生态环境服务和其他 3 类。

(2)负债项目

一般是企业承担的现时义务。资源资产的主体主要是国家,是企业为保护国家的资源资产而减少的生产量和进行的保护性投入等。对于森林管护费,是在依法保护林木林地资源的同时,允许承包经营区的责任人保护、经营、利用经济植物;建设森林所需设备,是健康运营的重中之重。科学先进的设施仪器和优质的科技示范中心,能有效推进森林防御有害动植物、科研推广的可持续发展;应付职工薪酬也是主要的负债项目,在进行森林保护的同时,需要大批专业高效的职员,这也是保障林木资源合理高效运用的必要手段;应交税费也是必备科目,因为在木材和木制品的交易时必定会产生交易费用(李林林,2017);此外,一般资源资产的自然损耗量也应统计,并作为负债项列入账户中。因此,负债项目还包括资源耗减、生态建设保护投入等,其中资源耗减分为采伐量、病虫鼠害和火灾等引起的自然枯损量。

(3)净资产项目

即通过林木资源资产价值的期初值±本期变化量/负债获得。

(4)负债率

反映了国家林木资源资产负债水平及风险程度。

具体价值型林木资源资产负债表见表 7-5 所列。

---

① 根据林木资源规划设计调查技术规程(GT/T 26424—2010),林木绿化率是一定区域的林木覆盖面积占土地面积的百分比,其中林木覆盖面积包括有林地面积、灌木林面积,以及四旁树等林木的折合面积;四旁树等按 1650 株/公顷(hm^2)(每亩 111 株)折算林木覆盖面积。

表 7-5 林木资源资产负债表核算期(万元)

项目	资产			项目	负债		
	期初价值量	本期变化量	期末价值量		期初价值量	本期变化量	期末价值量
1 林木资源				1 管护费用			
1.1 林地				2 建设费用			
1.2 林木				3 应付职工薪酬			
1.3 林产品				4 应交税费			
2 生态环境服务				5 其他应付费用			
2.1 涵养水源				6 资源耗减			
2.2 保育土壤				7 采伐量			
2.3 固碳释氧				8 枯损量			
2.4 生物多样性保护价值				9 生态减少保护投入			
2.5 净化大气环境							
3 其他							
3.1 旅游收入							
3.2 科学文化价值							
合计				合计			
				净资产合计			
				资产负债率(%)			

从上述表格可以看出,该负债表核算虽然严格按照"资产-负债=净资产"的平衡式进行核算的,但也混淆了资产负债核算与林木资源资产一般核算的区别。林木资产负债表核算,仅仅是对资产的价值核算,不应包括生态环境服务等非资产性的流量内容,这些是属于一般核算的内容。况且,按照 SEEA2012 的要求,负债应是超过林木资源资产再生能力(承载力或容量)的耗减,并且这些耗减也应有"自然引起的"和"经济活动引起的"划分。因此,该负债表也需进一步完善和改进,并按照 SEEA2012 的规范进行资产负债表核算。

7.4.2 资产负债表的指标分析

本部分以我国森林资源清查数据为依据,试验性编制了 2008—2013 年我国林木资源资产负债表,并进行相关分析。该资产负债表采用报告式的方式编制,具体见表 7-6 所列。

在资产负债表中:

(1)期初价值量

根据第七次森林清查的林地面积、森林蓄积量统计数据和有关价格计算得到。

(2)本期变化量

根据第八次森林资源清查数据和 2008—2013 年《中国林业统计年鉴》中林地、林木资产变化量和生态建设保护投入的数据得到。

表 7-6　2008—2013 年林木资源资产负债表（亿元）

项目	期初价值量(2008)	本期变化量	期末价值量(2013)
资产:			
林地资产	55 364.26	2560.85	57 925.11
有林地	41 940.05	3060.24	45 000.29
疏林地	570.92	-126.47	444.45
灌木林地	4115.83	230.19	4346.02
未成林地	1393.14	-712.87	680.27
苗圃地	573.08	88.74	661.82
无立木林地	848.64	483.04	1331.68
宜林地	5737.87	-758.00	4979.87
林业辅助生产用地	184.73	295.96	480.69
林木资产	94 733.72	13 913.78	108 647.50
森林蓄积	89 832.25	13 338.92	103 171.17
幼龄林	3243.34	402.22	3645.56
中龄林	16 604.09	1408.82	18 012.91
近熟林	23 053.55	4307.68	27 361.23
成熟林	27 638.82	4534.95	32 173.77
过熟林	19 292.45	2685.25	21 977.70
疏林地蓄积	465.24	-44.59	420.65
散生木蓄积	2973.72	231.91	3205.63
四旁树	1462.51	387.54	1850.05
资产合计	150 097.98	16 474.63	166 572.61
负债:			
资源耗减		-28 541.99	
采伐量		-21 940.40	
枯损量		-6601.59	
生态建设保护投入		-6200.47	
负债合计		-34 742.47	
净资产:			
合计			131 830.14
资产负债率(%)			20.86

资料来源：张颖，潘静，2016.

(3) 负债项

主要包括资源耗减和生态建设保护投入。根据第七次、第八次森林资源清查数据和《中国林业统计年鉴》的相关统计数据得到。具体统计中以"-"号表示负债项的内容。

(4) 净资产

根据"资产=负债+所有者权益"的原理进行不同项目的核算。净资产就是所有者权益，是指林木资源资产扣除负债后由所有者享有的剩余权益。即净资产=期末资产-负债。

(5) 资产负债率

资产负债率=负债总额/资产总额×100%。在此计算的林木资源资产负债率为20.86%，远低于国际上75%的警戒水平，说明我国林木资源资产从经营管理的角度来看，负债率是比较低的。另外，国际上一般认为，资产负债率的适宜水平是40%~60%。作为资源资产，林木资源资产的负债率较低，一方面说明了我国森林资源保护比较成功；另一方面也说明了林木资源的采伐利用水平等还比较低。

同样，从2008—2013年我国林木资源资产负债表的试验性核算可以看出，该负债表也同样把所有林木资源资产的耗减均当成了"负债"，没有考虑资源的恢复能力（承载力）等。另外，把"生态建设保护投入"纳入"负债"也值得讨论。

思考题

1. 作为可再生资源的林木资源，如何理解林木资源的主要特征和作用？
2. 在林木资源核算中，如何理解林木资源的"负债"问题？在资源环境承载力范围内，存在林木资源"负债"吗？
3. 林木资源定价的方法有哪些？联合国等部门在SEEA中推荐的规范的林木定价方法是什么？

拓展阅读

1. Integrated Environmental and Economic Accounting: An Application to the Forest Resources in India. Haripriya G S. Environmental & Resource Economics, 2001, 19(1): 73-95.

2. U. Assessing natural resource management through integrated environmental and social-economic accounting: The case of a Namibian conservancy. Morton, H, Winter, E, Grote, Journal of Environment & Development: 1070496516664385.

3. National green accounting: an application to forests in the Autonomous Province of Trento(Italy). Gios G, Goio I. austrian journal of forest science, 2009, 126(1): 101-117.

4. 林业统计核算优化模型与绿色政策分析. 张颖. 北京：中国经济出版社，2011.

第8章 水资源核算

水资源核算是 SEEA 重要的核算内容。水资源也是和社会经济环境密切相关的重要资源，它在社会经济发展和生态环境保护以及人们的日常生活中发挥着重要的作用。

8.1 水资源的定义与分类

8.1.1 定　义

《国际水文学术语词典》将水资源定义为："在某一地点和某段时期，适合于某种确定需求的可供利用或者能够经过处理而可供利用的水，它具有足够的数量和适当的质量。"我国《水法》中的水资源，是指属于国家所有的水，包括地表水和地下水。有学者从水资源的概念含义将水资源分为广义水资源和狭义水资源。其中，广义水资源是储存于地球上，能被人类利用的所有形态的水，有地表水、地下水等。狭义水资源是在广义基础上的满足：可利用的淡水；能被直接利用；可循环再生3个约束条件的水资源。尽管国内外学者对水资源没有准确统一的定义，但他们之间有很多相似之处。水资源是自然资源的一部分，是自然界中以各种形态存在的气态、液态或固态的天然水、地表水、地下水等，能够不断再生被人类利用、满足生产生活等需求、可计量的淡水资源。水资源资产概念的范畴比水资源的范畴略小，它是水资源的一部分，满足以下条件才能称其为水资源资产：①水资源能在合理调配下的使用状态为人们所使用；②水资源资产具有价值且能够用货币衡量；③能够为用水户带来经济效益。

8.1.2 分　类

从水资源来源层面来看，联合国等《SEEAW》将水资源资产分为3类：地表水、地下水和土壤水。地表水又分为"人工水库""湖泊""河川溪流""冰川、雪和冰"。在此基础上，按水的不同来源及流向，将地表水、地下水和土壤水细分为回归水、降水、入流、新发现水源、取水、蒸发量、出流以及其他。在我国水资源资产负债表表式设计中，水资源资产的分类与 SEEAW 分类一致，分为地表水和地下水，土壤水。二级分类中地表水是指河流、湖泊、沼泽或淡水湿地，但湿地在 SEEAW 核算框架中，被归为土地资源。

8.2 实物型水资产账户

8.2.1 核算范围

水资源资产核算范围是各研究区域内的地表水包括人工水库、湖泊、河溪、沼泽或淡水湿地，以及地下水、土壤水。水资源负债核算范围包括水资源过耗、水体污染物排放、水生态系统服务破坏等。

8.2.2 核算方法

水资源资产核算和负债表核算，包括两方面内容：①核算期初、期末研究区水资源实物存量及期内的水资源资产实物变化情况，通过区域内核算期地表水、地下水、土壤水的实物量变化指标体现；②核算期末新增水资源负债，主要通过核算期内水资源的过量消耗、水体污染物超标排放以及水生态破坏3个方面指标体现。

8.2.3 账户表达

实物型水资产账户由1张主表、2张辅表构成。主表为实物型水资源量核算表，用于反映研究区核算期内水资源整体资产情况。辅表包括水资源过耗实物量核算表、水污染物排放实物核算表。主要反映水资源资产超过资源承载力的耗减、利用等情况。

（1）水资源资产实物量核算表

规范的水资源资产账户是按SEEA的有关账户来编制的。表8-1粗略反映了水资源资产账户的一些内容。

表 8-1 水资源量实物核算表($\times 10^8 \mathrm{m}^3$)

指标名称	水资源量
期初存量	
存量增加	
降水形成的水资源	
流入与调入量	
从区域外流入量	
从区域外调入量	
从区域内其他水体流入	
其他水源水量	
经济社会用水回归量	
灌溉水回归量	
非灌溉水回归量	
存量减少	
取水量	

(续)

指标名称	水资源量
生活	
工业	
农业	
生态环境补水	
流出与调出量	
流向区域外水量	
流向海洋水量	
调出区域外水量	
流向区域内其他水体	
非用水消耗量	
年末存量	

实际上,该表为 SEEA 推荐的比较规范的水资源实物核算表。表中既有水资源量的期初、期末核算,也有水资源量的变化核算,并有引起这些变化指标的比较详细的划分,有助于分析水资源资产变化的原因,促进水资源管理水平的提高。

(2) 水资源资产核算辅表

水资源资产核算辅表包括过耗实物核算表和水体污染物排放实物核算表。

①水资源过耗实物核算表 水资源量过耗实物核算见表 8-2 所列。该表也是综合环境经济核算推荐的一个水资源资产核算的内容,主要目的是在价值核算中辨别水资源资产负债项。

表 8-2 水资源过耗实物核算表($\times 10^8 \mathrm{m}^3$)

指标名称	地表水	地下水		合计
		地下水总量	其中:深层地下水	
用水控制量				
实际用水量				
超标使用量				

②水体污染物排放实物核算表 水体污染物排放实物核算见表 8-3 所列。该表也列出了主要水体污染物的内容,以反映引起水体水质变化的主要污染情况。

表 8-3 水体污染物排放实物核算表(t)

指标名称	氨氮	化学需氧量(COD)	合计
污染物排放控制量			
实际排放量			
超排量			

8.3 价值型水资产账户

8.3.1 估价原则

对水资源进行价值核算,首先要进行水资源资产的估价,估价要遵循以下几个原则:

(1)国际经验与国情兼顾的原则

我国的环境核算研究起步较晚,需要参照和积极借鉴国外先进的综合环境经济核算理论和实践经验,不断改进核算方法,保持与国际环境经济核算机构的密切合作与交流,以提高我国的综合环境经济核算水平。同时,也要针对中国的现实,依托已经取得的水资源核算的实践经验,逐步完善与我国现有统计与核算体系的衔接,积极探讨我国水资源核算理论,构建符合本土化的我国水资源核算体系。

(2)可操作性原则

为使水资源价值核算能够更有效地运用于实际分析,提高我国水资源管理水平,选取的核算指标必须具有可测性,并具备相应的数据支持。指标概念要明确,内容清晰,能够实际计量或测量,以便进行定量分析。

(3)可比性原则

要考虑不同时期的动态对比以及不同地区的空间比较,不过分强调特殊性,否则会影响地区之间以及不同省市之间的可比性。考虑资料的搜集与整理,所选指标还应具有较好的包容性和可比性,以利于实际的分析应用。

8.3.2 估价方法

8.3.2.1 水资源收益现值法

水资源收益现值法是指通过水资源资产的供给或使用而产生的未来预期收益,并将其折算成现值,借以确定被估水资源资产价值的一种方法。这里的预期收益有 2 种形式:一是水资源占有企业,将供给不同用户使用的水资源通过征收水费或其他收入而获得的预期收益;二是水资源资产用户使用水资源而产生的预期收益。根据预期收益对象的不同,水资源收益现值法可分为供水部门收益现值法和用水部门收益现值法。

①供水部门收益现值法 假定通过对水资源资产供水部门或企业的收益预测,得到未来 n 年内的各年的收益分别为: P_1, P_2, …, P_n,那么以适当的折现率 r 对该收益系列进行折现,即可求得其现值。水资源价值收益现值法评估模型如下:

$$P = \sum_{i=1}^{n} \frac{P_i}{(1+r)^i} \tag{8-1}$$

当 $P_1 = P_2 = \cdots \cdots = P_n = P$ 时,上式转换为:

$$P = \frac{P[(1+r)^n - 1]}{r(1+r)^n} \tag{8-2}$$

当 $n \to \infty$ 时,上式变为

$$P = \frac{P}{r} \tag{8-3}$$

②用水部门收益现值法　假如用水部门 j 在第 i 年的单位水资源资产收益为 b_{ij} ($i=1$, $2,\cdots,n$; $j=1, 2,\cdots, k_i$)，相应的水资源资产量为 ω_{ij} ($i=1, 2,\cdots, n$; $j=1, 2,\cdots$, k_i，k_i 为第 i 年用水部门总数)，则可得到第 i 年的水资源资产收益为：

$$B_i = \sum_{i=1}^{n} b_{ij} \omega_{ij} \tag{8-4}$$

被估水资源资产总收益现值为：

$$P = \sum_{i=1}^{n} \frac{B_i}{(1+r)^i} \tag{8-5}$$

采用收益现值法能真实和较准确地反映水资源资产的价值，在此基础上确定水资源资产价格较为科学合理，但缺点是预期收益额预测难度大，折现率的确定也有一定的困难。

8.3.2.2　模糊数学模型法

水资源价值模糊数学模型法：水资源的价值因素由自然因素(包括环境因素)、经济因素、社会因素组成，自然因素决定了水资源的基础态势，如水资源的丰度和品质、水资源的开发条件和特性；经济因素主要包括经济发展速度、产业结构、规模、利用效率、GDP 等；社会因素主要包括人口、技术、政策、文化历史背景等。水资源价值模型由姜文来等在 1995 年提出，可以用以下函数表示：

$$V = f(X_1, X_2, X_3, \cdots, X_n) \tag{8-6}$$

式中　V——水资源价值，元；

$X_1, X_2, X_3, \cdots, X_n$——影响水资源价值的因素，如人口、人均资源量、COD 含量、人均 GDP、水资源开发利用率等。

水资源价值模糊数学模型实质上分为水资源价值综合评价和水资源价格向量计算两部分。具体详细步骤如下：

(1) 水资源价值综合评价

设 $U = \{X_1, X_2, X_3, \cdots, X_n\}$ 为水资源价值要素，$W = \{$高，偏高，一般，偏低，低$\}$ 为评价向量，水资源价值综合评价可以用如下公式表示：

$$V = A \circ R \tag{8-7}$$

式中　V——水资源价值综合评价值，元；

A——$X_1, X_2, X_3, \cdots, X_n$ 各要素评价的权重，本部分采用层次分析法和熵值法结合的方法确定各要素权重；

"$\circ$"——模糊矩阵的复合运算符号，常用的 4 种模糊算子为 $M(\wedge, \vee)$ 算子、$M(\circ, \vee)$ 算子、$M(\wedge, \oplus)$ 算子、$M(\circ, \oplus)$ 算子，本节选取加权平均型算子 $M(\circ, \oplus)$ 进行综合评价；

R——$R_1, R_2, R_3, \cdots, R_n$ 评价矩阵所组成的综合评价矩阵。

$$R = \begin{pmatrix} R_1 \\ R_2 \\ R_3 \\ \cdots \\ R_n \end{pmatrix} = \begin{pmatrix} R_{11} & R_{12} & R_{13} & R_{14} & R_{15} \\ R_{21} & R_{22} & R_{23} & R_{24} & R_{25} \\ R_{31} & R_{32} & R_{33} & R_{34} & R_{35} \\ \cdots & \cdots & \cdots & \cdots & \cdots \\ R_{n1} & R_{n2} & R_{n3} & R_{n4} & R_{n5} \end{pmatrix} \tag{8-8}$$

式中，$R_{ij}(i=1, 2, \cdots, n; j=1, 2, \cdots, 5)$ 代表单要素 i 的 j 级评价值，本研究为 5 个评价级。

R_{ij} 的确定，首先要确定单要素 i 中子因素的隶属函数。隶属函数的确定有多种方式，本节选用降半梯形分布，建立一元线性隶属函数，公式如下：

$$\text{当 } j=1 \text{ 时，} \mu_{i1}(x) = \begin{cases} 1, & x \leq x_{i1} \\ \left| \dfrac{x-x_{i1}}{x_{i1}-x_{i2}} \right|, & x_{i1} \leq x \leq x_{i2} \\ 0, & x \geq x_{i2} \end{cases}$$

$$\text{当 } j=2, 3, 4 \text{ 时，} \mu_{ij}(x) = \begin{cases} \left| \dfrac{x-x_{i,j-1}}{x_{ij}-x_{i,j-1}} \right|, & x_{i,j-1} \leq x \leq x_{ij} \\ \left| \dfrac{x-x_{i,j+1}}{x_{i,j+1}-x_{ij}} \right|, & x_{ij} \leq x \leq x_{i,j+1} \\ 0, & x \leq x_{i,j-1}; x \geq x_{i,j+1} \end{cases} \quad (8-9)$$

$$\text{当 } j=5 \text{ 时，} \mu_{in}(x) = \begin{cases} 1, & x \geq x_{in} \\ \left| \dfrac{x-x_{i,n-1}}{x_{in}-x_{i,n-1}} \right|, & x_{i,n-1} < x < x_{i,n+1} \\ 0, & x \leq x_{i,n-1} \end{cases}$$

式中　　x——评价因子的实际值；

$x_{i,j-1}$，x_{ij}——评价因子相邻两等级的设定标准值；

i——评价因子符号，$j=2, 3, \cdots, n$，$n=5$；

$\mu_{ij}(x)$——评价因子 i 的隶属度。

最终所得结果为水资源价值综合评价值 R，它是一种无量纲的综合评价向量，需要通过水资源价格向量 S 最终才能获得水资源价格。

（2）水资源价格向量计算

确定水资源价格向量的关键是水资源价格上限。水资源价格的上限就是达到最大水费承受指数（水费支出/总收入）时水资源的价格 P，计算公式如下：

$$P = B \times \frac{E}{C} - D \quad (8-10)$$

式中　　P——水资源价格上限，元/m³；

B——最大水费承受指数，无量纲；

E——居民人均可支配收入，元；

C——用水量，m³；

D——供水成本及正常利润，元/m³。

上述所得的水资源价值综合评价 R 是一个无量纲的向量，必须通过如下公式转换为水资源价格：

$$W_{LJ} = R \cdot S$$

式中 W_{LJ}——水资源价格，元/m³；

S——水资源价格向量，$S=(P, P_1, P_2, P_3, 0)$，元/m³。

除上述估价方法外，水资源估价还有其他的方法，但不同的方法使用的前提条件等有很大的差别。

8.3.3 账户表达

价值型水资产账户由1张主表、4张辅表构成。主表为水资源资产核算表，用于反映研究区核算期内水资源整体情况。辅表包括资产负债表、水资源过耗价值核算表、水污染物排放价值核算表、水生态系统服务破坏价值核算表。

（1）水资源资产核算表

与水资源实物量核算的账户相对应，水资源价值核算见表8-4所列。

表8-4 水资源量价值核算表（$\times 10^8$ 元）

指标名称	水资源量
期初存量	
存量增加	
降水形成的水资源	
流入与调入量	
从区域外流入量	
从区域外调入量	
从区域内其他水体流入	
其他水源水量	
经济社会用水回归量	
灌溉水回归量	
非灌溉水回归量	
存量减少	
取水量	
生活	
工业	
农业	
生态环境补水	
流出与调出量	
流向区域外水量	
流向海洋水量	
调出区域外水量	
流向区域内其他水体	
非用水消耗量	
年末存量	

该表按照 SEEA 的要求，比较规范的反映了水资源资产的价值存量和变化情况。

(2) 水资源资产核算辅表

①水资源资产负债表　根据 SEEA 的要求，只有金融资产才能编制资产负债表，也才能进行资产负债核算。因此，水资源资产负债核算只能在水资源价值核算的基础上进行，具体见表 8-5 所列。

表 8-5　水资源资产负债表($\times 10^8$ 元)

科目编号	资产类	期初值	期末值	科目编号	负债类	期末值
101	地表水			201	资源过耗	
102	地下水			202	环境损害	
103	土壤水			203	生态破坏	
	合计				合计	
				301	资产净值	

在实际核算中，一些账项还应根据 SEEA 的要求和核算区域的实际情况进一步进行细化。在这里还应注意，负债项的编制一定要符合 SEEA 的界定，不能把资源的正常使用和对生态环境的维护、修复和管理等均当成"负债"，负债是超过资源再生能力(承载力)的耗减，或超过再生能力的环境损害和生态破坏。

②水资源量过耗价值核算表　同样，与实物量核算相对应，水资源量过耗价值核算见表 8-6 所列。

表 8-6　水资源过耗价值核算表($\times 10^8$ 元)

指标名称	地表水	地下水		合计
		地下水总量	其中：深层地下水	
用水控制量				
实际用水量				
超标使用量				

③水体污染物排放价值核算表　水体污染物排放价值核算同样与实物量核算表相对应，具体见表 8-7 所列。

表 8-7　水体污染物排放价值核算表($\times 10^8$ 元)

指标名称	氨氮	化学需氧量(COD)	合计
污染物排放控制量			
实际排放量			
超排量			

④水生态系统服务破坏价值核算表　水生态系统服务破坏价值核算见表 8-8 所列。该表是与水生态破坏实物核算不一样的一个内容。水生态系统服务是一种流量核算，其破坏量核算也是一种流量核算。按照 SEEA 的有关要求，其价值核算可以与实物核算不一致，也不一定一一对应。

表 8-8　水生态系统服务破坏价值核算表（×10^8 元）

指标	调蓄洪水	净化水质	合计
期初生态系统服务			
期末生态系统服务			
生态系统服务破坏量			

8.4　整合的水资产负债表

8.4.1　实物价值型水资产负债表

根据水资源资产实物型和价值型核算的表格和账户，可以把实物型和价值型账户整合在一起，编制混合的实物价值型水资产负债表或账户。具体的实物价值型水资产负债表见表 8-9 所列。

表 8-9　实物价值型水资产负债表（m^3、×10^8 元）

科目编号	资产类	期初值		期末值		科目编号	负债类	期末值	
		实物量	价值量	实物量	价值量			实物量	价值量
101	地表水					201	资源过耗		
102	地下水					202	环境损害		
103	土壤水					203	生态破坏		
	合计						合计		
						301	资产净值		

在实物价值型水资产负债表和有关账户中，实物计量单位应按照 SEEA 的有关要求来设计，但要注意实物价值型水资产负债表不同于一般的水资源资产核算，它仅仅是对水资源资产的核算，不包括非资产类项目的核算。

8.4.2　资产负债表的指标分析

总体来看，水资源资产负债表列报遵循"水资源资产－水资源负债＝水资源净资产"这一基本会计恒等式。但若在统计核算过程中有误差，令等式不成立，则可添加"资产负债核算差额"这一项使左右恒等，"水资源资产－水资源负债＝水资源净资产＋资产负债核算差额"。

（1）水资源资产表

可以显示一国或地区内某一时点上的水资源资产实物量和价值量是多少，反映一定时间内水资源资产实物存量和价值存量的变化。水资产表中地表水、地下水、土壤水的水资源量可以反映一国或地区的水资源结构以及资源禀赋现状。也能反映地方政府领导干部在推进地方经济社会建设中所耗费的水资源存量，揭示地方政府在水资源管理和环境保护投入上的水资源资产变动绩效水平。

（2）水资源负债表

在摸清水资源资产实物量和价值量的基础上，可以综合反映社会经济发展对水资源的不利影响，揭示资源管理和在环境保护利用过程中存在的自然资源风险。资源过耗期末的实物量和价值量，环境损害期末的实物量和价值量，生态破坏期末的价值量，既能充分反映社会经济发展过程中的环境保护和水资源管理责任，又能反映其水资源管理和环境保护责任的履行情况。其中，水资源负债表中的科目301——资产净值中"资产负债核算差额"，是为使会计恒等式左右相等单独列出。

（3）水资源资产核算

可以综合评价一个地区水资源生态环境协调可持续发展情况。结合其他经济、社会统计报表的相关指标，可以综合衡量一个地区在经济社会发展中的资源环境状况和生态发展水平。同时，可通过与GDP和水资源资产的GEP指标的结合，综合考核经济与环境协调可持续发展情况。并通过水资源资产负债表管理，有效协调产业政策和水资源资产保护政策，降低经济发展所面临的水资源环境风险，促使经济社会生态协调和可持续发展。

水资源资产负债核算目前仍处在探索实践阶段，相关的研究仍需要不断的丰富和完善。

思考题

1. 水资源价值是指水资源使用者为了获得水资源使用权需要支付给水资源所有者的货币额，它与水价是相同的概念吗？合理的水价应该包括水资源价值吗？
2. 目前在水资源核算中存在各种各样的问题，最主要的就是水资源定价的问题，如何确定一个比较合理的水资源价格？
3. 在水资源核算中，如何考虑水质问题？

拓展阅读

1. 水资源核算及对GDP的修正——以中国东部经济发达地区为例. 王舒曼，曲福田. 南京农业大学学报，2001，24(2)：115-118.
2. 水资源价值论. 姜文来. 北京：科学出版社，1998.
3. 生态价值论. 李金昌，姜文来，等. 重庆：重庆大学出版社，1999.
4. 水资源价值模型评价研究. 姜文来，武霞，林桐枫. 地球科学进展，1998，13(2)：178-183.

第9章 生物多样性资源核算

生物多样性是人类赖以生存和可持续发展的物质基础,是地球几十亿年发展进化的结果。保护生物多样性就是保护人类生存和发展的基础,也就是保护人类自身。

9.1 生物多样性资源的定义与分类

9.1.1 定 义

二次世界大战以后,国际社会在发展经济的同时更加关注生物资源的保护问题,在拯救珍惜濒危物种、防止自然资源的过度利用等方面开展了很多工作。1980年由IUCN等国际自然保护组织编制完成的《世界自然保护大纲》正式颁布,该大纲提出了要把自然资源的有效保护与资源的合理利用有机地结合起来,这一观点对促进世界各国加强生物资源的保护工作起到了很大的推动作用。之后,人们在开展自然保护的实践中逐渐认识到,自然界中各个物种之间、生物与周围环境之间都存在着十分密切的联系,因此需要对物种所在的整个生态系统进行有效保护,生物多样性的概念也应运而生。

1992年,联合国环境与发展大会通过了《生物多样性公约》,该公约指出,生物多样性是指"所有来源的活的生物体中的变异性,这些来源除其他外包括陆地、海洋和其他水生生态系统及其所构成的生态综合体,这包括物种内、物种之间和生态系统的多样性"(联合国,1992;张颖,2002)。《保护生物学》一书中给生物多样性的定义为:"生物多样性是生物及其环境形成的生态复合体以及与此相关的各种生态过程的综合,包括动物、植物、微生物和它们所拥有的基因以及它们与其生存环境形成的复杂的生态系统"(蒋志刚等,1997)。因此,生物多样性简单的定义是生物和它们组成的系统的总体多样性和变异性。生物多样性包括3个层次,即基因多样性、物种多样性和生态系统多样性。

9.1.2 分 类

目前,生物多样性除包括基因(遗传)多样性、物种多样性和生态系统多样性外,还增加了景观多样性。这4个组成部分分别为:

(1)物种多样性

物种多样性是生物多样性的核心。陈世骧(1978)将物种定义为:物种为繁殖单元,由又连续又简短的聚群组成。物种是进化的单元,是生物系统线上的基本环节。作为一个物种必须同时具备如下条件:①具有相对稳定的而一致的形态学特征,以便与其他物种相区别；②以种群的形式生活在一定的空间内，占据一定的地理分布区，并在该区域内生存和繁衍后代；③具有特定的遗传基因的库，同种的不同个体之间可以相互配对和繁殖后代，不同种的个体之间存在着生殖隔离。

(2) 遗传多样性

遗传多样性是生物多样性的重要组成部分，也就是生物的遗传基因多样性。任何一个物种或一个生物个体都保存着大量的遗传基因，可被看作是一个基因库。一个物种所包含的基因越丰富，它对环境的适应能力就越强。基因的多样性是生命进化和物种分化的基础。

(3) 生态系统多样性

生态系统是各种生物与周围环境所构成的自然综合体。所有的物种都是生态系统的组成部分。在生态系统之中，不仅各个物种之间相互依赖，彼此制约，而且生物与其周围的各种环境因子也是相互作用的。生态系统多样性主要是指地球上生态系统组成、功能的多样性以及各种生态过程的多样性，包括生境的多样性、生物群落和生态过程的多样化等多个方面。其中，生境的多样性是生态系统多样性形成的基础，生物群落的多样化可以反映生态系统类型的多样性。

(4) 景观多样性

景观是一种大尺度的空间，是由一些相互作用的景观要素组成的具有高度空间异质性的区域。景观要素是组成景观的基本单元，相当于一个生态系统。景观多样性是指由不同类型的景观要素或生态系统构成的景观在空间结构、功能机制和时间动态方面的多样化程度。

9.2 实物型资产账户

9.2.1 核算范围

生物多样性资源资产核算范围是指生物多样性各子类下的生物资产构成（不包括生态资产范围），如森林生物资源下的林木资源、动物资源、微生物资源，水生资源下的内陆水域水生资源、海洋水域水生资源（如海洋植物、海洋动物、海洋藻类、海洋鱼类、海洋微生物等），以及一些其他的生物资源等。生物多样性资源负债核算范围，包括超过生物资源再生能力（承载力）范围的耗减和超过再生能力范围的应付资源一般管理活动款、应付恢复资源存量活动款、应付减少资源提取活动款、应付其他资源管理活动款、应付生物多样性和景观保护费、应付资源管理人员薪酬以及其他款项等。净资产包括投入资本和剩余权益等。这样的核算范围，也同样存在一定的争议，混淆了资源资产核算与其提供的服务及其管理、维护和恢复的活动的概念等。

9.2.2 核算方法

生物多样性资源资产及负债核算方法主要根据其核算内容来确定。核算内容包括两方面：①核算期初、期末研究区生物资源实物存量及期内的生物资源资产实物变化情况，通过区域内森林生物资源、水生资源以及其他生物资源的实物量变化等指标体现；②核算期初、期末研究区生物多样性资源负债，主要通过核算生物资源超过其再生能力的耗减和超过其再生能力的应付资源一般管理活动款、应付恢复资源存量活动款、应付减少资源提取活动款、应付其他资源管理活动款、应付生物多样性和景观保护费、应付资源管理人员薪酬以及其他指标等来体现。

9.2.3 账户表达

实物型生物多样性资产账户主要由1张主表构成。主表为生物多样性资源资产实物型核算表,用于反映研究区核算期内生物多样性资源资产整体及变化情况。辅表主要为生物多样性资源资产负债核算明细表,由于资产负债表主要是建立在价值型核算基础上的,因此,实物型账户不用列示相关辅表。

生物多样性资源资产实物型核算表见表9-1所列。

表9-1 生物多样性资源资产实物量核算表

项目	森林生物资源	水生生物资源	其他生物资源……
	实物量(单位)	实物量(单位)	实物量(单位)
期初存量			
存量增加			
自然增长			
重估量			
重分类			
小计			
存量减少			
开采量(或捕捞量)			
自然损失			
灾难性损失			
重估量			
重分类			
小计			
期末存量			

在实物型生物多样性资产账户中,除反映生物多样性资源资产的数量指标外,如有可能,也应尽量反映有关资源资产的质量指标。

9.3 价值型资产账户

9.3.1 估价原则

生物多样性资源资产估价过程同样要遵循以下几个核算原则:
(1)可持续发展原则
生物资产是人类赖以生存的重要物质基础,评估时要确保这些资产能够更合理的开发利用，以维持生态平衡。因此，评估过程要有利于生物资产的可持续发展之路。

（2）可操作性原则

为使生物多样性资源资产核算能够更有效地运用于实际分析，选取的指标要具有可测性，并具备相应的数据支撑。指标要概念明确，内容清晰，能够实际计量或测算，以便进行定量分析、比较。

（3）全面性原则

生物多样性资源资产包括生物资源资产和生态资源资产，生物资源种类层次多样、性质用途迥异且地域分布不平衡性明显，账户中的有关指标既要体现实物量（数量和质量）信息，又要体现一般变化的信息。要全面考虑各资源资产子类的各项内容，进行加总、提炼、归并，形成具有全面信息的生物资源资产核算表。

（4）可比性原则

要考虑不同时期的动态对比以及不同地区的比较分析，不过分强调特殊性，否则会影响地区之间以及不同省市之间的可比性。考虑到资料和数据的搜集与整理，所选指标还应具有较好的包容性和可比性，以利于实际的分析应用，并尽量选用 SEEA 推荐的指标，以保持与有关账户内容保持一致。

9.3.2 估价方法

目前，生物多样性资源资产核算估价的方法还不统一，SEEA 推荐使用机会成本法和 CVM 方法。我国对生物多样性资源资产常用的估价方法有：

（1）市场估值法

市场估值法是基于经济活动对环境的利用量及其市场价格来计算非生产型生物资产的经济使用价值的一种估值方法。市场估值法具有较强的客观性，能够避免在"愿意支付"调查中出现的偏差，而且其市场价格与传统账户要求的价值相一致，也便于国际间的比较。因此，这种方法也是目前资源资产核算常用的估价方法。

（2）维护成本法（维护费用法）

维护成本是指为使环境到达降级或者受损前的状态所要投入的成本，其实质上是为保护环境所必须付出的防御性支出。该方法是将维护成本作为核算非生产性生物资产的经济使用价值。与市场估值法相比，维护成本法不仅能够保证生物多样性资源的可持续利用，而且使用范围比较广泛，但是其可操作性不强。

（3）条件评估法

该方法是市场估值法与维护成本法的结合，既反映市场价格也反映消费者的支付意愿。条件评估法（Contingent Valuation Method，CVM）是在假想的市场环境中，调查人们对于防止环境恶化或者改善环境质量而愿意付出的货币量大小（即最大支付意愿），或者是在环境恶化时所能接受的最低补偿金额多少（即最小受偿意愿）。

9.3.3 账户表达

价值型生物多样性资源资产账户一般要求与实物型账户相对应，但不必一一对应，因为资产负债核算属于金融资产核算范畴，而实物核算则不属于此范畴。生物多样性资源资产价值核算账户主要由 1 张主表、2 张辅表构成。主表为生物多样性资源资产价值核算表，辅表包括资源资产负债表和核算明细表。

（1）生物多样性资源资产价值核算表

生物多样性资源资产价值核算见表 9-2 所列。

表 9-2　生物多样性资源资产价值量核算表（$\times 10^8$ 元）

项目	森林生物资源	水生生物资源	其他生物资源……
	价值量	价值量	价值量
期初存量			
存量增加			
自然增长			
重估价			
重分类			
小计			
存量减少			
开采量（或捕捞量）			
自然损失			
灾难性损失			
重估价			
重分类			
小计			
期末存量			

（2）生物多样性资源资产负债表

生物多样性资源资产负债核算见表 9-3 所列。

表 9-3　生物多样性资源资产负债表（$\times 10^8$ 元）

科目编号	资产类	期初	期末	科目编号	负债类	期初	期末
101	森林生物资源			201	超过生物多样性资源资产再生能力的耗减		
	林木资源			202	应付超过再生能力耗减的资源一般管理活动款和恢复资源存量活动款		
	动物资源			203	应付减少资源提取活动款		
	微生物资源			204	应付其他资源管理活动款		
	森林生物资源资产合计			205	应付生物多样性和景观保护费		

(续)

科目编号	资产类	期初	期末	科目编号	负债类	期初	期末
102	水生资源			206	应付资源管理人员薪酬		
	内陆水域水生资源			207	其他负债		
	海洋水域水生资源				负债合计		
	水生资源资产合计			301	投入资本		
103	其他生物资源			302	剩余权益		
	合计				净资产合计		

在上述账户中,期初、期末负债项的确定是关键,具体可参考 SEEA12 的相关建议确定。另外,负债项的确定要注意区分生物多样性资源资产的"存量"和因对资源资产的存量的保护和维护、管理等而发生的"流量"。

(3)生物多样性资源资产负债核算明细表

生物多样性资源资产负债核算明细表见表 9-4 所列。

表 9-4　生物多样性资源资产负债核算明细表($\times 10^8$元)

项目	期初额	变动额	期末额
超过生物多样性资源资产再生能力的耗减			
应付超过再生能力耗减的资源一般管理活动款			
应付资源测评款			
应付资源监护款			
应付灾害预防款			
应付恢复资源存量活动款			
应付灾后恢复资源存量活动款			
应付天然林资源保护工程建设款			
应付公益性海洋牧场工程建设款			
预收账款			
应付减少资源提取活动款			
应付资源回收回用款			
应付替代资源补贴款			
应付其他资源管理活动款			
应付研发款			
应付教育培训款			
应付生物多样性和景观保护费			
应付濒危物种和生物多样性保护费			
应付自然景观保护费			

项目	期初额	变动额	期末额
应付资源管理人员薪酬			
相关资源管理活动人员薪酬			
其他负债			
负债合计			

(续)

开展生物多样性资源资产负债明细核算,主要目的是更好的开展资产负债核算,确定好生物多样性资源资产负债项,为我国干部资源资产离任审计和资源资产管理等提供依据。

9.4 整合的生物多样性资产负债表

9.4.1 实物价值型资产负债表

在实物型、价值型生物多样性资源资产核算的基础上,可编制实物价值型资产负债表。具体见表9-5所列。

表9-5 实物价值型生物多样性资源资产负债表($\times 10^8$ 元)

科目编号	资产类	期初值		期末值		科目编号	负债类	期初值		期末值	
		实物量	价值量	实物量	价值量			实物量	价值量	实物量	价值量
101	森林资源					201	超过生物多样性资源资产再生能力的耗减				
	林木资源					202	应付超过再生能力耗减的资源一般管理活动款和恢复资源存量活动款				
	动物资源					203	应付减少资源提取活动款				
	微生物资源					204	应付其他资源管理活动款				
	森林资源资产合计					205	应付生物多样性和景观保护费				
102	水生资源					206	应付资源管理人员薪酬				
	内陆水域水生资源					207	其他负债				
	海洋水域水生资源						负债合计				
	水生资源资产合计					301	投入资本				
103	其他生物资源					302	剩余权益				
	生物资源资产合计						净资产合计				

9.4.2 资产负债表的指标分析

总体来看，生物多样性资源资产负债表列报遵循"生物资源资产－生物资源资产负债＝生物资源净资产"这一基本会计恒等式。但若在统计核算过程中有误差，令等式不成立，则可添加"资产负债核算差额"这一项，使左右保持恒等，即"生物资源资产－生物资源资产负债＝生物资源净资产＋资产负债核算差额"。

(1) 生物资源资产的核算

核算表可以显示一国或地区内某一时点上的生物资源资产实物量和价值量是多少，反映一定时间内生物资源资产实物存量和价值存量的变化。生物资源资产表中森林资源、水生生物资源、其他生物资源等可以反映一国或地区的生物资源结构以及生物资源禀赋现状，也能反映地方政府和有关领导干部在推进地方经济建设中对生物资源的重视程度，反映地方政府在生物多样性资源管理和环境保护投入上的绩效等。

(2) 生物多样性资源资产负债表核算

在摸清生物资源资产实物量和价值量的基础上，资产负债核算可以综合反映社会经济发展对生物多样性资源资产的利用开发情况，并反映资源管理和生态环境保护利用过程中存在的相关风险等。账户中除了反映资源损失后的补偿、惩戒数值外，还反映了因预防自然灾害或人工破坏而引起的资源资产损失所付出的代价，也反映了超过资源承载力的耗减对净资产的影响等。因此，加强生物多样性资源资产负债管理，也是综合环境经济核算的另一个主要目的。

(3) 生物多样性资源资产核算

开展生物多样性资源资产核算，可以综合评价一个地区生物资源和生态环境协调可持续发展情况。通过有关核算结果，通过与 GDP 和资产负债等指标结合，可以从存量、流量方面综合考察经济与环境协调可持续发展情况。并通过生物资源资产负债表管理，可以有效协调经济发展和产业及生态环境保护政策，降低经济发展所面临的生物多样性等环境风险。

总之，生物多样性资源资产核算还处于探索阶段，相关账户的设置很不成熟。但无论怎样核算，都要从存量、流量两方面考虑，并要符合综合环境经济核算的基本规范，不能完全用自然科学的有关理论、方法代替经济学的有关理论、方法等。

思考题

1. 生物多样性的定义？生物多样性的测度方法有哪些？
2. 生物多样性核算面临着许多困难和问题，目前在生物多样性核算中面临的主要问题和困难是什么？
3. 谈谈生物多样性核算与生态系统核算的关系？

拓展阅读

1. 保护生物学．蒋志刚．浙江科学技术出版社，1997.
2. 全球生物多样性策略．世界资源研究所(WRI)等著，中国科学院生物多样性委员会译．北京：中国标准出版社，1993.
3. 中国森林生物多样性价值核算研究．张颖．林业经济，2001(3)：37-42.

第10章 环境资产管理

环境资产管理是运用计划、组织、协调、控制、监督等手段,为达到预期环境目标,提高环境资产的利用效率而进行的一项综合性活动。环境经济核算的目的就是加强环境保护,提高环境资产管理效率,促进环境资产利用的公平和可持续发展。

10.1 土地资产管理

10.1.1 资产管理现状

土地资产化管理是国家对土地资产的占有、开发、利用、流转、收益分配等经济活动进行的调控。其实质是对属于国家和集体的土地实施所有权管理,以产权职能来规范政府的管理行为和土地使用者的经济行为,科学、合理、有效地开发利用土地,提高土地利用的经济效益,实现土地资产的保值增值。土地资产管理的构成要素包括主体和客体,主体是国家,各级人民政府代表国家和政府对土地资产实行统一管理;客体是土地资产,土地交易过程中的人与人、人与地、地与地之间的关系以及经济关系。

10.1.1.1 土地资产管理原则

土地资产管理应遵循以下几个基本原则:

(1) 保护国家土地所有权不受侵犯的原则

任何组织或个人不得侵占、买卖或者非法转让土地。

(2) 土地所有权和使用权分离的原则

土地所有权是指土地所有者依法对自己的土地所享有的占有、使用、收益和处分的权利,这是土地所有制在法律上的体现。在我国,土地所有权的权利主体只能是国家和农民集体,其它任何组织和公民个人都不享有土地所有权,这是由我国土地的社会主义公有制决定的。土地所有权的4项权能即占有、使用、收益和处分。土地使用权是指国家机关、企事业单位、农民集体和公民个人,以及三资企业,凡具备法定条件者,依照法定程序或依约定对国有土地或农民集体土地所享有的占有、利用、收益和有限处分的权利。土地使用权是外延比较大的概念,这里的土地包括农用地、建设用地、未利用地的使用权。

(3) 节约、集约用地和保护耕地的原则

各项建设都尽量节省用地,想方设法不占或少占耕地;每宗建设用地必须提高投入产出的强度,提高土地利用的集约化程度;要通过整合、置换和储备,合理安排土地投放的数量和节奏，改善建设用地结构、布局，提高土地配置和利用率。运用法律、行政、经济、技术等手段和措施，对耕地的数量和质量进行保护。

(4) 依法管理原则

为了切实强化土地管理，保护土地资源，合理利用土地，制止乱占耕地、滥用土地的行为，应用法律规范强制保全，依法管理。

(5) 提高土地使用效益原则

要进一步深化土地使用制度改革，从城市到农村，逐步扩大土地资源的资产化管理范围和强度，最大限度提高单位资源性资产的使用效益。

10.1.1.2 土地管理目标

土地资产管理的总目标是：保证土地资产持续利用和土地资产的保值增值。通过对土地资源的资产化管理应该实现以下主要目标：

(1) 土地资源的开发、利用、整治、保护和培育走上良性循环的轨道，使地力水平不断提高，土地资源的永续利用得到进一步保障。

(2) 建立统一有序的土地市场体系。明晰产权、显化地租，理顺收益，规范市场，充分发挥土地市场对土地资源配置的基础性作用。

(3) 将土地资源核算纳入国民经济核算体系中。

(4) 土地资源利用从粗放型向集约型转变。在土地利用中节约土地资源，提高土地利用强度和效率。

10.1.1.3 土地资产管理制度沿革的4个阶段

我国土地资源资产管理经历了4个阶段：

第一阶段，土地资产属性弱化的阶段(1949—1954年)。新中国成立以后到1954年以前，我国尚未实行高度集中的计划经济体制，国家对国有土地实行有偿使用，无论全民所有制单位还是集体所有制单位，只要使用国有土地，都必须向国家交纳租金和有关税费。这段时期，从制度上并未否定城市土地具有价值、可以收益的商品属性。从理论上讲，只要承认土地具有商品属性，必须有偿使用，那么，就不能否定土地价格在交易中的作用。因此，在这一阶段，尽管价格机制的功能十分弱化，市场的作用也十分有限，但在制度上，国有土地仍然是作为资产来管理的。

第二阶段，国有土地行政划拨阶段(1955—1987年)。1954年以后，我国建立了高度集中统一的计划经济体制，与此相适应，1954年财政司字15号文件和内务部的有关文件规定：国营企业、国家机关、部队、学校、团体及公私合营企业使用国有土地时，应一律由政府无偿拨给使用，均不再缴纳租金。集体所有制单位和个人使用国有土地，虽不是无偿划拨，但所交费用甚少，基本上也是无偿无限期使用。自此，城市土地也取消了有偿使用，确立了行政划拨土地制度。

随着改革开放进展，从1982年开始，在北京、上海、辽宁的抚顺、四川的成都等城市，相继开展了土地商品属性的探索，开始对工业、商业等用地收取土地使用费；1987年11月，国务院批准确定在深圳、上海、天津、广州、厦门、福州进行土地使用制度改革试点。1987年9月，深圳市规划国土局以协议方式第一次向企业出让了国有土地使用权，

11月25日,深圳市规划国土局以公开招标形式出让了一宗国有土地使用权,9家房地产开发公司参加竞投;12月1日,深圳市规划国土局又以拍卖方式出让了一宗国有土地50年使用权,包括9家境外企业在内,共有44家房地产开发公司参加竞价。

第三阶段,国有土地有偿使用的制度确定和发展阶段(1988—2000年)。1988年,我国《宪法》和《土地管理法》先后修改,将原来的"任何组织或个人不得侵占、买卖、出租或者以其他形式转让土地",修改为"任何组织或个人不得侵占、买卖或者以其他形式转让土地,土地使用权可以依照法律的规定转让"。自此,原来无偿、无限期、无流动的土地使用制度被有偿、有限期、有流动的新型土地使用制度所替代,国有土地使用权与所有权相分离,可以作为商品在土地市场中交易。1990年5月国务院发布了《城镇国有土地使用权出让和转让暂行条例》,以行政法规的形式,确立了国家实行城镇国有土地使用权出让、转让制度。

第四阶段,土地市场配置制度建立和完善阶段(2001年至今)。2001年4月,国务院下发《关于加强土地资产管理的通知》,有针对性地从严格控制建设用地供应总量、严格实行国有土地有偿使用制度、大力推行招标拍卖、加强土地使用权转让管理、加强地价管理和规范土地审批的行政行为等6个方面,提出了具体的要求,并根据从源头和制度上加强土地资产管理的要求制定了一系列新的举措。为进一步落实国务院政策要求,国土资源部2001年6月下发了《关于整顿和规范土地市场秩序的通知》,强调建立健全6项土地市场规范运行基本制度。规范了国有土地招标拍卖挂牌和协议出让的操作程序。经营性基础设施用地、工业用地、原划拨土地使用权改变用途等具体政策措施进一步明确。

10.1.2 资产管理内容及措施

10.1.2.1 土地资产管理的内容

(1)制定和实施用地政策

制定和实施用地政策包括调整城乡建设用地利用结构;保障经济发展、社会进步和环境保护建设用地需求。

(2)完善国有土地供应与处置制度

要规范国有土地供应与处置制度,控制供应总量和实现土地集中统一供应,提高土地供应市场化配置程度。

(3)规范集体建设用地管理

落实小城镇用地管理政策;落实集体建设用地有偿使用制度;控制占用耕地和林地;盘活闲置土地,规范集体建设用地使用权流转;明确农村集体土地所有权主体及权益,健全集体建设用地流转程序;整顿城乡结合部土地交易混乱现状,实行国有和集体土地统一管理政策。

(4)加强地价管理

①强化地价管理手段,要统一地价概念,理顺地价、出让金、租金关系;定期更新、公布基准地价;建立地价指数,健全反映市场价格的地价体系。②协调区域间的地价水平,建立地价动态监测系统。③完善地价管理制度,地价评估、评估人员资质认证、土地

交易价格申报、制定国有土地最低限价等。

(5) 营造良好的土地市场环境

①加强法制建设，制定土地使用公开交易、集体建设用地流转、土地收购储备、闲置土地处置、国有土地使用权租赁、划拨土地所有权管理、国有土地收回、土地价格管理等法规、政策等。②规范政府行为，建立出让土地的价格确定、土地资产处置、建设用地供应等重大事项的集体决策制度，依法行政，减少政府对市场的干预。③规范土地使用权交易行为，严格土地所有权出让、转让、出租、抵押管理，土地所有权首次入市必须符合法律法规规定和出让合同约定的条件；未经政府批准的土地不得入市；执行土地交易价格申报并执行政府优先购买权。④提供市场服务。根据土地市场发育程度，积极建立土地有形市场。完善土地交易市场服务功能；引导土地公开交易；推行用地信息发布制度、基准地价公布制度以及地价可查制度。

10.1.2.2 加强土地资产管理所采取的措施

(1) 全面提升土地资产的管理理念，确保土地的合法性

第一，相关土地主动向土地管理局或是国有资产管理局等政府部门提出申请，还需要领取相应的土地使用证，以此获得法律上的认可。第二，禁止出租或者让出土地，收取不正当收入，也不能私自到农村购买、征用或者是租入土地。

(2) 规范和完善土地市场

完整的土地市场体系包括土地配置体系、价格管理体系、收益分配体系、市场法制体系、中介服务体系等。尽快建立有形的土地市场，使得涉及土地流转的各种信息诸如基准地价、标定地价、土地供需状况等能够快速查询，为土地交易创造良好公平的环境，避免信息不畅带来的土地投机。还必须建立起发达的土地中介服务机构，特别是土地评估机构的建设，不断提高土地评估人员的素质和业务水平，使得地价评估真正做到公平、公正。

(3) 转变政府职能，理顺各利益主体之间的收益分配关系

实行土地资产化管理与市场化运营，要求政府多部门参与、依法行政、相互协调、相互监督和管理，则政府职能转移。随着土地被引入市场，土地产权划分越来越细，土地收益分配也日趋复杂。国家作为土地所有者和社会经济管理者，首先应考虑的是如何通过收益分配政策，促进土地更有效的配置，使土地利用的综合效益最大化。地方政府作为土地的实际控制着，对土地收入分配的影响也不可低估。

10.2 林木资产管理

10.2.1 资产管理现状

1995年，原林业部财务司在《关于林木资源资产化管理的设想和试点安排》中提出，林木资源资产是用货币价值表现出的，能为其经营者带来未来经济收益的森林物质财产、森林环境财产和森林无形资产。林木资源资产管理，就是要将林木资源作为一项可以入账的资产，从实物量和价值量方面进行管理。林木资源资产化管理的根本目的是实现林木资源资产的市场化运作，利用市场机制，按资本运作的固有规律实现对林木资源的优化配置。

10.2.1.1 林木资源资产管理的特点

(1) 林木资源资产的特点

①可持续性 林木资源中大部分资源都是可再生资源，构成林木资源资产的森林物质资产、森林环境资产、森林无形资产和森林土地资产，只要它们的利用量不超过生长量，林木资源资产具有一定的可持续性。

②公益性 林木资源资产是陆地生态系统中的宝贵资产，对于维护地球的生态平衡有着很重要的作用。它可以吸收二氧化碳，缓解"温室效应"，涵养水源、保持水土、防风固沙、调节气候等。因此，林木资源资产具有很强的公益性。

③动态性 林木资源资产随着林木资源的生长周期，不断发生增值、减值等变化；除此之外，林木资源资产的外延是动态变化的，一些不具备资产化管理条件的林木资源，随着外部条件发生变化，满足资产化管理的条件后也可以纳入资产化管理的范畴。因此，林木资源资产具有动态性的特征。

④可计量性 林木资源资产能够以货币等价值形式进行计量，并且能为经营者带来未来经济收益，因此，其具有可计量性。

(2) 林木资源资产管理的特点

①多重计量 林木资源能够不断生长并自我更新，它除了提供林产品，还具有防风固沙、涵养水源、保护农田、游憩保健等生态和社会效益。对林木资源资产的计量，不可能只采用单一的货币手段，还需要非货币等形式进行多重计量。经济效益可实现货币化计量，生态和社会效益则要使用非货币手段计量等。

②以实物量为基础，实物量与价值量并重管理 资产化管理将森林资产管理由过去的仅仅依靠实物量管理，转变为实物量和价值量并重管理。林木资源资产化管理是林木资源管理的新形式，要求由过去只侧重林木资源面积、蓄积量等实物量指标的管理，转向以货币作为统一计量单位的价值量管理。因此，应以实物量管理为基础，强调价值形态的管理，实现两者的协调统一。

10.2.1.2 林木资源资产管理的原则

林木资源资产管理是一个多目标、复合化的系统工程。为了实现这些目标，必须在林木资源资产管理过程中遵循一系列基本原则。

(1) 可持续发展原则

林木资源资产管理应以可持续发展思想为指导，走可持续经营与利用的道路。要使林木资源的开发利用无论是从物质层面还是精神层面，都可以既满足于当代人的需要，又不对后代满足其需要的能力构成危害。在对林木资源资产进行经营管理时，应在保证不危及整个生态经济大系统的前提下，能够维持森林的再生能力和活力、维持森林生物多样性、保护进一步开发利用林木资源的潜力。林木资源资产管理应根据各区域具体情况，建立科学、合理、适用的区域可持续发展指标，以对林木资源资产管理的情况进行综合评价。要以可持续发展理论为指导，及时调整林木资源资产管理的组织方式和管理方法。

(2) 系统性原则

在林木资源资产化管理改革过程中，涉及各领域的诸多要素，应以系统论的观点为基础，坚持系统原则，协调好各要素之间的关系。系统的森林资产管理要从两方面入手，一方面，将森林资产管理对象与周围的社会经济环境看作一个完整的系统，该系统中包括的各种要素相互联系，相互影响，一种要素的变化将影响到其他要素的变化；另一方面，将森林资产管理的过程看成是一个综合系统，其中又包括了目标系统、管理系统、信息系统、技术系统、营运系统等若干子系统，这些子系统之间相互联系，相互促进。只有将这两方面有机统一起来，才能为林木资源资产管理打下坚实的基础。

（3）因地制宜原则

我国从森林总面积和蓄积总量上看，是林业大国；但从人均森林面积和蓄积来看，却是林木资源短缺国家。目前，我国绝大多数林木资源仍是国家或集体所有。我国的国情与林情不同于其他国家，这就要求我国在进行林木资源资产化管理的过程中，根据自身情况采取相应对策，要因地制宜，不能照搬国外的一些做法或模式。要界定好不同的产权主体，将林木资源资产的评估和会计核算工作作为林木资源资产管理的重点。

10.2.1.3 林木资源资产管理的必要性

（1）**林木资源资产管理是发展社会主义市场经济的需要**

党的十四大以后，我国市场经济代替计划经济在资源配置中起主导作用，社会主义市场经济体制给林业经济带来了新的活力，林木资源作为资产开始走向市场。随着林业经济体制改革不断深入，林业生产经营活动开始面向市场。在社会主义市场经济条件下，对林木资源的利用存在着多种经济成分，"两权分离"成为林业发展中不可逆转的趋势，如何适应新形势的发展要求，管好及用好林木资源，关系到林木资源的可持续性利用。在林木资源的流转方面，资产的转让、合资、合作、股份经营、担保抵押等交易活动十分活跃，由于价值量管理长期缺位，上述活动没有可以依据的共同基础，使得交易费用大大增加，阻碍了林木资源资产的流动变现。只有实行林木资源资产管理，才可以通过发挥市场作用优化林木资源配置，提高林木资源利用效率，促进林业的快速、健康发展。

（2）**林木资源资产管理是林业经济改革的迫切要求**

我国的林业发展必须进行全面深入的改革。在社会主义市场经济条件下，要建立起既适应社会主义市场化条件又满足林业可持续发展要求的经济管理体制。要加快推进森林、林木、林地使用权的合理流转，盘活林木资源资产，激活各个利益主体，促进社会各生产要素向林业流动。要提高林业的市场竞争能力，提高林业企业的经营管理水平，必须对现有的林木资源管理体制进行改革，资产化管理正是顺应这一趋势的产物。

（3）**林木资源资产管理是将林木资源资产纳入国民经济核算体系的需要**

我国新的国民经济核算体系在构建过程中，只部分地考虑了自然资源因素，但在实际的执行过程中，仍然忽视了自然资源的损耗因素。林木资源核算是将自然资源核算纳入国民经济核算体系研究中的一项重点内容。国民经济统计核算以会计核算资料为基础，则结果将更加科学和准确。林木资源资产管理的核心内容就是对林木资源资产进行会计核算。因此，应规范不同单位的林木资产会计核算程序，最大限度减少统计核算误差，为最终将其纳入国民经济核算体系奠定坚实的基础。

10.2.2 资产管理内容及措施

我国林木资源资产化管理主要内容包括：

(1) 林木资源资产产权管理

林木资源资产的产权管理是资产化管理的核心内容。林木资源资产产权是指主体对林木资源资产的权利，包括所有权、经营权、收益权、处置权等。林木资源资产管理的目标，是稳定林业权属，规范林木资源资产产权变动行为，合理配置资源，维护产权主体及各方的合法权益，建立长期稳定的产权关系和建造稳固的森林生态环境。林木资源资产的产权制度，必须解决"谁所有、谁负责、谁经营、谁收益"的问题。

林木资源资产产权管理的主要措施就是明晰林木资源产权关系。这是实行林木资源资产化管理的关键所在。主要是指把林木资源所有权与经营权划分开，使所有者与经营者之间形成一种经济或契约关系，为林木资源有偿使用开辟道路。第一，通过立法明晰产权，明确代表国家行使所有权的部门与森林经营者之间的区别，以此划分职能；第二，要规范所有权部门与经营者的责任；第三，建立健全林木资源监督体系，引入监督机制。

(2) 林木资源资产会计核算

林木资源资产会计核算是资产化管理的主体内容，是林木资源资产产权界定和保护的需要。森林资产会计核算就是通过相应的实物量指标和价值量指标，对报告期内国家、地区或企业的林木资源资产存量、流量及结构进行动态计量。通过会计核算，在数量方面对林木资源资产价值运动进行记录、予以反映。资产所有者通过会计报表了解所有权权益的情况，通过实施产权权利对企业决策进行影响。林木资源资产的会计核算管理包括统计核算、会计核算、产业化核算以及林木资源资产核算纳入国民经济核算体系等内容，这些总体构成林木资源资产会计核算体系的管理框架。

林木资源资产的统计核算主要是指林木资产的产业化核算，包括实物量统计和价值量统计。林木资源资产初级会计核算的重点是企业营林成本核算与林木资产核算。产业化统计核算要依据分类经营、保值增值、持续经营、经济核算的原则建立包含投入指标、资产增量指标、资产减量指标、资产损量指标、营林资产利用指标和林木资产综合指标等在内的森林资产产业化核算指标体系。

(3) 林木资源资产评估管理

林木资源资产评估是资产化管理的基础。它以林木资源中具备资产条件的部分为对象，科学、准确地进行评估和市场价值判断。我国林木资源资产评估管理的目标是：通过对林木资源资产评估加强管理，建立适合我国实际的林木资源资产评估工作秩序，不断提高林木资源资产评估人员的业务素质和职业道德水平，推动林木资源资产市场的发育和完善，促进林木资源资产的合理流动等。

林木资源资产评估的对象，主要包括森林、林木、林地和森林景观资产。评估管理主体是自然资源部，各省份国有资产管理行政主管部门和林业行政主管部门。非国有林木资源资产的评估管理工作由县及县级以上林业行政主管部门负责。管理程序按如下进行：①评估立项；②评估委托；③资产核查；④资料搜集；⑤评定估算；⑥提交评估报告书；⑦验证确认；⑧建立项目档案。

加强林木资源资产评估管理的措施主要有：理顺和完善林木资源资产评估的管理体制；提高林木资源资产评估从业人员的素质；加快体制改革与相关法规的建设；加强林木资源资产评估的科学研究工作。

(4)林木资源资产融资管理

林木资源资产融资管理是资产化管理的手段。融资手段包括资产证券化和抵押贷款等。资产证券化就是资产证券化是把当前流动性差，但是质量好、收益稳定的资产进行包装和组合，在辅以风险隔离和信用增级等手段之后，转换成流动性较强的证券的过程。抵押贷款就是将林木资产作为抵押从而获得贷款。资产证券化将林木资源资产量化为证券，面向社会公众发行，使缺乏流动性的林木资源转化为现金流。抵押贷款要在林业部门与银行之间在抵押资产的评估折价、管理和信贷资金的安全运行等问题上取得共识。可作贷款的林木资源资产包括用材林、经济林等林木资产，也包括森林景观资产和林地资源资产的使用权、经营权等。

10.3 水资产管理

10.3.1 资产管理现状

水资源资产概念的范畴比水资源的范畴略小，它是水资源的一部分，满足以下条件才能称其为水资源资产：①水资源能在合理调配下的使用状态为人们所使用；②水资源资产具有价值且能够用货币衡量；③能够为用水户带来经济效益。也有学者将其定义为：由某一组织所拥有或控制、能够以货币加以计量的、能够作为生产要素被投入到生产经营和管理活动中去的水资源。水资源资产管理就是为促进水资源的有效配置和合理利用，将水资源作为资产，从开发利用到生产再生产全过程，遵循水资源的特性、自然规律和经济规律，进行的投入产出管理。

10.3.1.1 水资源资产管理的特征

(1)水资源资产的特征

①时空分布的不均匀性　总体来看，我国北方水源不足，南方水源由于大部分地区降水量基本集中在很短的雨季，且年际间降水量差异较大，形成了我国水资源时空分布不均匀的局面。水资源资产量虽然不同于水资源量，总体来讲，其分布与水资源的分布大致相同，基本是东南多，西北少；沿海多，内陆少；山区多，平原少。

②稀缺性　水资源量的有限性决定水资源资产数量的有限性。尽管水资源是一种再生资源，但其再生要受到生长规律的制约，与地表水的再生时间短不同，地下水的再生需要成千上万年的时间。且由于我国水资源资产分布不均衡，导致水资源资产具有稀缺性的特征。

③不可替代性　水资源是推动人类进步和社会发展不可替代的资源，它在国民经济的各行各业中占有重要地位。如果缺水，地球上的一切生命将无法生存；没有水，各项建设事业就无法进行。

④外部性　其外部性可以分为正外部效应和负外部效应。正外部效应指个人的生产或

消费行为，使另一些人受益但又无法向其收费的现象，如我们通常说的"青山绿水"给人们带来的休闲感受，就是水资源资产的正外部效应的体现；负外部效应是指个人的生产或消费行为使另一些人受损而没有给其相应补偿的现象。如工业废污水给农业和人们的身体健康所带来的危害，就是水资源的负外部效应的体现。

（2）水资源资产管理的特征

①水资源资产化管理确保水资源为国家所有　《中华人民共和国宪法》和《中华人民共和国水法》明确规定，水资源等自然资源的所有权为全民所有，即为国家所有，且任何组织和个人不得以任何手段侵占这种所有权。从经济学角度，强调了国家开发利用水资源所获得的经济利益的所有权。要确保水资源国家所有权的经济权益，必须做到：维护水资源国家所有权的完整性和统一性，这是确保水资源国家所有权经济利益的前提；明确开发利用水资源所得的经济效益的国家所有性。

②水资源资产管理确保自我积累增值性　从经济资源的角度看，水资源作为社会的生产资料，是可以再生的，能够参与商品生产和流转，如开发的水资源可以发电、灌溉、供工业和生活之用等。在开发利用过程中形成的收益可以用来再投资，进行新的水资源再生产的补偿。水资源在这个开发利用过程中实现自我补偿、增值、积累。

③水资源资产管理具有产权的可流动性　水资源资产作为一种重要的生产要素，想对其实现资产化管理，必须要求水资源产权具有流动性，可以参与到商品交换过程中去。一方面，要建立和发展水资源市场，必然存在水资源的国家所有权与开发企业的水资源使用权相分离的情况，这就要求水资源产权具有流动性；另一方面，随着国际间合作日益密切，利用外资开发水资源有了广阔的发展前景，这也要求水资源产权能够转让或租赁。

10.3.1.2　水资源资产管理的原则

水资源资产管理应遵循4个原则。

（1）可持续原则

可持续发展的内涵是指发展不仅要满足当代人的需要，又要保障后代人的发展不受影响。水资源持续利用的目标是根据可持续发展理论，依托生态、经济系统，支持和维护自然—社会的持续发展，其中心任务是持续地开发利用水资源、保护环境、发展经济，长久满足当代人和后代人发展用水的需要。水资源是保障人民生活、国民经济发展的重要资源，也是社会可持续发展的物质基础和基本条件。水资源是一种财富，它的过度开发和破坏，必然削弱水资源支持国民经济健康发展的能力。所以，在水资源资产化管理中，可持续利用原则必须严格加以贯彻和实施。

（2）市场化原则

水资源资产管理体制，要适应社会主义市场经济的要求，就要以市场经济的要求作为水资源资产管理的基本取向。传统的水资源管理体制，与我国现行的社会主义市场经济体制难以相适应，水资源产权不能流转，忽略了经济管理，忽视了所有权管理。而水资源的开发利用，必须要求技术经济和经济效益归属的合法性和合理性，要求将水资源作为具有经济价值的资产进行管理，所有权适当集中，培育和完善国家调控下的产权交易市场，充分发挥经济杠杆作用。

(3) 国家产权管理原则

《中华人民共和国宪法》和《中华人民共和国水法》明确规定，水资源等自然资源的所有权为国家所有。而在现实的产权管理中，所有权往往被弱化和虚置。资产化管理的核心是产权管理，要保证国家所有权的完整性和统一性，确保所有权在经济上实现。建立水资源资产化管理体制，关键是水资源产权管理，要确保国家所有权的地位，落实经营权。

(4) 划分价值补偿与价值实现原则

应将财务部门会计核算与水资源管理部门数量价值核算结合起来，综合反映对水资源资产的勘探性投入、开发性投入、再生性投入等，这样才能有利于水资源的资产化管理。水资源资产的价值形成具有人工投入和天然生成的共生特性，人工投入的价值应在产品成本中得到补偿，天然形成的价值则主要通过市场价格实现。

10.3.1.3 水资源资产管理的必要性

(1) 水资源资产管理是社会主义市场经济体制的必然要求

水资源是一种在自然过程中可以恢复再生的自然资源，对水资源进行资产化管理的重要目的就是使水资源这种资产保值增值，而不是完全靠消耗这种资产来获得收益。因此，要使水资源得到永续利用。但是在计划经济体制下，所有权、经营权和使用权模糊不清，造成了对水资源的无偿占有和无序开发利用。在市场经济体制下，水资源属于国家所有，国家保护依法开发利用水资源的单位和个人合法权益。随着社会主义市场经济的发展，实行水资源的"两权分离"是体制改革的必然趋势，国家作为水资源的所有者对水资源进行所有权管理，使水资源得以有效保值和增值，最终形成以水养水、以库养库、以堤养堤、持续利用水资源的良性循环，这是发展社会主义市场经济的客观要求和必然结果。

(2) 水资源资产化管理是我国可持续发展的需要

水作为一种重要的自然资源，是实现可持续发展的物质基础和核心。没有可持续利用的水资源，就谈不上社会经济的可持续发展，水资源的供需不平衡甚至可能会导致一个国家社会和经济的波动和危机。只有对水资源实行资产化管理，明确水资源是一种资产，确认水资源的真正价值，解决水资源的产权关系，才能理顺国家、地区、企业和个人之间诸多方面的经济关系。建立完善的资产管理制度，落实资产经营责任，利用价格机制和经济手段有效促进水资源的优化配置，才能保证实现水资源的可持续利用。

(3) 水资源资产管理是适应我国资源管理体制改革和经济增长方式转变的需要

通过水资源资产化管理，采用符合市场经济规则的经济手段，形成强有力的约束机制和激励机制，提高水资源的利用效率并最终实现水资源最优配置。同时，通过水资源资产化管理实现水资源管理观念和管理方式的改变，对于深化我国整个资源管理体制的改革和经济增长方式的转变等，都具有重要的意义。

10.3.2 资产管理内容及措施

对水资源实行资产化管理，包含"建立一个机制，确定四个目标，完成三项任务"。一个机制是，逐步建立有中国特色的与社会主义市场经济体制相适应的水资源资产运作机制和管理模式。4个目标包括：①在经济上体现并维护国家对水资源的所有权；②水资源的所有权与经营权适当分离；③培育和完善水资源经营制度和产权市场，强化产权交易管理，促进水资源的开发利用合理、高效、节约、有偿；④实现社会、经济、环境的和谐统一和相互促进，建立持续、高效、稳定发展的水资源产业经营的体系，有效治理和保护水资源环境，促进整个社会经济的可持续发展。

三项任务即水资源资产管理的内容包括：

(1)培育和规范水资源产权市场，管理产权交易

水资源资产产权交易是水资源资产化管理过程中的一个关键环节，关系到水资源资产的运行效率和营运安全。建立水资源市场，使水资源的经营和流通在市场机制调控下进行，实现水资源的优化配置。可以有效克服以行政方式管理水资源的弊病，且有助于国家利用水资源市场进行宏观调控强化水资源的资产化管理，从而建立起一套行之有效、充分利用市场机制的水资源开发利用规划、技术经济和法规、政策。建立水资源市场，可以发挥市场的激励或抑制功能，促使水资源产权的合理转让和自由流动，使生产要素、资源性资产流向最有价值、最有效的用途，实现水资源的可持续利用。国有水资源使用权的流动应该结合取水许可证的核定，将取水许可证转化为国有水资源使用权；国有水资源许可证持有者在依法办理国有水资源使用权出让手续后，取得出让国有水资源使用权，还可以进行再次、多次转让。

(2)健全和完善水资源资产管理体制

对涉及水资源资产管理的相关部门(水行政主管部门、主管地下水的国土资源部门、主管城市供水和节水的住建部门、主管渔业水域的农业部门、主管水运的交通运输部门、主管城市水电的能源部门)进行整合，实现水资源资产的统一管理和监督；在此基础上，从国家、流域和区域等层面进一步健全协作机制。①对涉及水资源资产管理的相关部门进行整合，实现水资源资产的统一管理和监督。②国家层面上进一步建立健全涉水部门间的协作机制，组建高层次的水资源管理协调机构。③流域层面上要健全流域综合管理体制机制，进一步完善流域管理与行政区域管理相结合的水资源管理体制。④地方层面推进城乡水务一体化管理。建设和完善水资源资产的主要管理制度，如资产评估制度，初始水权分配制度，取水许可制度，农村集体水权确权登记制度，有偿使用制度，用途管制制度，水权交易制度，资产审计制度。

(3)完善水资源资产管理的投融资机制

随着我国公共财政政策的逐步确立和改革的不断深化，由政府直接经营水利投资、运行、管理的传统做法将被日益市场化的行为模式所取代。随着水市场的发展，水资源投融资体制向多元化、民营化、社会化方向发展将成为一种趋势。我国水利投融资体制改革应从以下几个方面进行：①政府应健全水利的投资机制，对水利建设的投入水平必须保持与其他基础设施建设投入水平的协同性；②开辟科学合理、灵活有效的融资机制，调整水利融资政策、改善融资环境，积极利用外资，鼓励国内外投资者以 BOT、中外合资、融资租赁等融资方式参与水利建设；③在建立水权制度的基础上，鼓励社会多方面投资，并与政府职能转换和公共财政框架的建立、与水资源有偿使用和水价形成机制的建立有机地结合起来，形成我国水资源开发投入产出的良性循环；④进一步加强水利投融资法制建设。通

过对投融资结构方式的调整和借鉴与引进国外先进的水资源投资渠道建设的方法，努力拓宽投融资渠道和相应的法律保障机制，加快我国水资源资产化管理进行。

10.4 生物多样性资产管理

对生物多样性资产管理主要是生物多样性资产评估的管理。

10.4.1 资产管理现状

生物多样性是指：所有来源的活的生物体中的变异性，这些来源除其他外，还包括陆地、海洋和其他水生生态系统及其所构成的生态综合体，具体包括物种内、物种之间和生态系统的多样性。生物多样性及其栖息地是人类赖以生存的基础，人类的发展离不开自然界中各种各样的生物资源及其服务功能。同时，生物多样性还为人类提供了适应未来区域和全球变化的各种机会。一般来说生物多样性包括遗传多样性、物种多样性、生态系统多样性和景观多样性。

10.4.2 生物多样性资产的性质

根据对森林生物多样性资产的定义，一般认为生物多样性资产具备以下特殊性：

(1) 资产的两重性，再生性和转化性

生物多样性资产由生物资产和生态资产构成，生物资产最大的特点就是具有生物转化功能，生物多样性资产主要靠自然力的作用和自身的转化能力实现其再生和转化。因此，生物多样性资产的初次确认和再次确认应定期进行评估，从而促进资产核算和资产化管理。

(2) 价值的多元性

生物多样性资产所体现出来的价值分为直接使用价值、间接使用价值、选择价值和存在价值。直接使用价值又可以分为直接实物价值和直接非实物服务价值；间接使用价值是生物多样性提供的生态服务的价值；选择价值是人们为了将来能直接或间接利用生物多样性的支付意愿；存在价值是人们为确保生物多样性继续存在的支付意愿。

(3) 资产的整体性

生物多样性资产是有形资产和无形资产相互统一的整体。当生物多样性作为动物、植物等相关产品来源的时候，释放的是直接环境效益，属于有形的生物资产；当它作为水土保持、固碳释氧等生态效益资源出现的时候，释放的是间接环境效益，属于无形的生态资产。两者相互依存，相应变动，因此在对有形资产的价值确认和计量的同时，也要对无形资产的价值及其效益进行计量。

(4) 不可替代性

生物多样性资产在天然存量还是生成率方面都是相对稀缺的，地球上的生物物种是自然界长期进化的产物，各物种的形态、结构和功能在绝对意义上是不可替代的。因此，在核算上必须对有限资源的优化配置进行确认和计量。

(5) 产品的公共性和市场的无形性

生物多样性资产发挥的生态效益具有典型的外部性，这主要是一种无形效用，不能贮藏和移动，生产者难以对其进行控制，无法迫使受益者偿付了补偿费用后才能享用其生态效用。因此，生物多样性所提供的生态效益服务具有"公共物品"的特性。且生物多样性资产中的生态资产一般不存在市场，所以应考虑非市场价值的计价方法，实现对生态价值的确认和计量。

10.4.3 生物多样性资产评价管理

10.4.3.1 生物多样性资产评价指标体系

建立生物多样性评价指标是为了满足以下3类工作的需要：监测生物多样性状况，跟踪生物多样性变化；检验科学假说，增进对生态学过程的认识；服务生物多样性资产管理，提高保护对策和措施的有效性。《生物多样性公约》(CBD)框架下，生物多样性概念涉及自然、社会、人口、经济等多个方面。为支持生物多样性的可持续管理与决策，应查明生物多样性组成部分的现状，以及对生物多样性产生重要影响的过程与活动，并评估保护管理措施的效果。

国际上已建立的指标中，除了包括生物指标(物种、物种特征等)外，还有大量非生物指标，如非生物环境指标(景观面积、破碎化程度、氮沉降、淡水水质等)以及社会经济生活指标(专利申请、发展援助与资金支持、公众参与情况等)。非生物指标通过跟踪环境与政策措施变化，揭示社会经济活动给自然环境造成的压力，可以间接地反映生物多样性状况。

考虑到我国对生物多样性资产保护管理的需要，要结合公约的履约需求与国内外发展趋势，将以下8个方面作为我国生物多样性评价指标体系构建的重要内容：生物多样性的现状与变化趋势；生态系统的产品与服务功能；生物多样性面临的威胁；可持续利用；遗传资源的获取与惠益共享；政策法律体系与生态规划；财政资源状况；公众意识。

其中，生物多样性现状与变化趋势包括具有重要经济社会价值的畜禽、鱼类、植物的遗传多样性、受威胁物种状况、重点保护物种的种群动态、自然生态系统的面积、保护区的数量和面积等。生态系统的产品与服务功能包括碳储量与生态系统生产力、海岸线、海洋水质、海洋营养指数等。生物多样性面临的威胁包括转基因生物的扩散、外来入侵物种的发展趋势、主要污染物排放、气候变化的影响、城市面积扩张与道路建设。可持续利用包括生态足迹、森林活立木总蓄积量和年净增量、农业生态系统氮平衡等。遗传资源的获取与惠益共享包括，基于遗传资源的新产品开发与专利申请、国际贸易中的主要野生品种及出口量等。政策法律体系与生态规划包括生态规划的编制与实施、环境影响评价工作的开展及其有效性。财政资源状况包括生物多样性保护相关资金的投入与支持。公众意识包括公众意识与参与度。

10.4.3.2 生物多样性资产价值评估

联合国环境规划署(UNEP)于1993年组织编写了《生物多样性国情指南》，将生物多样性价值划分为5种类型。包括显著实物型直接价值，该效益的典型用途为生计、消遣、商业、医药或生物技术；无显著实物型直接价值，其效益的用途为旅游、科研、教育等；

间接价值，其用途包括营养循环、污染减少、气候功能、碳储存；选择价值，包括已知和潜在的将来的用途；消极价值，其效益的典型用途为存在和遗产价值。

根据《中国生物多样性国情研究报告》，生物多样性资产的经济价值可以分为利用价值和非利用价值。其中，利用价值包括直接利用(如食品、生物量、娱乐、健康)和间接利用(谁在控制、减少暴风雨影响、营养物质循环)；非利用价值包括潜在选择价值(生物多样性、保存栖息地)、潜在保留价值(栖息地、预防不可逆转的变化)和存在价值(栖息地、生态系统)。

价值评估方法主要有：

(1) 市场价值法

市场价值法，包括基于价格的市场价值法、基于成本的避免成本法、替代成本法、恢复成本法、基于生产的生产函数法等。其中市场价值法、避免成本法、替代成本法、恢复成本法都适用于评估生物多样性资产直接和间接使用价值，生产函数法适用于评估生物多样性资产间接使用价值。市场价格可以反映人们对生物多样性的支付意愿和交易中的成本和效益，价格数据相对容易获取。当估算损害函数的价值所需的生态数据缺失时，可用替代成本法估算生物多样性资产间接使用价值。生产函数法可以广泛应用于评估湿地破坏、森林砍伐、水体污染等对渔业、狩猎和农业的影响的价值评估。

(2) 显示性偏好法

显示性偏好法，包括旅行成本法和享乐定价法，这2种方法都适用于评估生物多样性资产直接和间接使用价值。其中旅行成本法可以广泛应用于估算休闲场地的价值，但是要有对消费行为的限制性假设。享乐定价法可以用于评估某些湿地服务价值的潜力(如风暴防护、地下水补给等)，但在市场失灵、选择受到收入影响、环境条件信息未能有效传播等条件下，该方法有一定局限性。

(3) 陈述性偏好法

陈述性偏好法，包括条件估值法、选择模型法、条件排序法、协商小组估值法等，这几种方法都可以用来评估生物多样性资产使用和非使用价值。条件估值法是度量生物多样性资产选择价值和存在价值的唯一方法，是度量总经济价值的可靠方法，但对生物多样性资产价值评估结果容易受调查设计和实施过程中偏差的影响。选择模型法能比较全面地反映对生物多样性资产的支付意愿，但不能单一使用，一般与条件价值法综合使用。

10.4.3.3 生物多样性资产价值评估管理

相关研究表明：我国生物多样性保护中存在着生境退化消失、生物资源的过分利用、环境污染和管理等问题。其中，生境退化占65.87%，生物资源过分利用占26.29%，管理问题占7.87%。因此，加强生物多样性资源的管理十分重要。另外，相关研究也表明，引起这些变化的主要因素有人口压力、森林砍伐、过捕过猎、物种引进、污染、过度放牧、采集燃料和其他等。其中人口压力是主要影响因素，其次是过捕过猎和森林面积消失等。因此，加强生物多样性资产评估管理十分迫切。

(1)加强人口控制，降低对生物资源的需求。把人口对生物资源的消耗控制在与自然承载能力一致的水平，使人口数量和经济增长、资源有效利用和保护有机地结合起来。

消除贫困,提高落后地区生物资源利用的能力。加强宣传教育,提高国家生态安全意识。生物多样性是人类社会可持续发展的重要物质文化基础,它不仅满足人类生活和健康的基本需求,还提供更多的价值和深刻的文化内涵,形成整个生命的支持系统,并使得人们能够适应环境的变化,这正是它的价值所在。

(2)处理好生物多样性保护与生物资源利用,保护区管理与当地居民生存之间的矛盾建立生物多样性管护区。我国目前已选择了多处有代表性的自然保护区建立管护区,以后需要所有的国家级保护区和重要的生物地理省都要建立生物多样性管护区。开展退化生态系统的恢复工作。例如,我国新疆、甘肃、内蒙古、长江中上游一带许多地区开展的退耕还林、还草活动,封山育林,加强人工用材林的培育等工作。特别要加强一些受干旱、盐碱化、荒漠化、采伐区和土壤侵蚀严重影响的地区的生态环境恢复生产活动,增强生态系统抵御能力。

(3)针对环境保护中的管理问题,加强环境治理和生物多样性的管理工作。

①通过教育和培训建成一支训练有素、精通业务、善于管理的队伍。培训内容主要包括法律、行政管理、规划管理、科研管理等知识及技能,并且要由中央、地方政府分级培训各层次的管理人员。

②在组织保证方面,要建立健全生物多样性保护机构,明确职责,并在各机构之间建立有效的协作。这里主要建立健全各种机构,具体有:

a. 管理机构。要求各自然保护区全部建立管理机构,落实人员编制,充实科技人员队伍。

b. 行政机构。国务院环境保护委员会拟设生物多样性保护办公室或生物多样性公约履约协调办公室,负责协调部门间的行动;地方政府和国务院有关部委(局)下设生物多样性保护机构。这些设想需要切实落实。

c. 立法机构。全国人大常委会已增设环境与资源保护委员会;各省、自治区、直辖市人大常委会也增设了相应的机构。这对生物多样性的保护将产生重要的影响。

d. 科研机构。要建立国家级生物多样性和监测中心数据库,建立国家级生物多样性保护开放研究室和珍惜濒危野生动植物保护研究实验室;建立国家级生物多样性博物馆、动植物标本收藏中心、栽培植物遗传资源标本中心、家养动物遗传资源标本中心、微生物标本收藏中心、真菌标本收藏中心等。

充分发挥行业、协会、环保等非政府组织的作用,促进各种保护机构之间的合作和人员、技术、信息、物资的交流。利用各种媒体进行宣传教育,开展全民保护教育活动。如在"4·22世界地球日"、"6·5环境日"、植树节、爱鸟周、野生动物保护宣传月等适时举办一些展览、讲座、座谈活动等。

(4)推广应用生物多样性保护的技术与管理经验,开展多种形式的生物多样性保护利用方面的示范建设工程。

①旅游模式 在一定的自然保护区通过区划开展娱乐性旅游。划定旅游路线,确定游客数量,并建立必要的管理和服务设施等。提倡生态旅游,将旅游服务与当地居民的生活职业联系起来,使当地住户成为游客向导,民房、农家饭成为旅客食宿之选,同时将生物多样性教育寓于旅游之中。这样,既可收到一定的经济效益,又提高了群众的保护意识。

②人工饲养模式　在一些保护区内，根据当地的自然条件，针对生物的习性，对野生经济动植物种加以驯化，进行人工种植和养殖，建立保护生境、保证再生产、提高经济效益和保护天然物种的新型生物资源的利用模式。

③生物资源综合利用和深加工模式　在确保生物资源增殖的情况下，通过对生物资源多功能的研究、开发利用及深加工，提高资源的使用价值，减少对资源的消耗量，达到利用与保护兼顾的目的。

思考题

1. 环境资产包括哪些类型？如何看待环境资产分级管理制度？
2. 环境资产管理与环境治理有什么关系？环境资产管理常用的方法有哪些？
3. 环境资产管理需要国际合作与治理，谈谈环境资产管理国际合作的重要性、意义和合作的形式等？

拓展阅读

1. 环境资产核算及资产负债表编制国际经验及前沿．张颖．北京：知识产权出版社，2015.
2. 自然资源资产辨析和负债、权益账户设置与界定研究-基于复式记账的自然资源资产负债表框架．陶建格，沈镭，等．自然资源学报，2018，33(10)：1686-1696.
3. 我国自然资源资产管理存在的问题与对策建议．张惠远，郝海广，范小杉．环境保护，2015(11)：30-33.
4. 生态系统服务价值评估与资产负债表编制及管理——以甘肃省迭部县为例．张颖．北京：人民日报出版社，2019.

参 考 文 献

柏连玉，2015. 关于编制林木资源资产负债表的探讨[J]. 绿色财会(01)：3-8.

蔡静峰，2004. 我国林木资源资产化管理研究[D]. 武汉：武汉大学.

曹璐，陈健，等，2016. 我国水资源资产管理制度建设的探讨[J]. 人民长江，47(8)：113-116.

曹铭昌，乐志芳，等，2013. 全球生物多样性评估方法及研究进展[J]. 生态与农村环境学报，29(1)：8-16.

柴雪蕊，黄晓荣，等，2016. 浅析水资源资产负债表的编制[J]. 水资源与水工程学报，27(4)：44-49.

陈建明，周校培，等，2016. 水资源资产管理体制研究[J]. 水利经济，34(5)：18-22.

陈蕾，唐立娜，胡冬雪，2013. 生态土地分类研究进展综述[J]. 中国人口·资源与环境，23(S1)：66-70.

陈明涛，成洁，2006. 我国水资源资产管理现状与对策研究[J]. 中国农村水利水电(1)：52-55.

陈杏根，2006. 从国外 SEEA 透视中国绿色 GDP 核算[J]. 统计与决策(03)：36-37.

陈艳利，弓锐，赵红云，2015. 自然资源资产负债表编制：理论基础、关键概念、框架设计[J]. 会计研究(9)：18-26.

陈玥，杨艳昭，闫慧敏，等，2015. 自然资源核算进展及其对自然资源资产负债表编制的启示[J]. 资源科学，37(9)：1716-1724.

丁丁，周囡，2007. 自然资源核算账户研究报告[J]. 经济研究参考(34)：2-10.

丁玲丽，2005. 对自然资源核算的初步分析[J]. 统计与决策，14：11-13.

董毅，2017. 基于自然资源资产负债表编制研究的文献综述[J]. 财会研究(3)：30-34.

方媛，2018. 水资源资产负债表构建研究[D]. 合肥：安徽财经大学硕士论文.

封志明，杨艳昭，李鹏，2014. 从自然资源核算到自然资源资产负债表编制[J]. 中国科学院院刊，29(4)：449-456.

冯广京，2015. 关于土地科学学科视角下"土地(系统)"定义的讨论[J]. 中国土地科学(12)：1-10.

冯树清，艾畅，2014. 林木资源资产化管理研究综述[J]. 林业资源管理(2)：1-6.

付秀梅，苏丽荣，等，2017. 海洋生物资源资产负债表编制技术框架研究[J]. 太平洋学报，25(8)：94-104.

付秀梅，苏丽荣，等，2018. 海洋生物资源资产负债表基本概念内涵解析[J]. 海洋通报，37(4)：370-377.

高敏雪，2006. SEEA 对 SNA 的继承与扬弃[J]. 统计研究(9)：18-22.

高敏雪，2016. 扩展的自然资源核算——以自然资源资产负债表为重点[J]. 统计研究，33(1)：4-12.

高敏雪，刘茜，黎煜坤，2018. 在 SNA-SEEA-SEEA/EEA 链条上认识生态系统核算——《实验性生态系统核算》文本解析与延伸讨论[J]. 统计研究，35(7)：3-15.

耿建新，胡天雨，刘祝君，2015. 我国国家资产负债表与自然资源资产负债表的编制与运用初探——以 SNA2008 和 SEEA2012 为线索的分析[J]. 会计研究(01)：15-24.

耿建新，胡天雨，刘祝君，2015. 我国国家资产负债表与自然资源资产负债表的编制与运用初探——

以SNA2008和SEEA2012为线索的分析[J].会计研究(1):15-24.

耿建新,黄炎兴,吕晓敏,2018.编制我国土地资源平衡表的探讨——加拿大土地资源核算借鉴[J].贵州省党校学报(3):50-60.

耿建新,刘祝君,胡天雨,2015.编制适合我国的土地资源平衡表方法初探——基于实物量和价值量关系的探讨[J].理论研究(2):7-14.

管鹤卿,秦颖,董战锋,2016.中国综合环境经济核算的最新进展与趋势[J].环境保护科学(2):22-28.

海南省东昌农场公司,2018.把土地资源优势转化为资产资本优势[J].中国农垦(6):15-16.

郝焰平,陈龙勇,等,2009.浅谈林木资源资产化管理[J].中国农学通报,25(5):304-306.

胡文龙,史丹,2015.中国自然资源资产负债表框架体系研究——以SEEA2012、SNA2008和国家资产负债表为基础的一种思路[J].中国人口·资源与环境,25(8):1-9.

黄虹,许祺,2017.人口流动、产业结构转变对上海市绿色GDP的影响研究[J].中国软科学(4):94-108.

黄溶冰,赵谦,2015.自然资源核算——从账户到资产负债表:演进与启示[J].财经理论与实践(1):74-77.

黄艺,2002.森林净化大气中有毒气体的效益估算方法初探//侯元兆,森林环境价值核算[M].北京:中国科学技术出版社.

贾玲,甘泓,等,2017.论水资源资产负债表的核算思路[J].水利学报,48(11):1324-1333.

姜微,刘俊昌,2018.基于SEEA2012视角的林地资源核算编制研究[J].财会通讯(28):14-18.

姜文来,2002.森林涵养水源价值核算的理论与方法[M]//侯元兆.森林环境价值核算.北京:中国科学技术出版社.

蒋立,张志涛,2017.林木资源核算理论研究国际进展综述[J].林业经济(7):70-83.

焦若静,耿建新,吴潇影,2015.编制适合我国情况的水资源平衡表方法初探[J].给水排水(S1):214-220.

金彦平,2002.森林保育土壤价值核算的基本方法.//侯元兆.森林环境价值核算[M].北京:中国科学技术出版社.

康文星,王东,邹金伶,等,2010.基于能值分析法核算的怀化市绿色GDP[J].生态学报(8):2151-2158.

李果,吴晓莆,等,2011.构建我国生物多样性评价的指标体系[J].生物多样性,19(5):497-504.

李花菊,2010.中国水资源核算中的混合账户与经济账户[J].统计研究,27(3):89-93.

李慧霞,张雪梅,2015.基于SEEA框架的矿产资源资产负债表编制研究[J].资源与产业(5):60-65.

李金昌,姜文来,靳乐山,等,1999.生态价值论[M].重庆:重庆大学出版社.

李金华,2008.中国国民经济核算体系的扩展与延伸——来自联合国三大核算体系比较研究的启示[J].经济研究(3):125-137.

李金华,2009.中国环境经济核算体系范式的设计与阐释[J].中国社会科学(1):84-98.

李金华,2016.论中国自然资源资产负债表编制的方法[J].财经问题研究(7):3-11.

李菊梅,2010.论资源环境的经济核算及对GDP的修正[J].河南水利与南水北调(2):73-75.

李林林,2017.论自然资源资产负债表的编制——以林木资源为例[J].财经管理(36):98-99.

李青青,陈维青,2014.新疆水资源实物量核算及对其耗减价值的分析[J].甘肃农业(2):37-39.

李若凝,2005.我国森林旅游资源管理体制与政策研究[D].北京:北京林业大学.

李延梅,牛栋,等,2009.国际生物多样性研究科学计划与热点述评[J].生态学报,29(4):

2115-2123.

李扬, 2012. 基于 SEEA 体系的青岛市绿色 GDP 核算体系研究及应用[D]. 青岛: 青岛大学.

李元, 马克伟, 鹿心社, 2000. 中国土地资源[M]. 北京: 中国大地出版社.

联合国, 等, 2005. 国民核算手册——环境经济综合核算[M]. 丁言强, 王艳, 等译. 北京: 中国经济出版社.

联合国, 等, 2012. 2008 国民账户体系(System of National Accounts 2008)[M]. 中国国家统计局国民经济核算司, 中国人民大学国民经济核算研究所, 译. 北京: 中国统计出版社.

联合国, 欧洲联盟委员会, 联合国粮食及农业组织, 等, 2014. 2012 年环境经济核算体系: 中心框架(SEEA 中心框架)[R]. 纽约: 联合国.

刘博, 2014. 我国荒漠生态系统生物多样性保育价值评估[D]. 北京: 北京林业大学.

刘耕源, 杨青, 2018. 生态系统服务价值非货币量核算: 理论框架与方法学[J]. 中国环境管理(4): 10-20.

刘金平, 张国良, 1995. 土地资源资产化管理[J]. 国土与自然资源研究(4): 17-19.

刘盟盟, 2016. 生物资产价值计量的国际经验与启示-基于企业和政府双重视角[D]. 济南: 山东财经大学硕士论文.

刘晓光, 2004. 谈对林木资源资产评估及其资产化管理的再认识[J]. 森林工程, 20(4): 9-11.

刘玉龙, 马俊杰, 金学林, 等, 2005. 生态系统服务功能价值评估方法综述[J]. 中国人口·资源与环境, 15(1): 88-92.

鲁琳, 2017. 基于 SEEA 体系的自然资源资产负债表编制研究[D]. 合肥: 安徽财经大学.

马克伟, 1991. 土地大辞典[M]. 长春: 长春出版社.

马永欢, 陈丽萍, 沈镭, 等, 2014. 自然资源资产管理的国际进展及主要建议[J]. 国土资源情报(12): 2-8, 22.

毛齐正, 马克明, 等, 2013. 城市生物多样性分布格局研究进展[J]. 生态学报, 33(4): 1051-1064.

穆晨曦, 2012. 关于生物资产计量及相关经济后果的研究[D]. 北京: 首都经济贸易大学.

潘勇军, 2013. 基于生态 GDP 核算的生态文明评价体系构建[D]. 北京: 中国林业科学院.

裴辉儒, 2007. 资源环境价值评估与核算问题研究[D]. 厦门: 厦门大学博士学位论文.

彭萱亦, 吴金卓, 等, 2013. 中国典型森林生态系统生物多样性评价综述[J]. 森林工程, 29(6): 4-10.

綦好东, 邓秀丽, 等, 1997. 农地资产化管理构想[J]. 中国农村经济(5): 65-68.

钱水祥, 2017. 自然资源资产负债表编制与应用探析[J]. 水利经济, 35(6): 12-18.

秦长海, 甘泓, 等, 2017. 实物型水资源资产负债表表式结构设计[J]. 自然资源学报, 32(11): 1819-1831.

邱琼, 2014. 首个环境经济核算体系的国际统计标准——《2012 年环境经济核算体系: 中心框架》简介[J]. 中国统计(7): 60-61.

邱琼, 施涵, 2018. 关于自然资源与生态系统核算若干概念的讨论[J]. 资源科学, 40(10): 1901-1914.

曲艳梅, 2013. 森林生物多样性资产公允价值计量研究[D]. 哈尔滨: 东北林业大学.

曲艳梅, 田国双, 2013. 森林生物多样性资产动态价值计量研究[J]. 林业经济(4): 104-107.

渠开跃, 张春雨, 郭立达, 2014. 生态土地分类研究及应用[J]. 统计与管理(05): 87-88.

阮仁良, 朱慧峰, 2009. 对上海市开展水资源统计和核算体系研究的探讨[J]. 上海水务, 25(1): 1-3.

沈丹晖, 2017. 基于水质价值的上海市年度水资源环境经济核算研究[D]. 上海: 华东师范大学.

石庆焱，周晶，2017. 我国生态文明统计核算方法研究[J]. 中国工程科学，19(4)：67-73.

石薇，2018. 自然资源资产负债表编制方法研究[D]. 杭州：浙江工商大学.

石小亮，张颖，2014. 浅述森林生物多样性价值评估[J]. 中国人口·资源与环境，24(11)：164-167.

宋鑫鑫，2010. 林地资源资产评估应用与管理研究[D]. 南京：南京林业大学.

孙萍萍，甘泓，等，2017. 试论水资源资产[J]. 中国水利水电科学研究院学报，15(3)：170-179.

陶建格，沈镭，等，2018. 自然资源资产辨析和负债、权益账户设置与界定研究——基于复式记账的自然资源资产负债表框架[J]. 自然资源学报，33(10)：1686-1696.

田国双，曲艳梅，2011. 森林生物多样性资产价值系统构建研究[J]. 林业经济(4)：74-86.

田金平，姜婷婷，等，2018. 区域水资源资产负债表——北仑区水资源存量及变动表案例研究[J]. 中国人口·资源与环境，28(9)：167-176.

涂慧萍，陈世清，2001. 我国林木资源资产化管理现状与趋势[J]. 林业经济(11)：28-31.

王斌，朱炜，等，2017. 双重目标的生物资源资产负债表编报：要素范畴与框架体系[J]. 会计研究(10)：3-10.

王海洋，2013. 林木资源核算及纳入国民经济核算体系研究[D]. 北京：中国地质大学.

王静，2014. 基于统筹城乡的农村土地资产管理研究——以重庆市忠县为例[D]. 重庆：西南大学硕士论文.

王静，邱道持，等，2014. 农村土地资产管理改革影响因素分析——基于重庆市忠县316份农户调查问卷[J]. 西南大学学报(自然科学版)，36(4)：114-119.

王乐锦，朱炜，等，2016. 环境资产价值计量：理论基础、国际实践与中国选择-基于自然资源资产负债表编制视角[J]. 会计研究(12)：3-11.

王美力，陈文汇，许单云，等，2017. 环境经济综合核算体系中林木资源核算的发展与演变[J]. 世界林业研究，30(01)：1-5.

王伟斌，2007. 基于环境流量分析的环境与经济综合核算研究[D]. 大连：东北财经大学.

王喜峰，2016. 基于二元水循环理论的水资源资产化管理框架构建[J]. 中国人口·资源与环境，26(1)：83-88.

王毅，2018. 县域尺度土地资源资产负债表框架设计研究——以城口县为例[D]. 重庆：重庆师范大学.

魏远竹，2006. 浅析林木资源资产化管理的基本原则[J]. 理论研究(5)：13-15.

魏远竹，任恒祺，等，2001. 林木资源资产化管理的必要性和可行性分析[J]. 林业经济问题，21(4)：197-201.

魏远竹，任恒祺，等，2001. 关于林木资源资产化管理若干问题的思考[J]. 林业经济(10)：22-26.

吴强，陈金木，2017. 健全水资源资产管理体制的思考与建议[J]. 人民黄河，39(10)：47-50.

吴优，李锁强，2007. 水资源核算——联合国统计司水资源统计和核算介绍[J]. 中国统计(5)：10-12.

吴玉萍，2005. 基于可持续利用的水资源资产化管理体制研究[D]. 长春：吉林大学.

向书坚，郑瑞坤，2015. 自然资源资产负债表中的资产范畴问题研究[J]. 统计研究，32(12)：3-11.

肖序，王玉，周志芳，2015. 自然资源资产负债表编制框架研究[J]. 会计之友(19)：21-29.

谢莹莹，仲可，等，2017. 水资源资产负债表编制框架研究——以胶州市水资源为例[J]. 现代经济信息(1)：454-457.

熊玲，2014. 江华瑶族自治县土地资源资产负债表研究[D]. 长沙：湖南师范大学.

徐为环，1991. 林木资源核算及其纳入国民经济核算体系的研究[J]. 林业经济(05)：41-51.

许雪琴，2012. 关于建立水资源账户基本思路的研究[J]. 财税会计(2)：109-110.

薛红霞, 2012. 农村土地资产化的驱动力研究[J]. 国土资源科技管理, 29(1): 33-38.

薛智超, 闫慧敏, 杨艳昭, 等, 2015. 自然资源资产负债表编制中土地资源核算体系设计与实证[J]. 资源科学, 37(9): 1725-1731.

严立冬, 李平衡, 邓远建, 等, 2018. 自然资源资本化价值诠释——基于自然资源经济学文献的思考[J]. 干旱区资源与环境(10): 1-9.

杨斌, 2014. 浅谈领导干部自然资源资产离任审计[J]. 审计与理财(6): 20-21.

姚利辉, 2017. 基于SEEA-2012的综合绿色GDP核算体系构建研究——以湖南省为例[D]. 长沙: 中南林业科技大学.

姚霖, 余振国, 2016. 土地资源资产负债表编制问题管窥[J]. 财会月刊(21): 84-88.

叶艳妹, 吴次芳, 1999. 试论深化土地资源的资产化管理[J]. 中国土地科学, 13(4): 27-30.

余珍明, 卢静, 2002. 对我国土地资产化管理的探讨[J]. 理论探讨(2): 39-40.

苑韶峰, 吕军, 2004. 国有土地资产化管理中的弊端及其防治对策[J]. 农机化研究(1): 63-66.

岳泽军, 2004. 森林资产核算问题研究[D]. 哈尔滨: 东北林业大学.

张风春, 刘文慧, 等, 2015. 中国生物多样性主流化现状与对策[J]. 环境与可持续发展(2): 13-18.

张宏亮, 刘恋, 曹丽娟, 2014. 自然资源资产离任审计专题研讨会综述[J]. 审计研究(4): 58-62.

张景华, 封志明, 姜鲁光, 2011. 土地利用/土地覆被分类系统研究进展[J]. 资源科学, 33(06): 1195-1203.

张丽君, 李茂, 刘新卫, 2006. 中国土地资源实物量核算浅谈探[J]. 国土资源情报(3): 14-19.

张涛, 2002. 生产函数法及其在森林防护价值核算中的应用//侯元兆, 森林环境价值核算[M]. 北京: 中国科学技术出版社.

张卫民, 李辰颖, 2019. 林木资源资产负债表核算系统研究[J]. 自然资源学报(6): 1245-1258.

张秀丽, 2008. 基于我国土地资源新分类方法的土地资源价值核算研究[D]. 哈尔滨: 哈尔滨工业大学.

张雪芳, 2007. 水资源会计核算理论与方法研究[D]. 南京: 河海大学.

张颖, 2004. 绿色GDP核算的理论与方法[M]. 北京: 中国林业出版社.

张颖, 2010. 森林绿色核算的理论与实践[M]. 北京: 中国环境科学出版社.

张颖, 2015. 森林生态效益评价与资产负债表编制——以吉林森工集团为例[M]. 北京: 人民日报出版社.

张颖, 2015. 生态效益评估与资产负债表编制——以内蒙古扎兰屯市林木资源为例[M]. 北京: 中国经济出版社.

张颖, 2018. 生态资产核算和负债表编制的统计规范探究——基于SEEA的视角[J]. 中国地质大学学报(社会科学版), 18(2): 92-101.

张颖, 潘静, 2016. 中国林木资源资产核算及负债表编制研究——基于林木资源清查数据[J]. 中国地质大学学报(社会科学版), 16(6): 46-53.

张颖, 2015. 环境资产核算及资产负债表编制——国际经验及前沿[M]. 北京: 知识产权出版社.

张志超, 2018. 自然资源资产负债核算问题初探——以河北省为例[D]. 天津: 天津财经大学.

张志涛, 戴广翠, 郭晔, 等, 2016. 林木资源资产负债表编制基本框架研究[J]. 资源科学, 40(5): 929-935.

张志涛, 戴广翠, 蒋立, 等, 2018. 林木资源资产负债表编制的关键问题研究[J]. 林业经济(1): 31-35.

张志贤, 2008. 生态系统服务价值功能的计量方法[J]. 科技信息(15): 524-533.

赵泽林, 2019. 绿色GDP绩效评估算法的探索、比较及其优化路径[J]. 统计与决策(3): 25-29.

郑德祥，谢益林，等，2009. 林木资源资产化经营风险与防范策略分析[J]. 林业经济问题，29(5)：387-405.

郑德祥，朱上游，陈平留，2002. 浅论林木资源资产化管理[J]. 林业经济问题，22(4)：203-205.

郑丽琳，李旭辉，戴炜，2018. 安徽省绿色GDP与生态环境压力的空间效应分析[J]. 统计与决策(15)：136-141.

周宾，2019. 我国土地资源资产负债表编制方法探析[J]. 会计师(06)：9-10.

周贵荣，王铮，1997. 城市化地区的土地资源核算[J]. 自然资源(5)：14-21.

周普，贾玲，等，2017. 水权益实体实物型水资源会计核算框架研究[J]. 会计研究(5)：16-23.

周清华，2003. 环境-资源经济核算账户的设计与实施研究[D]. 南昌江西财经大学.

朱力崎，2000. 自然资源核算的两种方法[J]. 上海统计(06)：18-19.

Bartelmus P, Stahmer C, Tongeren J, 1991. Integrated environmental and economic accounting: framework for an SNA satellite system[J]. Review of Income and Wealth(37): 111-148.

Edens B, Graveland C, 2014. Experimental valuation of Dutch water resources according to SNA and SEEA[J]. Water Resources and Economics(07): 66-81.

Eurostat, 2015. Environment[EB/OL]. http://ec.europa.eu/eurostat/web/environment/statistics-illustrated. [2016-03-05].

Office for National Statistics, 2016. Environmental accounts[EB/OL]. https://www.ons.gov.uk/economy/environmentalaccounts. [2016-04-05].

Serafy S E, 1998. Pricing the invaluable: The value of the world's ecosystem services and natural capital[J]. Ecological Economics, 25(1): 25-27.

United Nations, 1993. Handbook of NationalAccounting: Integrated Environmental and Economic Accounting1993 Temporary Version[M]. New York: United Nations.

United Nations, et al., 2003. Handbook of National Accounting: Integrated Environment and Economic Accounting 2003, New York.

United Nations, European Commission, 2014. Food and Agriculture Organization of the United Nations, et al., System of Environmental-Economic Accounting 2012 Central Framework (SEEACentral Framework)[M]. New York: United Nations.

United Nations, European Union, 2014. Food and Agriculture Organization of the United Nations, Organization for Economic Co-operation and Development, World Bank Group. SEEA 2012—Experimental Ecosystem Accounting[R]. New York: United Nations.

United Nations, EuropeanCommission, 2009. Organization for Economic Co—operation and Development, et al., System of National Accounts 2008[M]. New York: United Nations.

United Nations, EuropeanCommission, 2014. Food and Agriculture Organization of the United Nations, et al. System of Environmental-Economic Accounting 2012 Experimental Ecosystem Accounting(SEEA Experimental Ecosystem Accounting)[M]. New York: United Nations.